기독교문서선교회 (Christian Literature Center: 약칭 CLC)는 1941년 영국 콜체스터에서 켄 아담스에 의해 시작되었으며 국제 본부는 미국 필라델피아에 있습니다.
국제 CLC는 약 650여 명의 선교사들이 59개 나라에서 180개의 서점을 운영하며 이동 도서 차량 40대를 이용하여 문서 보급에 힘쓰고 있으며 이메일 주문을 통해 130여 국으로 책을 공급하고 있는 국제적 문서선교 기관입니다.

복음, 삶으로 번역하다

- 영적 성장을 위한 그리스도인의 신앙 로드맵 -

Translating the Gospel into Life
Written by Kwon Oh Kook
All rights reserved.
Korean Edition Copyright © 2025 by Christian Literature Center, Seoul, Korea.

복음, 삶으로 번역하다
- 영적 성장을 위한 그리스도인의 신앙 로드맵 -

2025년 11월 24일 초판 발행

지 은 이	|	권 오 국
편 집	|	조수연
디 자 인	|	박성준, 소신애
삽 화	|	이준희
펴 낸 곳	|	(사)기독교문서선교회
등 록	|	제16-25호(1980.1.18.)
주 소	|	서울특별시 동대문구 천호대로71길 39
전 화	|	02-586-8761~3(본사) 031-942-8761(영업부)
팩 스	|	02-523-0131(본사) 031-942-8763(영업부)
이 메 일	|	clckor@gmail.com
홈페이지	|	www.clcbook.com
송금계좌	|	기업은행 073-000308-04-020 (사)기독교문서선교회
일련번호	|	2025-88

ISBN 978-89-341-2872-4(03230)

이 한국어판 출판권은 (사)기독교문서선교회가 소유합니다.
신저작권법에 의하여 한국 내에서 보호를 받는 저작물이므로 무단 전재와 무단 복제를 금합니다.

영적 성장을 위한 그리스도인의 신앙 로드맵

복음, 삶으로 번역하다

권오국 지음

Translating the Gospel into Life

일상을 물들이는 영적 통찰!
평범한 일상이 비범한 은혜로 채워지는 100가지 핵심 진리

CLC

목차

저자 서문   9

제1장 첫걸음, 복음과 다시 만나다   13

    01. 시냇가에 심은 나무처럼, 복음에 뿌리 내리기   14
    02. 신앙은 날마다 복음으로 새로워진다   17
    03. 신호등 신앙 VS 회전교차로 신앙   20
    04. 믿음의 동의어는 '따름'이다   23
    05. 예배, 하나님의 은총과 인간의 응답   26
    06. 예배, 최고의 가치를 드리는 자리   29
    07. 기도, 내면을 정화하는 영적 습관   32
    08. 기도, 하나님의 응답 버튼을 누르라   35
    09. 장벽을 무너뜨리는 기도의 힘   38
    10. 하늘을 향한 손이 승리를 결정한다   41

제2장 말씀, 텍스트를 넘어 생명으로   45

    11. 교회의 흥망성쇠, 성경에 달려 있다   46
    12. 조정래의 치열한 작가 정신   49
    13. 하나님의 숨결이 살아 숨쉬는 책, 성경   52
    14. 사본에서 번역본까지, 성경은 어떻게 우리에게 왔는가?   55
    15. 성경, 어떻게 읽을 것인가?   58
    16. 말씀이 쉬워질 때, 은혜가 깊어진다   61
    17. 내가 성경을 읽는다는 것 vs 성경이 나를 읽는다는 것   63
    18. 신앙생활의 본질   66
    19. 하나님의 러브레터, 오늘도 읽고 계신가요?   69
    20. 거미형 인간에서 꿀벌형 인간으로   72

제3장 믿음, 흔들리지 않는 구원의 닻　　　　　　　　77

21. 구원의 길 : 칼빈주의 vs 알미니안주의　　　　　78
22. 구원은 하나님의 선택인가, 인간의 결정인가?　　　81
23. 구원 얻는 믿음이란 무엇입니까?　　　　　　　84
24. 행함 없는 믿음은 죽은 믿음입니까?　　　　　　87
25. 한 번 구원은 영원한 구원인가요?　　　　　　　90
26. 칭의와 성화의 차이는 무엇인가요?　　　　　　93
27. 칭의, 중생, 성화, 회심은 각각 어떤 의미일까요?　　96
28. 세례는 단순한 의식인가, 신앙의 결단인가?　　　99
29. 왜 성찬이 우리에게 꼭 필요한가요?　　　　　　102
30. 우리는 어떤 기대감으로 성찬에 참여해야 하나요?　105

제4장 성장, 어제와 다른 오늘의 나를 빚어 가다　　　　109

31. 길이신 예수님, 내 인생의 방향이 되다　　　　　110
32. 영적 전쟁에서 승리하는 다섯 가지 비결　　　　113
33. 영혼을 무너뜨리는 두 가지 함정 : 망각과 타락　　117
34. 성숙한 어른, 그러나 하나님 앞에서는 어린아이처럼　120
35. 결혼이 만드는 얼굴, 신앙이 만드는 영혼　　　　123
36. 용서, 영혼을 자유롭게 하는 열쇠　　　　　　　126
37. 가정 예배, 그 작은 습관이 만드는 위대한 변화　　130
38. 부모가 신앙을 물려주지 않으면 세상이 불신앙을 물려줍니다　134
39. 복음의 씨앗, 가정에서부터 뿌려라　　　　　　137
40. 세월을 아끼라　　　　　　　　　　　　　　140

제5장 영성, 오늘을 물들이는 거룩한 습관　　　　　　　　145

41. 습관이 영성이다　　　　　　　　146
42. 감사는 고통 속에서 피어나는 기적이다　　　　　　　　149
43. 신앙, 습관이 되는 순간 위험하다　　　　　　　　152
44. 신앙에도 유산소 운동이 필요하다　　　　　　　　155
45. 말씀을 듣는 태도가 영적 변화의 시작이다　　　　　　　　158
46. 감사는 삶을 바꾸는 가장 강력한 태도다　　　　　　　　161
47. 감사는 천국의 문을 여는 열쇠다　　　　　　　　164
48. 감사는 가장 아름다운 예배다　　　　　　　　168
49. 눈물로 뿌린 씨앗, 기쁨으로 거두다　　　　　　　　171
50. 은혜, 우리를 위한 종합 선물 세트다　　　　　　　　174

제6장 일상, 평범한 순간에서 만나는 비범한 은혜　　　　　　　　179

51. 신앙의 여정, 사계절을 닮다　　　　　　　　180
52. 고난, 그 안에 숨겨진 선물　　　　　　　　183
53. 고난이 만든 그늘, 사랑이 만든 눈물　　　　　　　　186
54. 폭풍 속에서도 춤추라 : 감사가 가져오는 기적　　　　　　　　189
55. 진짜 복은 '형통'이 아니라 '동행'이다　　　　　　　　192
56. 근심에서 평안으로 가는 길　　　　　　　　195
57. 일터를 소명으로 바꾸는 믿음　　　　　　　　198
58. 끝없는 그리움, 그리고 집으로 가는 길　　　　　　　　202
59. 인생의 보물찾기　　　　　　　　205
60. 삶은 은혜, 죽음은 영광　　　　　　　　209

제7장 교회, 서로가 함께 하늘 집을 지어 가다   213

61. 소그룹에 참여해야 할 열 가지 이유   214
62. 가로등처럼 빛나는 교회: 세상을 밝히는 우리의 사명   219
63. 신앙이 깊어지려면, 함께 걸어가십시오   222
64. 교회, 영원히 이어지는 하늘 가족   225
65. 소그룹, 믿음의 여정을 함께 하는 공동체   228
66. 한 사람을 세우는 제자 공동체   230
67. 좋은 설교와 위대한 설교의 차이   233
68. 제자로 사는 길, 본질을 붙들다   236
69. 공간을 넘어, 사명을 담는 교회   240
70. 기도의 불꽃이 타오르는 교회   243

제8장 사명, 세상 속에서 그리스도의 편지로 살다   247

71. 번아웃과 무기력 사이, 신앙인은 어디로?   248
72. 복음은 장벽을 허문다: 'ㄱ'자 교회가 들려주는 신앙 이야기   251
73. 휴지에서 배우는 섬김의 본질   254
74. 복음의 변사, 당신의 입을 열라   257
75. 십자가, 가장 혁명적인 사랑   260
76. 잎새에 이는 바람과 영적 전쟁   263
77. 혼자 성장하는 신앙은 없다   267
78. 떡을 탐하는 인생에서, 떡이 되어주는 인생으로   270
79. 그리스도인과 술, 어디까지 허용될 수 있을까?   273
80. 얼굴이 가장 좋은 전도지입니다   277

제9장 세상, 광장 한복판에서 그리스도인으로 살아가기　　281

81. 하나님 나라와 세상 정치, 그리스도인의 역할은?　　282
82. 빛의 자녀로 사는 종말론적 신앙　　285
83. 마지막 순간, 아버지가 남긴 세 가지 질문　　289
84. 킬링필드에서 하나님 나라를 보다　　292
85. 복음은 머물지 않는다　　295
86. 선한 싸움을 끝까지 싸우다　　298
87. 동성애를 바라보는 그리스도인의 시각　　300
88. 탄소를 줄이는 믿음, 세상을 치유하는 신앙　　305
89. 말씀을 삶으로, 교회를 세상으로　　310
90. 분단의 철조망을 넘어, 복음으로 하나 되리　　314

제10장 절기, 시간 속에 새겨진 은혜의 리듬　　319

91. 일상의 우물가에서, 영원한 샘물을 만나다　　320
92. 맥추절, 하나님께 드리는 신앙의 첫 결실　　323
93. 사순절, 믿음의 깊이를 더하다　　326
94. 부활절, 내가 아닌 그리스도로 사는 삶　　329
95. 대강절, 기다림이 주는 기쁨　　333
96. 성탄 트리에서 십자가로 : 구원의 길을 따라　　336
97. 봉사는 '자기발견 지도'입니다　　339
98. 직분은 명예가 아니라 사명입니다　　342
99. 직분자, 영광이 아니라 헌신입니다　　345
100. 교회, 벽을 넘어 세상으로　　348

저자 서문

권오국 목사
이리신광교회 담임목사

믿음의 길 위에서, 다시 첫걸음을 내딛다.
C.S. 루이스(C.S. Lewis)는 이렇게 말합니다.

> 저는 태양이 떠오른 것을 믿듯 기독교를 믿습니다. 태양을 보기 때문이 아니라, 그것에 의해 다른 모든 것을 보기 때문입니다.

신앙은 단순히 어떤 사상을 머리로 받아들이는 지적 동의가 아닙니다. 그것은 삶을 바라보는 눈을 바꾸는 것이며, 보이지 않는 진리를 따라 한 걸음씩 걸어가는 거룩한 여정입니다. 기독교는 교리나 도덕의 체계에 갇혀 있지 않습니다. 그것은 우리의 일상에 깊이 스며드는 '삶의 방식'이며, 하나님과 함께 걷는 하루 한 걸음의 동행입니다. 그러나 우리는 자주 이 길 위에서 길을 잃습니다. 익숙해진 예배, 반복되는 기도, 무뎌진 감사 속에서 처음 믿을 때의 감격과 진리를 잊어버리고 살아갑니다.

오늘날 많은 그리스도인이 영적 갈증을 느낍니다.

매주 교회에 출석하고 성경을 읽지만, 신앙이 머리에만 머물러 삶으로 이어지지 않는 '영적 비만'의 상태에 빠져 있지는 않습니까?

지식은 쌓여 가지만, 정작 하나님을 향한 뜨거운 마음과 이웃을 향한 사랑은 점점 식어 가는 현실에 답답함을 느끼고 있지는 않습니까?

바로 이 지점에서 우리는 다시 신앙의 본질로 돌아가야 합니다. 믿음의 길 위에서 흔들리고 방황하는 당신에게 이 책이 영적 성장을 위한 따뜻한 '신앙 로드맵'이 되어 줄 것입니다. 복음의 기초부터 하나님 나라의 비전까지, 신앙의 여정을 다시 걸어가고 싶은 모든 이를 위한 안내서입니다.

『복음, 삶으로 번역하다』: 살아내는 신앙을 위한 안내서

『복음, 삶으로 번역하다』는 단순히 읽고 끝내는 책이 아닙니다. 이 책은 우리의 신앙이 삶 속에서 살아 숨 쉬도록 돕는 '실천적 가이드'입니다. 총 100가지의 짧은 영적 통찰로 구성된 이 책의 모든 글은 한 구절의 성경 말씀에서 시작됩니다. 그 말씀은 우리의 삶을 비추는 등불이 되어 줄 것입니다. 이어서 말씀의 진리를 우리의 일상에 어떻게 적용할지 돕는 깊은 묵상과 핵심 요약이 이어집니다.

그리고 가장 중요한 부분, '삶을 향한 두 가지 묵상 질문'을 통해 독자 스스로가 자신의 신앙을 점검하고, 작은 결단과 실천을 이끌어 낼 수 있도록 구성했습니다. 이 책은 당신의 손에 들린 순간부터 당신의 삶을 변화시키는 동력이 될 것입니다.

이 책은 주님을 알고 싶은 모든 분들을 위한 책입니다.

- 신앙의 뿌리를 다시 내리고 싶은 초신자
- 메마른 영성의 계절을 지나는 평신도
- 성도들을 말씀 위에 굳건히 세우고자 하는 목회자와 리더들

이 책을 통해 말씀과 기도, 예배와 공동체, 일상과 사명의 자리에서 하나님을 다시 깊이 경험하게 될 것입니다. 당신의 영혼에 새로운 생명력이 깃들고, 잃어버렸던 첫사랑의 감격을 회복하는 귀한 여정이 될 것입니다.

다시 첫걸음을 내딛는 당신에게

유진 피터슨(Eugene H. Peterson)은 이렇게 말했습니다.

> 하나님을 아는 것은 한순간의 계시가 아니라, 평생의 순례입니다.

| 혹시 지금 신앙이 흔들리고 있나요?
| 기도는 메마르고, 하나님의 숨결이 멀게 느껴지시나요?
| 성장이 멈춘 것 같은 침묵의 계절을 지나고 계시진 않나요?

괜찮습니다. 신앙은 완벽해서 아름다운 것이 아니라 주님과 함께 걷기 때문에 거룩한 여정입니다. 하루의 묵상, 한 줄의 기도, 작고 진실한 결단. 그 모든 것이 모여 우리의 믿음을 견고하게 만듭니다.

이 책이 당신의 신앙 여정에 하나의 로드맵이 되길 바랍니다. 지금 이 순간, 다시 한 걸음을 내딛어 보십시오. 말씀이 가슴에 다시 스며들고, 기도가 호흡이 되며, 예배가 눈물이 되는 은혜의 시간이 시작될 것입니다. 신앙이 삶이 되는 자리, 그 첫걸음을 주님의 말씀과 함께 내딛으십시오. 이 책을 펼치는 순간, 당신의 영혼은 새로운 여정의 시작을 알리는 종소리를 듣게 될 것입니다.

메마른 광야를 걷는 듯한 순간에도, 당신은 혼자가 아닙니다. 이 책은 당신의 손을 잡아 일으켜 세우고, 잃어버렸던 길을 다시 보여 주는 나침반이 되어 줄 것입니다. 신앙의 여정에는 넘어지고 좌절하는 순간들이 반드시 찾아옵니다. 하지만 중요한 것은 그 자리에서 주저앉는 것이 아니라, 다시 일어나 묵묵히 걷는 용기입니다.

그는 시냇가에 심은 나무가 철을 따라
열매를 맺으며 그 잎사귀가 마르지 아니함과
같으니 그가 하는 모든 일이 다 형통하리로다 (시편 1:3)

제1장
첫걸음, 복음과 다시 만나다

01. 시냇가에 심은 나무처럼, 복음에 뿌리 내리기
02. 신앙은 날마다 복음으로 새로워진다
03. 신호등 신앙 VS 회전교차로 신앙
04. 믿음의 동의어는 '따름'이다
05. 예배, 하나님의 은총과 인간의 응답
06. 예배, 최고의 가치를 드리는 자리
07. 기도, 내면을 정화하는 영적 습관
08. 기도, 하나님의 응답 버튼을 누르라
09. 장벽을 무너뜨리는 기도의 힘
10. 하늘을 향한 손이 승리를 결정한다

시냇가에 심은 나무처럼, 복음에 뿌리 내리기

> 복 있는 사람은 악인들의 꾀를 따르지 아니하며 죄인들의 길에 서지 아니하며 오만한 자들의 자리에 앉지 아니하고 오직 여호와의 율법을 즐거워하여 그의 율법을 주야로 묵상하는도다(시 1:1-2).

현대인은 정보의 홍수 속에서 살고 있습니다. 대중매체가 쏟아 내는 수많은 정보에 밀려 우리는 길을 잃곤 합니다.

이런 말이 있습니다.

"홍수가 나면 마실 물이 없다."

이 말처럼 정보가 넘칠수록 '진리 찾기'는 더욱 어려워집니다.

사탄의 전략이 여기에 있습니다. 사탄은 복음을 직접 공격하지 않습니다. 대신 우리를 별볼일 없는 정보의 세계 속으로 밀어 넣어 복음에 집중하지 못하게 만듭니다.

아담과 하와를 무너뜨릴 때도 사탄은 처음부터 하나님을 대적하라고 유혹하지 않았습니다. 대신 선악과에 집중하게 만들었습니다. "먹음직도 하고 보암직도 하고 지혜롭게 할 만큼 탐스러운"(창 3:6) 나무로 보이게 함으로써 하나님을 향한 영적 집중력을 빼앗아 버린 것입니다.

오늘날에도 사탄은 그리스도인을 공격할 때 같은 방식을 사용합니다. 사탄의 가장 치명적인 공격은 복음 자체를 부정하는 것이 아니라 우리의 관심을 다른 곳으로 돌리는 것입니다. 그래서 많은 그리스도인이 하나님이 주시는 복음(Good News)보다 세상의 거짓 정보(Fake News)에 더 많은 시간을 빼앗기고 있습니다.

그리스도인이 정말 경계해야 할 거짓 정보는 '가짜 뉴스'가 아니라 '별 볼일 없는 뉴스'입니다. 별로 중요하지 않은 것들에 마음을 빼앗겨 복음에 집중하지 못하는 것이 가장 위험합니다.

시편 1편은 복 있는 사람을 '시냇가에 심은 나무'로 상징합니다. 시냇가에 심은 나무와 같은 삶이 되려면 두 단계의 영적 결단이 필요합니다.

먼저 시편 1편 1절은 이렇게 말씀합니다.

> 복 있는 사람은 악인들이 꾀를 따르지 아니하며 죄인들의 길에 서지 아니하며 오만한 자들의 자리에 앉지 아니하고(시 1:1).

1절이 강조하는 것은 거짓된 것들을 경계하라는 뜻입니다. 우리를 혼란스럽게 하고 하나님과 멀어지게 하는 것들을 피해야 합니다.

그다음 시편 1편 2절은 이렇게 말씀합니다.

> 오직 여호와의 율법을 즐거워하여 그의 율법을 주야로 묵상하는도다(시 1:2).

즉, 복 있는 사람은 복음에 집중하는 사람입니다. 그렇게 할 때 그의 삶은 시냇가에 심은 나무와 같다고 성경은 약속합니다. 시냇가에 심긴 나무는 사시사철 푸르고 열매를 맺으며 어떤 환경 속에서도 흔들리지 않습니다.

오늘날 우리는 수많은 정보 속에서 무엇에 집중해야 할지를 고민하며 살아갑니다. 그러나 풍성한 삶의 비결은 언제나 하나님 말씀에 집중하는 것입니다. 말씀을 떠난 삶은 영적으로 빈곤해질 수밖에 없습니다.

복음은 단순한 정보가 아닙니다. 그것은 우리의 삶을 변화시키는 능력이며, 인생의 영적 뿌리를 은혜의 대지 아래로 깊게 내리게 하는 힘입니다. 세상의 혼란 속에서 흔들리지 않으려면 복음의 진리를 삶의 중심에 두어야 합니다.

> 지금 이 순간, 무엇에 가장 집중하고 있습니까?
> 세상의 소음에 휩쓸리고 있습니까?
> 아니면 복음의 메시지에 귀를 기울이고 있습니까?

시냇가에 심은 나무처럼 흔들리지 않는 삶을 살기 위해 우리는 복음에 집중해야 합니다.

▫ 오늘의 핵심 포인트

복 있는 사람은 세상의 소음이 아니라 하나님 말씀에 뿌리를 내린다.

▫ 오늘의 묵상 질문
- 나는 지금 어디에 뿌리를 내리고 있는가?
- 복음에 더욱 집중하기 위해 내 삶에서 조정해야 할 부분은 무엇인가?

신앙은 날마다 복음으로 새로워진다

> 이 복음이 이미 너희에게 이르매 너희가 듣고 참으로 하나님의 은혜를 깨달은 날부터 너희 중에서와 같이 또한 온 천하에서도 열매를 맺어 자라는도다(골 1:6).

복음은 한 번 듣는 것으로 충분하지 않습니다. 우리의 신앙은 날마다 복음으로 새롭게 되어야 합니다.

많은 사람이 교회를 오래 다니지만, 정작 구원의 감격을 잃어버린 채 습관적인 신앙생활을 합니다. 신앙이 습관화되는 이유는 율법적인 방식으로 신앙생활을 하기 때문입니다. 그러나 기독교 신앙의 핵심은 우리가 하나님을 위해 무엇을 해야 하느냐가 아니라 하나님께서 우리를 위해 무엇을 행하셨는가를 깨닫는 데 있습니다.

기독교와 다른 종교의 근본적인 차이는 '은혜'와 '공로'의 차이입니다. 종교란 기본적으로 인간이 쌓아 가는 공로, 즉 지식, 선행, 금욕, 체험 등을 통해 구원에 이를 수 있다고 가르칩니다. 다시 말해, 인간이 신을 찾아가는 노력에 초점을 맞추고 있습니다.

그러나 기독교는 반대입니다. 복음은 인간이 하나님을 찾는 이야기가 아니라 하나님께서 인간을 찾아오신 이야기입니다. 신앙은 복음 안에서 나를 찾아오신 하나님의 '은혜'를 깨닫는 날부터 시작됩니다.

> 이 복음이 이미 너희에게 이르매 너희가 듣고 참으로 하나님의 은혜를 깨달은 날부터 너희 중에서와 같이 또한 온 천하에서도 열매를 맺어 자라는도다(골 1:6).

여기서 말하는 열매란 단순히 종교적 활동이 아니라 회심과 그 이후의 영적 성장을 뜻합니다. 즉, 영적 성장은 인간의 노력에서 비롯되는 것이 아니라 하나님께서 행하신 일을 깨닫고 받아들이는 데서 시작됩니다.

기독교에서 가장 중요한 메시지는 'Good News', 곧 복음입니다. 복음은 헬라어로 '유앙겔리온'이라 하며, 이는 세상과 개인의 삶에 절대적인 영향을 끼치는 좋은 소식을 의미합니다. 복음은 하나님께서 예수 그리스도 안에서 인류와 온 세상을 위해 위대한 일을 행하셨다는 선포입니다.

기독교는 인간의 행위나 지식, 체험, 열심에 기초하여 구원에 도달하는 종교가 아닙니다. 교회를 오래 다니고 다양한 종교 활동에 참여한다고 해서 저절로 기독교인이 되는 것도 아닙니다. 예수님께서 십자가에서 행하신 구원의 역사를 듣고, 그것이 나를 위한 사건임을 믿고 받아들이는 것, 그것이 바로 신앙의 출발점입니다.

신앙은 단순한 종교적 습관이 아닙니다. 우리가 하나님의 말씀을 듣고, 그분이 이루신 구원의 은혜를 새롭게 깨달을 때, 신앙은 생명력을 얻게 됩니다. 만약 믿음이 희미해졌다면, 다시 복음 앞에 서야 합니다. 신앙은 단 한 번의 결단이 아니라 매일 복음 안에서 새롭게 시작되는 여정입니다.

> 그러므로 믿음은 들음에서 나며 들음은 그리스도의 말씀으로 말미암았느니라 (롬 10:17).

하나님의 말씀은 우리에게 복음의 진리를 끊임없이 상기시켜 줍니다. 매일 아침 말씀을 통해 복음을 다시 듣고, 그 은혜를 깊이 묵상하며 하루를 시작해 보십시오.

출근길 지하철에서, 잠자리에 들기 전 짧은 시간이라도 좋습니다. 말씀을 읽고 기도하며, 나를 위해 모든 것을 내어 주신 예수 그리스도의 사랑을 다시금 기억하는 것입니다.

복음을 들을 때 우리의 마음은 다시 뜨거워지고, 무기력했던 신앙은 생기를 되찾습니다. 신앙은 언제나 복음의 기초 위에 서야 합니다. 복음을 듣고, 날마다 새롭게 시작하십시오.

◻ **오늘의 핵심 포인트**

신앙은 한순간의 결단이 아니라 날마다 복음으로 새로워지는 여정이다.

◻ **오늘의 묵상 질문**
- 나는 오늘도 복음 안에서 새로워지고 있는가?
- 신앙이 습관적인 종교 활동으로 변질되지 않으려면, 오늘 내 삶에서 복음을 어떻게 새롭게 경험해야 할까?

신호등 신앙 VS 회전교차로 신앙

> 주는 영이시니 주의 영이 계신 곳에는 자유가 있느니라(고후 3:17).

최근 사거리에 신호등을 없애고 회전교차로를 도입하는 사례가 늘고 있습니다. 그 결과 교통사고율이 무려 70퍼센트가 감소하고 교통 체증도 현저하게 줄어들었다고 합니다.

왜 이런 차이가 발생하는 걸까요?

신호등은 불빛이라는 규율로 인간의 욕망을 통제합니다. 신호등이 없다면 사람들은 본능적으로 질주하려 할 것이고, 도로 위는 혼란에 빠질 것입니다. 통제되지 않는 본능은 도로 위의 세계를 아수라장으로 만들 수 있습니다. 신호등은 도로 위 인간의 욕망을 통제하는 보이지 않는 감시자입니다. 신호등이 만들어 낸 강제적인 질서 안에서는 인간의 자율적인 선택이 제한될 수밖에 없습니다.

반면, 회전교차로는 강제적 규율보다는 운전자의 자유로운 판단과 선택을 중시합니다. 일정한 원칙 안에서 운전자 스스로가 교통의 흐름을 읽고 자유롭게 움직입니다.

이러한 차이점은 교통사고율의 변화에서도 드러납니다.

신호등이 있는 사거리보다 회전교차로에서 교통사고율이 더 낮은 이유는 무엇일까요?

그것은 신호등이 인간의 욕망을 완벽하게 통제할 수 없기 때문입니다. 오히려 신호등의 불빛은 질주하고 싶은 인간의 욕망을 자극합니다. 예를 들어, 운전자들은 짧은 황색 신호를 보면 속도를 늦추기보다 더 빨리 통과하려고 가속합니다. 그 결과, 교차로에서 충돌 사고가 자주 발생합니다.

이것은 율법이 가진 한계를 우리에게 보여 줍니다. 율법은 인간의 욕망을 억누르지만 그 욕망 자체를 변화시키지는 못합니다. 마치 신호등이 운전자의 행동을 규제할 수는 있어도, 그 마음속 욕망까지는 통제할 수 없는 것과 같습니다.

반면, 회전교차로에서는 운전자 스스로가 상황을 판단합니다. 복음이 주는 자유도 이와 같습니다. 신호등이 강제로 "가라, 멈춰라"라고 명령하는 반면, 회전교차로에서는 운전자가 전체적인 흐름을 읽고 자연스럽게 움직입니다.

이와 같이 복음이 우리의 삶에 역사할 때, 우리는 성령의 인도하심 안에서 자유롭게 진리를 따르게 됩니다. 복음이 주는 자율성을 경험하면, 우리는 단순히 법을 지키는 것에 그치지 않고, 사랑의 동기를 가지고 자발적으로 이웃을 위해 살 수 있습니다.

우리의 인생을 통제하는 것은 신호등과 같은 율법인가요?

아니면 회전교차로와 같은 복음인가요?

신호등 아래에서는 "가라, 멈춰라"라는 단순한 명령에 따라 움직일 뿐입니다. 운전자의 시야는 빨간불과 파란불만 주시하기 때문에 좁아집니다. 반면, 회전교차로에서는 주변 차량과 교통의 흐름을 읽어야 하므로 넓은 시야를 유지합니다.

복음 안에 거하면, 인생은 바라보는 시야가 넓어집니다. 보이지 않던 사람과 세상이 보이기 시작합니다. 율법의 통제 아래에 있을 때 우리는 두려움과 의무감으로 살아가지만, 복음의 다스림 아래 있을 때 우리는 성령의 자유 안에서 자발적으로 하나님과 이웃을 사랑하며 살아갈 수 있습니다.

당신의 신앙은 율법의 신호등 아래에서 멈춰 서 있습니까?

아니면 복음이 열어 놓은 신앙의 회전교차로에서 자유롭게 움직이고 있습니까?

복음은 우리의 마음과 동기를 변화시켜 율법의 테두리를 넘어선 진정한 자유를 선사합니다. 더 이상 빨간불에 갇혀 두려워하거나 파란불에 쫓겨 불안해하지 않아도 됩니다. 복음이라는 회전교차로 안에서 당신은 성령의 인도하심에 따라, 사랑이라는 가장 아름다운 질서를 스스로 만들어 갈 것입니다. 복음은 우리에게 단지 길을 알려 주는 것이 아니라, 그 길을 기쁨으로 달려갈 힘과 자유를 선물합니다. 율법의 신호등 앞에서 주저하지 말고, 복음의 회전교차로로 용감하게 들어서십시오.

▣ 오늘의 핵심 포인트

율법은 행동을 통제하지만, 복음은 마음을 변화시킨다.

▣ 오늘의 묵상 질문

- 나는 신앙의 교차로에서 어떤 선택을 하고 있는가?
- 나의 신앙생활은 율법적인 규율을 따르는 데 머물러 있는가, 아니면 성령의 인도하심 속에서 자유를 누리고 있는가?

04

믿음의 동의어는 '따름'이다

> 내가 이미 얻었다 함도 아니요 온전히 이루었다 함도 아니라 오직 내가 그리스도 예수께 잡힌 바 된 그것을 잡으려고 달려가노라(빌 3:12).

인도의 위대한 선교사 스탠리 존스(Stanley Jones)는 그의 저서 『인도의 길을 걷고 있는 예수』(The Christ of the Indian Road)에서 종교를 다음과 같이 분석합니다.

> 그리스 철학은 "겸손하라, 너 자신을 알라"라고 말합니다. 로마인들은 "강해져라, 너 자신을 체계화하라"라고 가르칩니다. 유교는 "위대한 자가 되어라, 너 자신의 단점을 고쳐라"라고 요구합니다. 불교는 "집착에서 벗어나라, 너 자신에서 초월하라"라고 말합니다. 힌두교는 "혼자가 되어라, 자신의 신성을 발견하라"라고 전합니다. 이슬람교는 "신에게 복종하라, 너 자신을 확고히 하라"라고 주장합니다. 현대의 물질주의자는 "근면하라, 너 자신을 즐겨라"라고 조언합니다. 그러나 기독교는 이렇게 말합니다. "예수 그리스도를 따르라! 너 자신을 그분께 내어 주라!"

종교는 인간의 자기 변화와 성장을 목표로 삼습니다. 각 종교의 가르침은 겸손, 강인함, 충성, 근면과 같은 인격적 변화를 통해 완전함에 이르는 것을 추구합니다. 이런 점에서 종교는 본질적으로 자기 개발의 방편이며, 자신의 노력으로 성취하는 인격적 성장이 종교의 핵심입니다.

반면, 기독교의 초점은 나 자신이 아니라 내 존재 밖에 서 계신 예수 그리스도라는 한 인격에 집중합니다.

사도 바울도 이렇게 고백했습니다.

> 내가 이미 얻었다 함도 아니요 온전히 이루었다 함도 아니라 오직 내가 그리스도 예수께 잡힌 바 된 그것을 잡으려고 달려가노라(빌 3:12).

기독교의 참된 영성은 자기 인격을 변화시키려는 노력에서 비롯되지 않습니다. 그 영성은 예수 그리스도라는 한 인격이 내 안에 살아날 때 비로소 형성됩니다.

네팔 카트만두의 티베트 불교 사원인 '스투파'를 방문한 적이 있습니다. 수많은 불교 신자가 거대한 불탑을 돌며 '탑돌이'를 하고 있었습니다. 불탑 주위에는 불교 경전이 새겨진 원통 '마니차'가 수천 개 매달려 있었습니다. 순례자들은 그 원통을 손으로 돌리며 탑 주위를 한 바퀴 돌면, 불교 경전을 한 번 읽은 것으로 인정받습니다.

만약 성경 읽기도 이렇게 할 수 있다면 얼마나 좋을까요? 교회 주위에 성경이 새겨진 원통을 매달아 놓고, 교인들이 교회에 올 때마다 한 번씩 돌린다면, 1년이면 52번의 성경 통독이 가능하겠지요. 그러나 성경은 그렇게 읽는 책이 아닙니다. 성경 읽기는 단순히 지식을 습득하는 시간이 아닙니다. 성경 읽기는 성경 안에서 나를 찾아오시는 예수 그리스도를 만나는 시간입니다. 내가 성경을 읽는 것이 아니라, 성경 안에 살아 계신 예수님이 나를 읽어 내가 누구인지 보게 하는 시간입니다.

그리스도인이 되는 순간 우리는 주님과 함께 이인삼각 경주를 시작합니다. 주님의 발과 나의 발이 보이지 않는 끈으로 묶여 함께 걸어갑니다.

이 경주에서 가장 중요한 것은 호흡입니다. 주님과의 호흡을 맞추고 속도를 조절하는 것이 필요합니다. 만약 내가 주님보다 앞서거나 뒤처지면 넘어질 수밖에 없습니다.

그리스도인은 결코 주님보다 앞설 수 없습니다. 또한, 뒤처질 수도 없습니다. 우리는 주님과 함께 보조를 맞추며 한 걸음씩 나아가야 합니다. 믿음의 또 다른 이름은 '따름'입니다.

▢ 오늘의 핵심 포인트

믿음은 내 힘으로 길을 찾는 것이 아니라, 예수님과 보조를 맞추며 함께 걷는 것이다.

▢ 오늘의 묵상 질문
- 나는 지금 신앙의 경주에서 주님과 발을 맞추어 걷고 있는가?
- 혹시 내 힘으로 앞서가려 하거나, 뒤처져 멈춰 서 있지는 않은가?

예배, 하나님의 은총과 인간의 응답

> 아버지께 참되게 예배하는 자들은 영과 진리로 예배할 때가 오나니 곧 이 때라. 아버지께서는 자기에게 이렇게 예배하는 자들을 찾으시느니라(요 4:23).

종교개혁자 마틴 루터(Martin Luther)는 예배를 'Gottesdienst'라 불렀습니다. 이를 영어로 번역하면 'Divine Service', 즉 신의 섬김입니다. 다시 말해, 예배는 우리가 하나님을 섬기는 자리이기 이전에 하나님께서 우리를 섬겨 주시는 자리입니다. 하나님께서 우리에게 찾아오셔서 참된 안식과 위로를 베푸시는 자리가 바로 예배입니다.

동시에 예배는 '워십'(worship)이라고도 합니다. 'worship'은 가치(worth)를 올려 드린다(ship)라는 뜻입니다. 즉, 예배는 하나님의 은총에 대한 우리의 응답으로 우리의 가장 소중한 가치를 하나님께 올려 드리는 행위입니다. 한마디로 정의하면, 예배란 하나님의 은총과 인간의 응답이 만나는 사건입니다.

이러한 예배의 본질을 우리의 공적 예배 속에서 더욱 깊이 경험하려면 어떤 실제적인 변화가 필요할까요?

하나님의 은총에 대한 우리의 응답을 표현할 수 있는 몇 가지 방법을 제안해 봅니다.

첫째, 예배가 시작되면 우리는 고요한 침묵 속에서 하나님의 임재를 기다립니다. 마치 오케스트라가 연주를 시작하기 전에 오보에 악기의 '라' 음에 모든 악기를 조율하듯, 침묵은 우리의 마음을 하나님의 마음에 맞추는 영적 튜닝의 시간입니다.

둘째, 사도신경을 선포합니다. 사도신경은 하나님께 드리는 기도가 아니라 신앙공동체가 함께 선포하는 공식적인 신앙고백입니다 사도신경의 고백은 거짓된 사상이 지배하는 이 세상을 향해 우리가 믿는 진리를 선포하는 자리입니다. 그래서 눈을 감고 기도하는 방식이 아니라 온 회중이 용기와 확신을 가지고 힘 있게 증언해야 합니다.

셋째, 성경 봉독은 단순한 낭독이 아닙니다. 오늘 우리와 이 세상을 향해 주시는 하나님의 말씀을 듣는 시간입니다. 어떤 면에서는 설교보다 더 중요한 순간일 수 있습니다. 설교는 성경 본문에 대한 해설이지만 성경 봉독은 하나님의 음성이 직접 선포되는 시간입니다. 그러므로 형식적인 시간이 되어서는 안 됩니다. 에스라가 수문 앞 광장에서 율법책을 펼 때, 온 백성이 일어섰던 것처럼(느 8:5), 우리도 성경 봉독 시간에 일어나 하나님의 말씀을 경청하는 태도를 가져야 합니다.

예배는 하나님과 우리가 나누는 거룩한 대화입니다. 하나님께서 말씀과 성찬으로 우리를 찾아오시면, 우리는 다양한 방식으로 믿음의 응답을 드려야 합니다. 예배 속에서 우리는 하나님의 임재를 경험하고 우리의 마음을 하나님께 올려 드립니다. 예배가 형식이 아니라 살아 있는 하나님과의 교제가 되기를 소망합니다.

예배를 형식적인 순서로만 여기지 말고, 매 순간이 하나님의 은총에 대한 나의 응답임을 기억합시다. 침묵 속에서 하나님의 마음을 조율하고 사도신경을 통해 세상에 맞서는 진리를 선포하며, 성경 봉독의 순간에는 영적인 기립 자세로 주의 음성을 들으십시오. 우리가 드리는 찬양과 기도,

헌금이 단순한 행위를 넘어 진심을 담은 응답이 될 때 예배는 비로소 살아 있는 교제의 장이 됩니다. 주일에 드리는 공적 예배뿐만 아니라 우리의 일상 전체가 하나님께 드리는 삶의 예배가 되도록 힘써야 합니다. 그렇게 될 때 우리는 예배를 통해 받은 은총을 세상 속에서 흘려보내며, 세상과 우리의 삶을 변화시키는 진정한 예배자가 될 것입니다.

▫ 오늘의 핵심 포인트

예배는 인간이 하나님을 섬기는 자리가 아니라, 하나님께서 먼저 우리를 찾아오시는 자리이다.

▫ 오늘의 묵상 질문
- 우리의 예배에는 하나님의 은총과 인간의 응답이 균형을 이루고 있는가?
- 우리의 예배가 더욱 살아 있는 하나님과의 만남이 되려면 무엇을 변화시켜야 할까?

예배, 최고의 가치를 드리는 자리

> 썩어지지 아니하는 하나님의 영광을 썩어질 사람과 새와 짐승과 기어다니는 동물 모양의 우상으로 바꾸었느니라(롬 1:23).

사람은 누구나 예배자로 살아갑니다. 하나님을 떠난 인간은 본능적으로 하나님을 대신할 무언가를 예배하지 않을 수 없습니다. 전 세계 젊은이들은 유명 연예인들의 콘서트에서 열광하고 유럽의 축구 팬들은 경기장에서 환호합니다. 이 모든 열정의 이면에는 '예배'라는 요소가 숨어 있습니다. 지금 이 순간에도 모든 사람은 각자가 사랑하는 대상을 예배하며 살아갑니다.

바울은 로마서 1장 23절에서 이렇게 말했습니다.

> 썩어지지 아니하는 하나님의 영광을 썩어질 사람과 새와 짐승과 기어다니는 동물 모양의 우상으로 바꾸었느니라(롬 1:23).

하나님을 잃어버린 인간은 하나님을 예배하는 대신 자신을 매료시키는 다른 대상을 경배하며 살아갑니다. 연예인, 스포츠, 자연, 연인, 돈 등 수많은 가짜 신이 사람들의 예배를 받고 있습니다.

그런데 이처럼 거짓된 우상을 예배하는 모습에는 한 가지 공통점이 있습니다. 바로 '열정'입니다. 아이돌 콘서트에서 무심하게 바라보는 청소

년은 없습니다. 경기장의 축구 팬들은 가만히 앉아 경기를 지켜보지 않습니다. 그들에게 좋아하는 스타와 축구 경기가 너무나 매력적이기 때문에, 두 시간 내내 일어서서 소리를 질러도 피곤하지 않습니다. 사람은 아름답고 영광스러운 장면을 목격할 때 가만히 있을 수 없습니다.

예배란 영어로 'worship'입니다. worth(가치)+ship(드림)이 합쳐진 말입니다. 즉, 예배란 최고의 가치를 가장 존귀한 존재에게 드리는 행위입니다.

마태복음 13장 44절은 이렇게 말씀합니다.

> 천국은 마치 밭에 감추인 보화와 같으니 사람이 이를 발견한 후 숨겨두고 기뻐하며 돌아가서 자기의 소유를 다 팔아 그 밭을 사느니라(마 13:44).

우연히 밭에 숨겨진 보화를 발견한 사람이 자신의 전부를 다 팔아 그 밭을 사는 것처럼, 예배는 내 전부를 던져 하나님을 갈망하는 행위입니다.

따라서 예배는 단순한 종교적 의무가 아니라 우리 삶에서 가장 중요한 가치를 하나님께 올려 드리는 시간이어야 합니다. 진정한 예배는 형식적인 행위가 아니라 우리의 전 존재를 통해 하나님을 향한 사랑을 표현하는 것입니다. 일어서는 행위든, 손을 들고 찬양하는 것이든, 조용히 묵상하는 것이든, 중요한 것은 예배를 통해 하나님 그분께만 집중하는 것입니다.

예배의 순간, 우리가 누구 앞에 서 있는지를 기억하십시오. 마음과 뜻과 정성을 다해 하나님께 나아가십시오. 우리의 예배가 단순한 종교적 의식이 아니라 삶의 중심을 하나님께 두는 살아 있는 고백이 되기를 소망합니다.

🗀 오늘의 핵심 포인트

예배는 내가 가장 사랑하는 분께, 내가 가진 최고의 가치를 올려 드리는 것이다.

🗀 오늘의 묵상 질문
- 나는 무엇을 가장 열정적으로 예배하고 있는가?
- 예배의 순간, 나는 정말로 하나님께 내 삶의 최고의 가치를 드리고 있는가?

07

기도, 내면을 정화하는 영적 습관

> 너희가 내게 부르짖으며 내게 와서 기도하면 내가 너희들의 기도를 들을 것이요 (렘 29:12).

어린 시절, 아버지와 함께 동네 목욕탕에 갔던 기억이 있습니다. 가난했던 시절, 온 가족이 작정하고 목욕탕을 찾았습니다. 몸에 쌓인 묵은 때를 씻어 내고, 뜨거운 온탕에 몸을 담그며 피로를 풀고, 가벼워진 몸으로 상쾌하게 나옵니다. 목욕탕은 씻고, 쉬고, 가볍게 하는 곳입니다.

기도의 자리도 마찬가지입니다. 기도는 우리 영혼을 씻어 내는 영적 목욕탕입니다. 죄로 얼룩진 영혼을 정결하게 하고 지친 마음을 회복시키며 하나님 앞에서 새로워지게 만듭니다.

그렇다면 기도의 목욕탕으로 들어가는 과정은 어떨까요?

목욕탕에 들어가려면 먼저 옷을 벗어야 합니다. 목욕탕 시설이 아무리 좋아도 옷을 입은 채로 들어갈 수는 없습니다. 기도도 마찬가지입니다. 하나님 앞에 나아가기 위해서는 내 자아와 가식을 벗어야 합니다. 체면과 위선을 내려놓고 솔직한 모습으로 나아갈 때 비로소 기도의 은혜가 임합니다.

> 하나님께서 구하시는 제사는 상한 심령이라 하나님이여 상하고 통회하는 마음을 주께서 멸시하지 아니하시리이다(시 51:17).

하나님께서는 정직하고 진실한 기도에 반응하십니다. 고백하는 영혼과 통회하는 마음에 하늘의 은혜를 부어 주십니다.

목욕탕에서 가장 개운한 순간은 묵은 때를 씻어 낼 때입니다. 오랜 시간 쌓인 때가 벗겨질 때 상쾌함을 느낍니다. 기도 역시 우리의 영혼에 쌓인 죄와 상처, 두려움을 씻어 내는 시간입니다. 회개기도를 통해 우리는 영적으로 맑아지고 가벼워집니다.

때로는 내 손이 닿지 않는 곳이 있습니다. 그래서 우리는 서로의 등을 밀어 줍니다. 기도도 마찬가지입니다. 중보기도는 내가 미처 기도하지 못하는 부분을 누군가가 나를 대신하여 기도해 주는 사랑의 행위입니다. 중보기도는 영혼의 깊은 유대감을 형성하며, 신앙공동체를 더욱 끈끈하게 만듭니다.

> 너희가 짐을 서로 지라 그리하여 그리스도의 법을 성취하라(갈 6:2).

기도는 개인적인 것이면서도 동시에 공동체적인 것입니다. 서로를 위해 기도하는 순간, 우리는 사랑으로 연결됩니다. 목욕탕의 온탕과 열탕에 오가며 피로를 푸는 것처럼, 기도도 하나님의 뜨거운 사랑과 냉철한 지혜 속에서 쉼을 얻습니다. 때로는 뜨거운 눈물이 우리 영혼을 감싸고, 때로는 냉철한 깨달음이 현실을 바라보는 새로운 시각을 열어 줍니다.

> 내 영혼을 소생시키시고 자기 이름을 위하여 의의 길로 인도하시는도다(시 23:3).

기도의 순간은 단순한 감정 해소의 시간이 아닙니다. 우리의 영혼을 새롭게 정돈하고 하나님의 뜻 안에서 방향을 잡아 가는 과정입니다.

목욕탕에는 찜질방이 있습니다. 그곳에 앉아 있으면 뜨거운 열기로 땀이 배어 나오고, 몸속의 노폐물이 빠져나갑니다. 묵상기도도 마찬가지입니다. 조용히 말씀을 되새기며, 하나님의 임재 안에 머물 때, 세상의 걱정과 불안이 빠져나가고, 내 영혼 속에 은혜가 다시 흐르기 시작합니다.

기도는 말하는 것만이 아닙니다. 때로는 가만히 하나님을 바라보며 그분의 음성을 듣는 시간이 필요합니다. 기도의 습관이 있는 사람만이 혼탁한 세상 한가운데서도 맑고 가벼운 영혼을 유지할 수 있습니다. 오늘 기도의 자리로 나아가십시오.

🪧 오늘의 핵심 포인트

기도의 자리는 영혼을 씻어 내고 새롭게 하는 하나님의 목욕탕이다.

🪧 오늘의 묵상 질문

- 나는 얼마나 자주 영혼의 때를 씻어 내고 있는가?
- 기도의 자리에서 하나님 앞에 정직하게 나아가고 있는가?

기도, 하나님의 응답 버튼을 누르라

> 믿음이 없이는 하나님을 기쁘시게 하지 못하나니 하나님께 나아가는 자는 반드시 그가 계신 것과 또한 그가 자기를 찾는 자들에게 상 주시는 이심을 믿어야 할지니라(히 11:6).

컴퓨터가 생활의 필수품인 시대, 현대인들이 손으로 가장 많이 잡는 물건은 마우스입니다. 우리는 마우스를 사용하여 온라인과 오프라인을 연결하며 사이버 공간 속으로 들어갑니다. 그런 점에서 마우스는 우리에게 기도의 원리를 가르쳐 줍니다. 이제 '기도의 마우스'를 잡고 하나님께 나아가는 원리를 배워 보겠습니다.

마우스를 잡는 순간, 우리는 현실에서 온라인 세계로 접속합니다. 손끝 하나로 광대한 사이버 공간이 열리듯, 두 손을 모으고 기도하는 순간 무한한 영적 세계가 열립니다. 기도는 이 땅에 임한 하나님 나라를 경험하는 열쇠입니다. 마우스를 사용하지 않으면 온라인 세계에 접근할 수 없듯이 기도하지 않으면 하나님 나라를 온전히 경험할 수 없습니다.

마우스를 사용하면 원하는 곳으로 이동할 수 있습니다. 기도도 마찬가지입니다. 그러나 우리는 무엇을 구해야 할지조차 모를 때가 많습니다.

> 이와 같이 성령도 우리의 연약함을 도우시나니 우리는 마땅히 기도할 바를 알지 못하나 오직 성령이 말할 수 없는 탄식으로 우리를 위하여 친히 간구하시느니라(롬 8:26).

마우스를 따라 움직이는 화살표가 몇 번의 클릭을 통해 새로운 페이지를 열 듯, 성령께서 우리의 기도를 인도하실 때 우리는 하나님께 더 가까이 나아갑니다.

컴퓨터의 부팅이 마우스를 잡는 순간 시작되는 것처럼, 신앙생활의 부팅도 기도로 시작합니다. 컴퓨터를 켜도 마우스를 잡지 않으면 원하는 작업을 할 수 없습니다. 마찬가지로 기도 없는 신앙생활은 방향을 잃기 쉽습니다. 하나님의 영적 세계가 내 앞에 있어도, 기도하지 않으면 그 세계는 나와 연결되지 않습니다. 기도는 신앙생활의 '부팅' 버튼과 같습니다. 기도할 때 하나님께서 우리의 하루를 열어 주시고, 우리의 신앙을 새롭게 하십니다.

무선 마우스는 블루투스를 통해 컴퓨터와 연결됩니다. 그러나 블루투스의 신호가 연결되지 않으면, 마우스를 아무리 움직여도 화면이 반응하지 않습니다. 믿음 없는 기도는 연결되지 않은 마우스와 같습니다. 수없이 클릭해도 아무것도 열리지 않습니다. 하지만, 믿음의 주파수가 맞춰진 기도는 단 한 번의 클릭으로 인생을 바꿀 기적을 일으킵니다.

> 믿음이 없이는 하나님을 기쁘시게 하지 못하나니 하나님께 나아가는 자는 반드시 그가 계신 것과 또한 그가 자기를 찾는 자들에게 상 주시는 이심을 믿어야 할지니라(히 11:6).

마우스를 사용하면 온라인 세계의 무한한 가능성이 열립니다. 그러나 사용하지 않으면 마우스는 아무런 가치도 없습니다.

기도도 마찬가지입니다. 기도하면 하나님의 능력과 연결되지만, 기도하지 않으면 그 능력을 경험할 수 없습니다.

> 너희가 얻지 못함은 구하지 아니하기 때문이요 (약 4:2).

현대인들은 매일 마우스를 잡고 온라인 공간으로 들어갑니다. 그리스도인들은 매일 기도의 마우스를 잡고 하나님의 임재 안으로 들어가야 합니다. 하루에도 수십 번, 우리는 마우스를 클릭합니다. 그러나 가장 중요한 클릭은 '기도'입니다.

> 너희가 내게 부르짖으며 내게 와서 기도하면 내가 너희들의 기도를 들을 것이요 (렘 29:12).

오늘, 기도의 마우스를 잡고 하나님의 세계로 들어가십시오. 기도의 클릭이 당신의 영혼을 새롭게 할 것입니다.

▢ 오늘의 핵심 포인트

기도는 영적 세계로 들어가는 믿음의 클릭이다.

▢ 오늘의 묵상 질문
- 나는 하루 중 얼마나 자주 기도의 버튼을 누르고 있는가?
- 신앙의 부팅이 기도로 시작된다면, 오늘 나는 하나님과 연결되기 위해 어떤 기도를 드려야 할까?

장벽을 무너뜨리는 기도의 힘

> 이르시되 기도 외에 다른 것으로는 이런 종류가 나갈 수 없느니라 하시니라 (막 9:29).

새해가 시작되면 많은 사람이 새로운 다짐과 계획을 세웁니다. 그러나 계획만으로 우리의 삶이 변화되는 것은 아닙니다. 하나님 앞에 나아가 기도할 때 우리는 한계를 넘어설 힘을 얻고, 불가능해 보이는 상황 속에서도 길을 발견할 수 있습니다.

예수님께서도 이렇게 말씀하셨습니다.

> 이르시되 기도 외에 다른 것으로는 이런 종류가 나갈 수 없느니라 하시니라 (막 9:29).

독일 베를린에는 분단의 상징이었던 브란덴부르크 문이 있습니다. 전쟁 이후 동독과 서독으로 나뉘었던 독일은 1990년 마침내 통일을 이루었습니다.

무엇이 오랜 분단의 장벽을 허물 수 있었을까요?

라이프치히 성 니콜라이 교회의 담임목사는 "통일 독일은 기도가 만든 결과"라고 선언했습니다. 실제로 동서독의 그리스도인들은 수십 년 동안 간절히 기도하며 하나님의 도우심을 구했습니다. 공산 정권의 감시 속에서도 교회는 매주 월요일마다 '평화 기도회'를 열었습니다.

이 작은 모임에서 시작된 기도 운동은 점차 수십만 명이 참여하는 전국적인 평화 시위로 확산되었습니다. 결국, 기도의 불꽃은 동독 시민들의 마음에 용기를 불어넣었고, 1989년 베를린 장벽이 무너지는 역사적 순간을 이끌어 냈습니다.

각자의 인생에도 인간의 노력으로 허물 수 없는 장벽들이 있습니다. 우리는 인간의 힘으로 해결할 수 없는 난제 앞에서 좌절하기도 합니다.

그러나 C.S. 루이스(C.S. Lewis)는 이렇게 말했습니다.

> 기도가 하나님의 뜻을 바꾸는 것은 아닙니다. 그러나 기도는 기도하는 사람을 변화시키고, 그 변화가 세상을 바꿉니다.

기도는 불가능을 가능하게 만드는 열쇠입니다. 다윗이 골리앗을 맞섰을 때 그의 승리는 무기가 아니라 여호와의 이름을 의지한 믿음과 평소에 훈련한 물맷돌에서 나왔습니다. 기도는 마치 다윗이 평소에 훈련하고 준비한 물맷돌과 같습니다. 위기를 뛰어넘는 능력은 평소에 쌓은 기도의 실력으로부터 나옵니다.

때때로 우리는 기도를 하면서도 의심합니다. 응답이 더디거나 변화가 보이지 않을 때 기도를 중단하기도 합니다. 하지만, 기도의 힘은 우리가 이해할 수 없는 방식으로 우리가 보지 못하는 곳에서 역사하고 있습니다.

19세기 영국의 위대한 설교가 찰스 스펄전(Charles Spurgeon)은 이렇게 말했습니다.

> 하나님의 응답이 지연되는 것처럼 보일 때, 그것은 우리의 기도가 더 깊어지고 강해지도록 하기 위한 하나님의 방법이다.

혹시 응답되지 않아 중단한 기도가 있습니까?

그렇다면 다시 시작하십시오. 기도는 삶을 변화시키는 가장 강력한 힘입니다. 하나님께서 우리의 기도를 듣고 계심을 믿고, 끊임없이 주님께 나아가십시오. 기도하는 사람을 통해 하나님은 놀라운 일을 이루십니다.

> 아무 것도 염려하지 말고 다만 모든 일에 기도와 간구로 너희 구할 것을 감사함으로 하나님께 아뢰라(빌 4:6).

기도가 삶의 장벽을 허물고, 한계를 뛰어넘는 능력이 될 것입니다. 오늘도 믿음으로 기도의 무릎을 꿇으십시오. 기도하는 한, 하나님은 일하고 계십니다.

🟪 오늘의 핵심 포인트

기도는 보이지 않는 벽을 허물고, 불가능을 가능케 하는 하나님의 능력이다.

🟪 오늘의 묵상 질문
- 지금 나의 기도를 통해 돌파해야 할 장벽은 무엇인가?
- 하나님이 응답하지 않는 것처럼 보일 때 나는 기도를 멈추는가 아니면 끝까지 믿고 기도하는가, 오늘 내가 다시 붙들어야 할 기도 제목은 무엇인가?

하늘을 향한 손이 승리를 결정한다

> 너는 내게 부르짖으라 내가 네게 응답하겠고 네가 알지 못하는 크고 은밀한 일을 네게 보이리라(렘 33:3).

기도는 교회의 심장과 같습니다. 기도가 살아야 교회가 살아납니다. 신앙이 회복되는 길은 언제나 기도를 통해 하나님의 임재를 먼저 구하는 데서 시작됩니다.

현대 선교의 아버지 윌리엄 케리(William Carey)는 이렇게 말했습니다.

> If we work, we work. If we pray, God works.
> 우리가 일하면 우리가 일할 뿐이지만, 우리가 기도하면 하나님이 일하십니다.

그렇다면 나는 지금 누구의 힘을 의지하고 있는가?

내가 열심히 일하는가, 아니면 하나님께서 일하시도록 기도의 손을 들고 있는가?

출애굽기 17장을 보면, 이스라엘 백성이 르비딤에서 아말렉과 전쟁을 벌이는 장면이 나옵니다. 여호수아가 지휘관이 되어 전쟁을 이끌었지만, 승패를 결정하는 것은 전쟁터에서 싸우는 군대의 용맹함이 아니었습니다.

모세의 기도하는 손이 전쟁의 승패를 결정했습니다. 모세의 손이 올라가면 이스라엘이 이겼고, 모세의 손이 내려가면 아말렉이 우세했습니다. 결국, 아론과 훌이 모세의 양쪽 손을 함께 붙들어 주었을 때 모세의 손은 내려오지 않았고 마침내 이스라엘은 승리할 수 있었습니다.

이 장면은 우리가 싸우는 모든 영적 전쟁에서 기도가 결정적인 역할을 한다는 것을 가르쳐 줍니다. 우리가 기도의 손을 들고 있을 때, 하나님께서 우리를 대신하여 싸워 주십니다.

19세기 유명한 설교자 찰스 스펄전은 이렇게 말했습니다

> 기도하는 성도는 가장 강한 성도이다. 우리의 약함이 기도의 자리에서 하나님의 능력으로 바뀐다.

오늘날 교회가 사탄과의 영적 전쟁에서 승리하는 원리도 동일합니다. 교회가 함께 믿음의 손을 들고 기도할 때, 비로소 하나님께서 우리와 교회를 위해 일하십니다. 그러므로 승리를 원한다면, 승리를 쟁취하려는 나의 분주함을 먼저 내려놓아야 합니다.

성도의 가장 큰 적은 사탄이 아니라 기도하지 않는 자기 열심입니다. 분주함을 내려놓고, 먼저 주님 앞에 나와 기도의 손을 올려야 합니다. D.L. 무디(Dwight L. Moody)는 이렇게 말했습니다.

> 기도하지 않는 것은 하나님 없이 사는 것과 같다. 우리의 삶에서 하나님을 움직이게 하는 유일한 힘은 기도이다.

예수님도 하루를 기도로 시작하셨습니다.

> 새벽 아직도 밝기 전에 예수께서 일어나 나가 한적한 곳으로 가서 거기서 기도하시더니(막 1:35).

하나님의 아들이신 예수님조차도 기도를 통해 아버지의 뜻을 구하시고, 그분의 능력을 의지하며 사셨습니다. 그러므로 환경을 원망하거나 능력 없음에 좌절하기 전에, 기도의 능력을 회복해야 합니다.

기도는 혼자 할 때보다 함께할 때 더 강한 불꽃을 일으킵니다. 혼자 타는 장작불은 쉽게 꺼지지만, 장작이 함께 타면 오랫동안 불꽃을 유지합니다. 지금 기도하기로 결단하십시오. 기도의 자리를 사모하십시오. 기도하는 순간, 주님의 임재를 경험하며 삶의 회복을 체험하게 될 것입니다.

◘ 오늘의 핵심 포인트

기도하는 손이 올라갈 때, 하나님이 우리를 대신하여 싸우시고 승리를 주신다.

◘ 오늘의 묵상 질문

- 나는 기도 없이 내 힘으로만 싸우려 하고 있지는 않은가?
- 내 삶의 전쟁터에서 하나님께서 일하시도록, 내가 내려놓고 기도로 맡겨야 할 부분은 무엇인가?

모든 성경은 하나님의 감동으로 된 것으로
고훈과 책망과 바르게함과 의로 교육하기에
유익하니 (디모데후서 3:16)

제2장
말씀, 텍스트를 넘어 생명으로

11. 교회의 흥망성쇠, 성경에 달려 있다
12. 조정래의 치열한 작가 정신
13. 하나님의 숨결이 살아 숨쉬는 책, 성경
14. 사본에서 번역본까지, 성경은 어떻게 우리에게 왔는가?
15. 성경, 어떻게 읽을 것인가?
16. 말씀이 쉬워질 때, 은혜가 깊어진다
17. 내가 성경을 읽는다는 것 vs 성경이 나를 읽는다는 것
18. 신앙생활의 본질
19. 하나님의 러브레터, 오늘도 읽고 계신가요?
20. 거미형 인간에서 꿀벌형 인간으로

교회의 흥망성쇠, 성경에 달려 있다

> 주의 법을 사랑하는 자에게는 큰 평안이 있으니 그들에게 장애물이 없으리로다 (시 119:165).

교회의 흥망성쇠는 그리스도인들이 성경을 어떻게 대하는가에 달려 있습니다. 초대 교회는 말씀을 생명처럼 붙들었기에 로마의 박해를 이기고 세상을 변화시킬 수 있었습니다.

하지만, 그 불꽃 같던 신앙은 왜 중세의 암흑기를 맞이했을까요?

당시 가톨릭 교회의 라틴어 성경은 오직 사제만이 읽을 수 있었고, 결국 말씀으로부터 멀어진 교회는 영적 생명력을 잃어버렸습니다.

> 오늘 우리의 신앙은 어떻습니까?
> 말씀을 생명처럼 붙들고 있습니까?
> 아니면 성경과 무관한 습관적 신앙에 머물러 있습니까?

1517년, 마틴 루터는 성경 안에서 복음을 재발견하며 종교개혁을 일으켰습니다.

루터가 외친 세 가지 기치는 다음과 같습니다.

첫째, 솔라 피데(Sola Fide): 오직 믿음

둘째, 솔라 그라치아(Sola Gratia): 오직 은혜

셋째, 솔라 스크립투라(Sola Scriptura): 오직 성경

루터가 촉발한 종교개혁이 유럽 전역으로 확산될 수 있었던 가장 큰 이유는 성경을 평신도들에게 돌려주었기 때문입니다. 그는 라틴어 성경을 독일어로 번역하여 백성이 직접 성경을 읽고 묵상하도록 했습니다. 그 결과, 죽었던 교회가 다시 살아났습니다.

그러나 종교개혁 이후 100년이 지나자, 개신교는 다시 성경 자체보다는 자신들의 교리를 맹목적으로 붙들었습니다. 사람들은 성경을 통해 하나님의 말씀을 듣기보다는 교리를 개념화하는 데 신앙의 본질을 두기 시작했습니다. 성경으로부터 멀어진 교회는 다시 잠들기 시작했습니다.

이때 17세기 경건주의가 교회 안에 작은 교회 운동을 시작했습니다. 평신도들이 함께 모여 성경을 읽고 삶을 나누기 시작했습니다. 그 결과, 말씀이 개인의 삶에서 다시 살아나기 시작한 것입니다.

이 운동은 18세기 영국의 복음주의 부흥 운동에 영향을 주었습니다. 존 웨슬리(John Wesley)와 조지 휫필드(George Whitefield)는 영국 성공회의 형식주의에 빠진 신앙을 다시 깨웠습니다. 그들의 복음 운동은 미국으로 건너가 '1, 2차 영적 대각성 운동'을 일으키며 강력한 신앙 부흥을 가져왔습니다.

모든 신앙 개혁의 출발점은 '성경으로 돌아가는 것'입니다. 역사는 증명합니다. 성경을 가까이하는 교회는 다시 살아납니다.

주의 말씀은 내 발에 등이요 내 길에 빛이니이다(시 119:105).

말씀을 읽고 묵상할 때, 신앙이 깨어납니다. 말씀을 나눌 때, 교회는 다시 살아납니다. 성경 읽기로 하루를 시작하십시오. 삶으로 말씀을 살아내고 공동체 안에서 말씀의 은혜를 나누십시오. 신앙은 혼자만의 싸움이 아닙니다. 함께 읽고 함께 나눌 때 성경이 삶 속에서 역사합니다. 결단하십시오. 성경으로 돌아가는 순간, 당신의 신앙과 교회는 다시 깨어날 것입니다.

🔲 오늘의 핵심 포인트

성경이 살아 있는 곳에 신앙이 살아나고, 성경이 사라지는 곳에 교회는 무너진다.

🔲 오늘의 묵상 질문
- 나는 성경을 생명처럼 붙들고 있는가 아니면 형식적으로 읽고 있는가?
- 성경을 더 깊이 묵상하고 삶에서 실천하기 위해 오늘부터 내가 실천할 수 있는 작은 변화는 무엇인가?

조정래의 치열한 작가 정신

> 하나님의 말씀은 살아 있고 활력이 있어 좌우에 날선 어떤 검보다도 예리하여 혼과 영과 및 관절과 골수를 찔러 쪼개기까지 하며 또 마음의 생각과 뜻을 판단하나니 (히 4:12).

한국 문학사에 한 획을 그은 조정래 선생을 아실 것입니다. 『태백산맥』, 『아리랑』, 『한강』과 같은 그의 작품은 한국 근현대사를 관통하며 독자들에게 깊은 감동과 통찰을 주었습니다.

얼마 전 라디오에서 조정래 선생의 인터뷰를 들었습니다. 그는 한 문장을 쓰기 위해 반드시 세 번 이상 생각한다고 합니다. 자신의 작품을 이루는 모든 문장에는 자신의 생명이 숨 쉬고 있으며, 그것은 치열한 작가 정신의 산물이라고 자신 있게 말했습니다. 죽을 각오로 써 내려간 글은 반드시 독자와 소통을 일으키고, 그 문장 안에는 현대인의 존재를 터치하는 보이지 않는 힘이 깃든다고 강조했습니다.

> 하루 8시간을 일하는 현대인들에게 희망과 용기를 주는 글을 쓰기 위해 나는 그들이 일하는 시간의 두 배인 16시간을 글쓰기에 투자한다.

이 말에서 글을 향한 조정래 선생의 헌신과 열정을 볼 수 있습니다. 그는 아들과 며느리에게 『태백산맥』 10권 전부를 필사하게 했습니다.

이유가 무엇일까요?

자신의 작품이 사람들의 인생관과 세계관을 바꾸는 힘이 있다고 확신했기 때문입니다. 실제로 조정래 문학관에는 이미 9명의 독자들이 기증한 10권 분량의 『태백산맥』 필사본이 전시되어 있습니다.

인터뷰를 듣고 두 가지 질문이 떠올랐습니다.

첫째, 현대인의 삶에 변화를 주기 위해 하루 16시간을 글쓰기에 헌신하는 소설가가 있다면, 나는 설교자로서 얼마나 말씀을 전하는 일에 헌신하고 있는가?

죽을 각오로 쓴 소설이 사람들에게 영향을 줄 수 있다면, 죽을 각오로 작성하고 선포한 성경의 진리는 얼마나 더 강력할까 생각해 봅니다.

둘째, 성령의 감동으로 기록된 하나님의 말씀을 우리는 어떤 자세로 대하고 있는가?

인간이 쓴 소설도 필사할 만큼 가치가 있다면, 하나님께서 친히 감동하여 기록하게 하신 성경을 우리는 얼마나 더 열심히 읽고 묵상해야 하겠는가?

매일 말씀을 묵상하고 말씀의 빛 아래에서 사는 것이 신앙의 본질임을 깨달아야 합니다. 왜냐하면, 성경은 인간의 정신이 아닌 성령께서 감동하여 기록하신 책이기 때문입니다.

하나님의 말씀 앞에 날마다 나아가십시오. 말씀을 읽고 묵상하는 삶은 인생의 모든 필요를 채우고, 우리의 한계를 넘어서게 하는 힘이 됩니다. 문학 작품은 사람의 마음을 감동시키지만, 성경은 영혼을 변화시키는 능력이 있습니다.

조정래 선생이 한 문장 한 문장에 자신의 혼을 담아 글을 써 내려갔듯, 하나님의 말씀도 한 글자 한 글자에 우리를 향한 하나님의 사랑과 진리가 담겨 있습니다. 그러므로 우리는 말씀을 단순히 읽는 것을 넘어서 깊이 묵상하고 삶에 적용하며 살아야 합니다.

오늘도 성경을 펼치고 하나님의 음성에 귀 기울이십시오. 그 말씀이 여러분의 삶을 새롭게 변화시키는 능력이 될 것입니다.

▢ 오늘의 핵심 포인트

한 문장에 생명을 담는 작가처럼, 우리는 성경의 한 말씀을 생명처럼 붙들어야 한다.

▢ 오늘의 묵상 질문

- 나는 하나님의 말씀을 얼마나 진지하게 대하고 있는가?
- 조정래의 작품도 필사할 만큼 가치가 있다면, 나는 성경을 얼마나 열심히 읽고 묵상하고 있는가?

13

하나님의 숨결이 살아 숨쉬는 책, 성경

> 먼저 알 것은 성경의 모든 예언은 사사로이 풀 것이 아니니 예언은 언제든지 사람의 뜻으로 낸 것이 아니요 오직 성령의 감동하심을 받은 사람들이 하나님께 받아 말한 것임이라(벧후 1:20-21).

기독교의 확실성은 오직 성경에 근거합니다. 그리스도인들이 신앙을 확신할 수 있는 단 한 가지 이유는 **"성경이 하나님의 말씀이다"**라는 확실한 토대 위에 서 있기 때문입니다. 성경은 하나님의 영감에 의해 기록되었으며, 이는 곧 성경이 신적 권위를 가진다는 의미입니다.

그렇다면 '성경이 영감되었다'라는 것은 무슨 뜻일까요?

'영감'이라는 단어는 **'하나님의 숨결'**을 의미합니다. 다시 말해, 하나님께서 성경을 기록한 저자들에게 신적 영향력을 행사하셔서 성경이 진리를 담게 하셨다는 뜻입니다. 그러나 이 영감의 과정에서 하나님은 저자들의 개성과 문체, 그리고 문화적 배경을 무시하지 않으셨습니다. 오히려 그들의 사고방식과 표현 방식을 사용하여 유기적으로 기록하게 하셨습니다.

그 결과, 성경은 시대를 초월하는 하나님의 보편적 진리를 담고 있지만, 동시에 기록된 당시의 문화적·역사적 배경도 반영하고 있습니다. 이러한 특성 때문에 성경을 문자 그대로 현대인의 삶에 적용하려는 시도는 문제가 될 수 있습니다.

예를 들어, 고린도전서 11장에서 바울은 "여자는 교회에서 잠잠하라"라고 말하거나 "예배 때 여자는 머리에 수건을 쓰라"라고 말합니다. 이 말씀을 문자 그대로 오늘날에 적용하면 본래의 의도를 왜곡할 가능성이 큽니다. 이 말씀은 바울 시대의 문화적 상황 안에서 이해하여 오늘에 맞게 재해석해야 합니다.

일부 교단에서 여성 목사 안수나 여성 장로 임직을 반대하는 이유는 성경의 특정 구절을 문자적으로 적용한 결과입니다. 따라서 성경을 읽을 때, 기록될 당시의 의미를 정확히 이해한 후, 오늘날의 삶에 맞게 적용하는 지혜가 필요합니다.

성경이 하나님의 말씀이라는 것은, 곧 성경에 오류가 없다는 뜻입니다. 그러나 '오류 없음'이란 과학적·역사적 오류가 없다는 의미가 아닙니다. 성경이 하나님의 진리를 온전히 담고 있으며, 인간이 구원을 얻고 하나님의 뜻을 깨닫는 데 있어서 완전하다는 의미입니다.

성경이 고대 시대의 저자들에 의해 기록되었기 때문에 당시의 과학적·문화적 이해를 반영하는 표현들이 있을 수 있습니다. 그러나 이는 성경의 신뢰성을 훼손하는 것이 아니라, 하나님께서 인간의 언어와 개념을 통해 진리를 전달하셨다는 점을 보여 줍니다.

그러므로 우리는 성경을 읽을 때 그 성경이 기록될 당시의 객관적 의미를 추출하여 오늘 나의 삶에 주관적으로 적용해야 합니다. 이 객관적 진리를 추출해 내는 작업을 '해석'이라고 합니다. 성경의 해석 작업이 객관적으로 이루어질 때 비로소 성경의 진리는 오늘을 사는 현대인들에게 살아 있는 진리로 적용될 수 있습니다.

성경의 객관적 진리를 오늘 우리에게 적용하시는 분이 성령님입니다. 그러므로 성경을 읽을 때, 그저 글자만 읽는 것이 아니라 말씀의 저자이신 성령님께 의지하며 기도하는 자세가 필요합니다. 성경의 배경을 이해하기 위해 주석이나 역사서를 참고하는 노력도 병행하십시오. 성경은 단순히 읽는 책이 아니라, 삶으로 순종하고 적용해야 하는 책입니다. 오늘 내게 주시는 하나님의 음성을 듣기 위해 애쓰고, 그 말씀이 내 삶을 변화시키도록 순종할 때, 성경은 지식이 아닌 하나님의 숨결이 살아 있는 능력의 말씀이 될 것입니다. 이처럼 성경을 깊이 읽고 삶에 적용하는 훈련을 통해, 우리는 하나님의 뜻을 온전히 분별하고 그분의 인도하심을 따라 살아가는 지혜로운 그리스도인이 될 것입니다.

❏ 오늘의 핵심 포인트

성경은 하나님의 숨결이 담긴 책이며, 진리를 바르게 해석하고 적용할 때 살아 있는 능력이 된다.

❏ 오늘의 묵상 질문

- 나는 성경을 단순히 읽는가, 아니면 그 의미를 깊이 묵상하고 올바르게 해석하고 있는가?
- 성경을 더욱 바르게 이해하고 실천하기 위해, 오늘 내가 변화시켜야 할 말씀 묵상의 태도는 무엇인가?

14

사본에서 번역본까지, 성경은 어떻게 우리에게 왔는가?

> 모든 성경은 하나님의 감동으로 된 것으로 교훈과 책망과 바르게 함과 의로 교육하기에 유익하니 이는 하나님의 사람으로 온전하게 하며 모든 선한 일을 행할 능력을 갖추게 하려 함이라(딤후 3:16-17).

구약성경은 히브리어, 신약성경은 헬라어로 기록되었습니다. 그러나 최초의 성경 원본은 더 이상 존재하지 않습니다.

그렇다면 오늘날 우리 손에 들어온 성경은 어떻게 보존되고 전달되었을까요?

인쇄술이 없던 신약 시대에 그리스도인들은 성경 원본을 보존하고 보급하기 위해 필사본(사본)을 제작했습니다. 파피루스(나무 껍질로 만든 종이)나 양피지(양 가죽을 얇게 펴서 만든 종이)에 성경을 한 글자 한 글자 베껴 쓰는 작업이 이루어졌습니다. 그러나 이 과정에서 필사자의 실수로 인해 크고 작은 차이들이 발생했습니다.

사본학(Textual Criticism)은 수백 개의 사본을 비교·분석하여 가장 원문에 가까운 성경 본문을 찾아가는 학문입니다. 성경 원문을 읽지 않는 이상, 우리가 접하는 모든 성경은 번역본일 뿐입니다. 헬라어와 히브리어로 기록된 성경 원문을 우리말로 완벽하게 옮기는 것은 불가능합니다. 번역 과정에서 미묘한 의미의 차이가 생길 수밖에 없습니다. 그래서 성경 원문에 더 가까운 번역을 위해 지금도 성경 번역은 계속되고 있습니다.

현재 한국 교회에서 사용되는 대표적인 성경 번역본은 개역개정, 표준새번역, 현대인의 성경, 공동번역 등이 있으며, 영어 성경도 NLT, NIV, ESV, KJV 등 수십 가지 번역본이 존재합니다. 과거 한국 교회는 '개역한글'을 주로 사용했지만, 고어와 일부 오역을 수정한 '개역개정'이 현재 가장 널리 사용되고 있습니다.

어떤 성경 번역본이 더 우수한지에 대한 의견은 다양합니다. 중요한 것은 어떤 번역본을 사용하더라도 인간을 구원하시는 성경의 핵심 진리는 변하지 않는다는 사실입니다. 성경은 하나님께서 인간의 언어로 우리와 소통하시기 위해 주신 책입니다. 신약성경이 기록될 때도 학문적인 헬라어가 아닌, 일반 대중이 사용하던 **코이네 헬라어**(공통 헬라어)로 기록되었습니다.

일부에서는 "KJV(킹제임스 성경)만이 유일한 성경이다" 혹은 "개역한글이 가장 정통한 성경이다"라고 주장합니다. 그러나 모든 성경이 번역본이라는 사실을 기억한다면, 특정 성경 번역본만이 유일한 성경이라는 주장은 논리적으로 성립할 수 없습니다. 더 나은 번역본은 있을 수 있지만, 완벽한 번역본은 존재하지 않습니다.

그렇다면 성경이 오류가 없다는 기독교 신앙의 신념은 무엇을 의미할까요?

하나님은 연약한 인간 저자들을 통해 성경을 기록하게 하셨고, 인간의 문화와 시대적 배경 속에서 성경을 완성하셨습니다. 그래서 성경에는 인간의 언어적·역사적·문화적 색채가 담겨 있습니다.

그러나 하나님은 이 과정 속에서도 주권적으로 역사하셔서 구원에 관한 진리가 전달되는 데 부족함이 없도록 하셨습니다. 이를 '축자 영감'(Verbal Inspiration)이라 합니다.

우리가 '성경 무오설'(聖經無誤說, Inerrancy of the Bible)을 믿는 이유는 성령께서 성경이 기록되는 과정, 사본으로 필사되는 과정, 번역되는 과정, 그리고 우리가 읽는 과정에까지 개입하셔서 하나님의 구원 진리가 온전히 전달되도록 하셨기 때문입니다.

그러므로 성경을 읽을 때 가장 중요한 것은 성령께서 우리 마음에 깨달음을 주시도록 기도하는 것입니다. 문자적 해석에만 집중하는 것이 아니라 성경을 통해 하나님께서 주시는 영적 진리를 깊이 묵상해야 합니다. 성경을 단순한 텍스트가 아니라 하나님의 살아 있는 말씀으로 읽는 것이야말로 올바른 성경 읽기의 자세입니다.

오늘의 핵심 포인트

성경은 인간의 언어로 기록되었지만, 하나님의 영감으로 보존되어 온 구원의 진리이다.

오늘의 묵상 질문
- 나는 성경을 단순한 문자로만 읽고 있는가, 아니면 하나님의 살아 있는 말씀으로 묵상하고 있는가?
- 오늘 성경을 읽을 때, 우리는 어떻게 성령의 조명을 구하며 하나님의 뜻을 깊이 묵상하고 적용하는 태도를 가질 수 있을까?

성경, 어떻게 읽을 것인가?

> 주의 말씀은 내 발에 등이요 내 길에 빛이니이다(시 119:105).

감리교의 창시자 존 웨슬리는 그리스도인을 '**한 책의 사람**'이라고 표현 했습니다. '한 책의 사람'이란 '성경의 사람'을 의미합니다. 성경을 날마다 읽으며, 그 말씀에 따라 가치관과 삶의 방식이 형성된 그리스도인입니다. 성경 없는 신앙생활은 '영혼 없는 육체'와 같습니다.

성경 읽기가 중요한 것은 그리스도인이라면 누구나 알고 있습니다. 하지만, 성경을 꾸준히 읽는 것이 쉽지 않습니다.

그렇다면 성경을 즐겁고 꾸준히 읽기 위해서는 무엇이 필요할까요?

첫째, 목적을 가지고 읽으십시오. 리처드 포스터(Richard Foster)는 그의 책 『영적 훈련과 성장』(*The Celebration of Discipline*)에서 성경 읽기의 궁극적 목적을 "**하나님과의 관계 회복**"이라고 말합니다.

성경은 단순히 지식 습득을 위한 책이 아닙니다. 성경 속에는 살아 계신 하나님의 마음이 담겨 있습니다. 우리는 그분의 뜻을 알고 순종하기 위해 성경을 읽습니다. 따라서 성경 읽기가 종교적 습관이나 지적 활동이 아니라 하나님의 임재를 경험하는 자리가 되려면 반드시 성령님의 도우심이 필요합니다. 성경을 펼치기 전에 먼저 기도하십시오.

"성령님, 저의 마음의 눈을 열어 주셔서 문자 너머에 계신 주님을 볼 수 있도록 도와주소서."

둘째, 계획적으로 읽으십시오. 성경은 단순한 종교 서적이 아닙니다. 천지창조부터 역사의 종말까지 하나님께서 이 세계를 운행하시는 위대한 이야기가 펼쳐지는 책입니다. 따라서 성경을 체계적으로 읽어야 그 흐름을 온전히 이해할 수 있습니다.

하루 20분씩 성경을 읽으며 1년에 한 번 성경을 완독하는 것을 목표로 해 보세요. 특히, '공동체 성경 읽기'를 활용하면 정해진 순서대로 읽어 나갈 수 있어 성경의 큰 그림을 이해하는 데 도움이 됩니다. 또한, '새한글성경'은 성경의 전체적인 스토리를 더욱 쉽게 이해하도록 돕는 번역본이므로 함께 활용하면 더욱 효과적입니다.

셋째, 묵상하며 읽으십시오. 큐티(묵상)와 성경 공부가 '현미경으로 성경 보기'라면 성경 통독은 '망원경으로 성경 보기'입니다. 한 번에 많은 양을 빠르게 읽어 나가는 성경 통독은 지루함을 느낄 수도 있습니다. 이를 방지하는 좋은 방법이 있습니다.

하루 3-4장 분량을 읽은 후, 잠시 눈을 감고 오늘 읽은 내용을 떠올려 보십시오. 하나님께서 오늘 나에게 주신 말씀을 한 줄이라도 적어 보십시오. 이렇게 하면 단순한 읽기가 아니라, 삶 속에서 말씀을 깊이 새기는 묵상이 될 것입니다.

넷째, 성경 개관을 먼저 보고 읽으십시오. 성경을 읽기 전에 66권 각 책의 개관 영상을 먼저 시청하는 것도 좋은 방법입니다. 예를 들어, 창세기를 읽기 전에 창세기의 개관을 먼저 살펴보십시오. 창세기의 주요 주제가 무엇인지, 어떤 흐름으로 이야기가 전개되는지, 전체 구조가 어떻게 구성되어 있는지를 이해할 수 있습니다. 이렇게 하면 개별적인 성경 구절이 아닌, 성경 전체의 맥락 속에서 말씀을 이해하는 데 큰 도움이 됩니다.

다섯째, 소리를 내어 읽고 녹음해 보십시오. 저는 매일 새한글성경을 스마트폰에 녹음하면서 읽고 있습니다. 이 방법은 집중력을 높이고 성경의 내용을 더 깊이 새기는 데 큰 도움이 됩니다.

여러분도 각자의 스마트폰 녹음 기능을 활용하여 성경 66권을 직접 낭독하고 저장해 보십시오. 이것은 단순한 성경 읽기를 넘어 여러분의 목소리로 남기는 신앙의 유산이 될 것입니다. 특히, 자녀들이 성장한 후 부모님의 목소리로 녹음된 성경을 듣는다면 그것이야말로 가장 값진 신앙의 선물이 될 것입니다.

한 해 동안 성경을 읽고, 새기며 하나님과 더 가까워지는 기쁨을 누리시길 바랍니다.

◻ 오늘의 핵심 포인트

성경은 단순히 읽는 책이 아니라, 하나님과의 관계를 깊어지게 하는 생명의 말씀이다.

◻ 오늘의 묵상 질문

- 나는 성경을 단순한 습관으로 읽고 있는가, 아니면 하나님과 교제하며 깊이 묵상하는가?
- 오늘부터 성경 읽기 방법을 개선하기 위해 구체적으로 실천할 수 있는 한 가지는 무엇인가?

16

말씀이 쉬워질 때, 은혜가 깊어진다

> 하나님의 율법책을 낭독하고 그 뜻을 해석하여 백성에게 그 낭독하는 것을 다 깨닫게 하니(느 8:8).

요즘 '새한글성경'을 읽고 있습니다. 현재 한국 교회에서 널리 사용하는 번역본은 '개역개정'입니다. 한국 교회는 1911년 한자의 영향을 받아 번역된 '개역성경'을 오랫동안 사용해 왔으며, 1998년에는 이를 수정·보완한 '개역개정'을 발행했습니다. '개역개정'은 시대의 변화에 맞춰 불필요한 한자어나 고어체를 삭제하고 원문과 다른 오역을 바로잡았습니다. 하지만, 여전히 현대인들에게는 고문서처럼 느껴지는 부분이 많습니다.

물론, '개역개정'은 훌륭한 번역본입니다. 하지만, 성경은 언제나 그 시대의 가장 보편적인 언어로 누구에게나 쉽게 읽혀야 합니다. 왜냐하면, 성경은 하나님께서 각 시대의 사람들에게 그분의 진리를 소통하기 위해 주신 책이기 때문입니다. 신약성경을 학문적인 '고전 헬라어'가 아니라 일반 대중이 사용하던 '코이네 헬라어'로 기록된 것도 그 이유를 뒷받침합니다.

마틴 루터의 종교개혁이 성공할 수 있었던 가장 중요한 이유는 무엇이었을까요?

그것은 루터가 성경을 당시 평범한 사람들도 읽을 수 있도록, 라틴어에서 쉬운 독일어로 번역하여 보급했기 때문입니다. 시대가 변할 때마다 성경은 그 시대의 가장 보편적인 언어로 재번역되어야 합니다. 그래야 하나님의 진리가 사람들의 마음에 온전히 전달될 수 있습니다.

'새한글성경'은 현대 한국어 표현을 최대한 반영하여 문장이 매끄럽고 읽기 편합니다. 원문의 의미를 충실히 살리면서도 독자가 이해할 수 있도록 번역되었습니다. 특히, 성경을 읽을 때 먼저 '개역개정'으로 읽고 난 후 '새한글성경'으로 다시 한번 더 읽어 보시기를 권합니다. 이렇게 하면 성경의 전체적인 흐름을 더욱 쉽게 파악할 수 있습니다.

저는 성경을 읽을 때 매일 본문을 직접 낭독합니다. '개역개정'을 정독한 후 출근길이나 퇴근길에서 스스로 녹음한 '새한글성경'을 들어 보십시오. 설거지를 하거나 집 청소할 때 듣는 것도 좋은 방법입니다.

성경은 하나님께서 우리에게 보내신 사랑의 편지입니다. 사랑하는 사람에게 보내는 편지는 추상적이고 난해한 표현이 아니라 따뜻하고 친근한 언어로 적습니다. 성경도 마찬가지입니다. 우리가 읽고 들을 때 그 메시지가 자연스럽게 마음에 와 닿아야 합니다. 이 작은 습관이 여러분의 성경 읽기에 큰 도움이 되리라 확신합니다.

▫ 오늘의 핵심 포인트

성경은 난해한 고전이 아니라, 시대와 문화 속에서 누구나 이해할 수 있도록 주어진 하나님의 사랑의 편지이다.

▫ 오늘의 묵상 질문

- 나는 성경을 이해하기 쉽게 읽고 있는가, 아니면 어려운 텍스트로만 여기며 거리감을 느끼고 있는가?
- 오늘부터 성경을 더 쉽게 접하고 묵상하기 위해 실천할 수 있는 한 가지 방법은 무엇인가?

17

내가 성경을 읽는다는 것 vs 성경이 나를 읽는다는 것

> 영생은 곧 유일하신 참 하나님과 그가 보내신 자 예수 그리스도를 아는 것이니이다(요 17:3).

성경 공부라는 표현은 적절할까요?

'공부'란 내가 주체가 되어 어떤 대상을 연구하고 분석하는 과정을 의미합니다. 따라서 엄밀히 따지자면 성경은 공부의 대상이 될 수 없습니다. 우리가 성경을 연구하는 것이 아니라 성경이 오히려 우리를 연구하고 분석합니다.

히브리서 4장 12절은 이렇게 말합니다.

> 하나님의 말씀은 살았고 운동력이 있어 좌우에 날선 어떤 검보다 예리하여 혼과 영과 관절과 골수를 찔러 쪼개기까지 하며 또 마음의 생각과 뜻을 판단하나니 (히 4:12).

내가 성경을 공부하는 것이 아니라 성경이 나를 공부한다는 말이 더 정확합니다. 즉, 성경은 단순한 연구 대상이 아니라, 우리를 깊이 꿰뚫고 변화시키는 하나님의 살아 있는 말씀입니다.

그렇다면 '성경 공부'라는 표현은 맞지 않는 걸까요?

그렇지 않습니다. 우리가 성경 공부라는 말을 사용할 수 있는 중요한 이유들이 있습니다.

첫째, 하나님은 우리의 지성을 통해 자신이 이해되기를 허용하셨기 때문입니다.

요한복음 17장 3절은 이렇게 말합니다.

> 영생은 곧 유일하신 참 하나님과 그가 보내신 자 예수 그리스도를 아는 것이니이다 (요 17:3).

영생은 하나님과 누리는 영적 삶입니다. 이 영적인 삶을 이루는 근본적인 토대는 언제나 지식입니다. 하나님과 예수님을 아는 지식입니다. 하나님을 아는 참된 지식은 인간의 언어로 기록된 성경 안에 있습니다. 그래서 신앙은 어떤 개념을 이해하는 것으로부터 출발합니다. 그 개념을 형성하기 위해, 우리는 성경을 공부해야 합니다.

둘째, 성경은 미로로 가득한 숲과 같습니다. 지도가 없으면 성경이라는 숲에서 길을 잃게 됩니다. 성경의 세계를 탐험하려면 성경의 뼈대를 이루고 있는 진리의 체계를 알아야 합니다. 성경은 다양한 이야기와 상징, 역사적 사건들로 가득 차 있습니다. 그래서 사람들은 언제나 성경이라는 숲에 들어가서 전체를 보지 못하고 몇 가지 나무를 보고 이것이 기독교라고 생각합니다. 그러나 성경을 관통하는 하나의 물줄기가 있습니다. 그것은 복음입니다. 성경을 공부해야 하는 이유가 여기에 있습니다. 성경이 말하는 핵심 진리의 체계인 복음을 배우고 깨달아야 합니다.

셋째, 공부하지 않은 기독교인은 자칫 자신이 만든 기독교를 믿게 될 위험이 있습니다. 경험과 감정에만 의존하는 신앙은 기독교의 핵심 진리에서 벗어나기 쉽습니다. 신앙이란 열정만으로 유지되지 않습니다. 올바른 방향이 필요합니다. 성경 공부를 통해 신앙의 기초를 다질 때, 우리는 흔들리지 않는 믿음 위에 설 수 있습니다.

성경 공부는 단순한 선택이 아니라 필수입니다. 하나님을 더 깊이 알고, 올바른 신앙을 세우기 위해 시간을 투자하십시오. 성경을 배우는 일에 헌신할 때, 우리의 신앙은 더욱 성숙해지고, 하나님과의 관계는 더 친밀해질 것입니다.

주의 말씀은 내 발에 등이요 내 길에 빛이니이다(시 119:105).

◻ 오늘의 핵심 포인트

우리가 성경을 연구하는 것이 아니라, 성경이 우리를 연구하고 변화시킨다.

◻ 오늘의 묵상 질문
- 나는 성경을 연구하는 데만 집중하고 있는가, 아니면 성경이 나를 변화시키도록 마음을 열고 있는가?
- 오늘 성경을 읽을 때, 지식의 습득이 아니라 하나님께서 내게 하시는 말씀을 듣는 태도로 임할 수 있는가?

신앙생활의 본질

> 내 백성이 지식이 없으므로 망하는도다 네가 지식을 버렸으니 나도 너를 버려 내 제사장이 되지 못하게 할 것이요 네가 네 하나님의 율법을 잊었으니 나도 네 자녀들을 잊어버리리라(호 4:6).

신앙생활의 본질은 무엇일까요?

신앙생활은 단순히 교회를 다니는 것이 아닙니다. 윤리적인 생활을 실천하는 것도 아닙니다. 특별한 초월적 체험을 경험하는 것만으로 신앙을 정의할 수도 없습니다. 신앙생활의 본질은 살아 계신 하나님과의 인격적인 사귐입니다. 신앙이란 단순한 종교 활동이 아니라 하나님과의 깊은 관계 속에서 **그분을 알고, 사랑하고, 따르는 것입니다**.

'**구원을 받았다**'라는 말의 정확한 의미는 하나님과의 깨어졌던 관계가 회복되었다는 뜻입니다. 하나님과 인격적 관계를 회복하려면 지성과 감정과 의지가 총체적으로 사용되어야 합니다.

요한복음 17장 3절에서 예수님은 이렇게 말씀하셨습니다.

> 영생은 곧 유일하신 참 하나님과 그가 보내신 자 예수 그리스도를 아는 것이니이다 (요 17:3).

신앙의 핵심은 하나님과 예수님을 아는 것입니다. 그리고 하나님을 알기 위해서는 반드시 성경을 통해 계시된 하나님의 뜻과 성품을 배워야 합니다. 우리는 지성으로 하나님을 올바르게 알아가야 하고, 감성으로 하나님을 뜨겁게 사랑해야 하며, 의지로 하나님의 뜻에 온전히 순종해야 합니다.

성경을 반드시 공부해야 이유가 여기에 있습니다. 언제나 기독교 신앙은 '앎'으로부터 출발합니다. 성경에 대한 바른 앎으로부터 신앙적 감정과 의지가 흘러나와야 합니다. 성경을 통해 하나님이 누구이신지 정확히 깨달을 때 신앙 감정에 불이 붙습니다. 그리고 신앙 감정이 뜨거워질 때 신앙 행동으로 이어질 수 있습니다.

만일 성경에 계시된 진리를 깊이 알지 못하면서 단순히 감정적 열정만으로 신앙을 유지하려 한다면, 자기 기만에 빠질 위험이 있습니다. 성경을 공부하지 않으면 자신이 만든 기독교를 믿는 위험에 빠질 수 있습니다. 오랫동안 교회를 다녔더라도 성경이 말하는 핵심 진리를 바르게 깨닫지 못하면 신앙의 본질이 아닌 주변적인 요소들에 집중할 가능성이 큽니다.

기독교 신앙은 열정이 아니라 방향이 더 중요합니다. 성경을 공부하는 것은 신앙의 나침반을 바로잡는 과정입니다. 하나님의 뜻을 바르게 알고 그분이 원하시는 길을 걸어가기 위해 반드시 성경을 배워야 합니다. 그래서 신앙은 언제나 머리에서 시작됩니다. 머리에서 시작된 신앙이 가슴으로 내려와 불이 붙고, 가슴에 붙은 불이 손과 발을 움직이게 하는 영적 에너지로 전환될 때 비로소 살아 있는 신앙이 됩니다.

그러나 성경 공부가 단순한 지식 축적으로 끝나서는 안 됩니다. 성경을 배우는 궁극적인 목적은 예수님의 제자가 되어 그분을 따르는 삶을 살아가는 것입니다. 참된 제자는 배운 진리를 자신의 삶에서 실천하고, 또 다른 사람에게 전하는 사람입니다. 성경을 통해 예수님을 배우고, 그분을 인격적으로 닮아가며, 내가 받은 복음을 다른 사람에게 전하는 것이 진정한 신앙의 여정입니다.

성경을 배우는 일에 여러분의 시간을 투자하십시오. 그리고 배우고 체득한 진리를 또 다른 누군가에게 나누십시오. 신앙은 나만을 위한 것이 아닙니다. 예수님을 인격적으로 닮아가고, 내 안에 계신 예수님을 다른 이들에게 전하는 것, 그것이 참된 제자의 삶이며, 신앙생활의 본질입니다.

◻ 오늘의 핵심 포인트

신앙은 단순한 감정이나 종교적 행위가 아니라, 하나님을 바르게 알고, 사랑하고, 따르는 삶이다.

◻ 오늘의 묵상 질문

- 나는 하나님을 바르게 알기 위해 성경을 공부하고 있는가, 아니면 감정적인 신앙에만 의존하고 있는가?
- 지금 내 신앙이 지식, 감정, 실천 중 어느 한쪽으로 치우쳐 있지는 않은지 점검해 보자.

하나님의 러브레터, 오늘도 읽고 계신가요?

> 이제부터는 너희를 종이라 하지 아니하리니 종은 주인이 하는 것을 알지 못함이라 너희를 친구라 하였노니 내가 내 아버지께 들은 것을 다 너희에게 알게 하였음이라 (요 15:15).

성경은 하나님께서 우리에게 보내신 사랑의 편지입니다. 성경이라는 꽃봉투 안에 담긴 러브레터가 복음입니다. 복음의 심장은 십자가입니다. 십자가에서 두 팔을 벌려 못 박혀 죽으신 예수님은 우리에게 이렇게 외치고 있습니다.

"내가 이만큼이나 너희를 사랑한다!"

20세기 최고의 신학자 칼 바르트(Karl Barth)는 어느 날 기자로부터 성경의 주제를 단 한 문장으로 표현해 달라는 질문을 받았습니다. 칼 바르트는 명확하게 대답했습니다.

예수 사랑하심은 성경에 쓰였네!

어린 시절 누군가로부터 예쁜 꽃봉투를 받으면 마음이 두근두근 했습니다. 예쁜 봉투 안에 담긴 애틋한 마음을 읽고 싶어서 설레는 마음으로 봉투를 열었던 기억이 납니다. 성경은 우리를 향한 하나님의 사랑 고백입니다. 성경이라는 봉투 안에 담긴 하나님의 애틋한 마음을 읽어 내는 것이 진정한 성경 읽기입니다.

그래서 성경을 읽을 때 우리는 하나님의 뜻을 이해하는 이성과 하나님의 사랑을 느끼는 감성을 함께 사용해야 합니다. 문자의 행간 안에 숨겨진 하나님의 마음을 느껴야 합니다. 연애 편지를 읽던 기억을 떠올려 보십시오. 우리는 편지를 읽으면서 단어의 뜻을 분석하지 않고 그 글을 통해 전달되는 감정을 느낍니다. 문자 뒤에 숨어 있는 연인의 떨리는 심장과 수줍은 마음을 읽어 내는 것입니다. 편지 한 장이 두 사람의 마음을 이어 주고 사랑을 증폭시킵니다.

성경은 인간과 다른 시공간에 계신 하나님께서 우리에게 보낸 러브레터입니다. 단순한 정보 습득이 아니라 하나님의 심장 소리를 듣습니다. 그분의 사랑을 확신하며 이 땅을 사는 동안 그분과의 사귐을 이어 갑니다. 성경을 읽을 때, 사랑의 감성을 열어 주시는 분이 성령님입니다.

> 진리의 성령이 오시면 그가 너희를 모든 진리 가운데로 인도하시리니(요 16:13).

성령님의 도우심이 없다면, 우리는 성경을 죽은 문자로 읽을 수밖에 없습니다. 성령의 빛이 임할 때 성경이라는 편지 봉투가 열리고 그 안에 숨겨진 하나님의 마음이 보이기 시작합니다.

하나님께서 내게 보내신 연애 편지를 받으면 우리도 그분께 편지를 보내야 합니다. 우리가 하나님께 보내는 편지가 '기도'입니다. 기도는 우리가 하나님께 보내는 사랑의 답장입니다. 편지는 우표가 있어야 전달됩니다. 기도라는 봉투 안에 반드시 붙어 있어야 하는 것이 믿음이라는 우표입니다. 작은 신음에도 응답하시는 하나님을 향한 믿음으로 기도하면, 그 기도의 봉투는 반드시 하나님의 두 손에 전달됩니다.

> 너희가 내 안에 거하고 내 말이 너희 안에 거하면 무엇이든 원하는 대로 구하라 (요 15:7).

성경을 읽을 때 하나님의 사랑을 느끼십시오. 기도할 때 우리의 사랑을 하나님께 고백하십시오. 이렇게 성경과 기도를 통해 우리는 평생 동안 하나님과 동행할 수 있습니다. 오늘 설레는 마음으로 성경을 펼치십시오. 뜨거운 사랑으로 하나님께 기도하십시오. 하나님과 평생 사랑의 교제를 이어 가십시오.

☐ 오늘의 핵심 포인트

성경은 하나님이 우리에게 보내신 사랑의 편지이며, 기도는 우리가 하나님께 드리는 사랑의 답장이다.

☐ 오늘의 묵상 질문
- 나는 성경을 단순한 지식의 책으로 읽고 있는가, 아니면 하나님의 사랑이 담긴 편지로 받아들이고 있는가?
- 성경을 읽을 때, 나는 하나님의 마음을 느끼며 응답하는 기도의 삶을 살고 있는가?

거미형 인간에서 꿀벌형 인간으로

> 또 네가 많은 증인 앞에서 내게 들은 바를 충성된 사람들에게 부탁하라. 그들이 또 다른 사람들을 가르칠 수 있으리라(딤후 2:2).

영국의 경험주의 철학자 프란시스 베이컨(Francis Bacon)은 사람을 세 가지 유형으로 나누어 설명했습니다. **'거미형 인간, 개미형 인간, 꿀벌형 인간'**입니다.

첫째, 거미형 인간은 '있어서는 안 될 사람'입니다. 거미가 거미줄을 쳐서 다른 곤충을 잡아먹듯, 거미형 인간은 타인을 이용하여 자신의 이익을 챙깁니다. 베이컨은 이런 유형의 사람을 가리켜 '이기주의적 인간'이라 하였습니다.

둘째, 개미형 인간은 '있어도 좋고 없어도 좋은 사람'입니다. 개미는 부지런하고 단결심도 강하지만, 결국 자신과 공동체의 이익만을 위해 살아갑니다. 베이컨은 개미와 같은 사람을 '개인주의적 인간'이라 불렀습니다.

셋째, 꿀벌형 인간은 '꼭 필요한 사람'입니다. 꿀벌은 부지런히 꿀을 모아 타인과 나눕니다. 베이컨은 이런 사람을 가리켜 '이타주의적 인간'이라 정의했고, 꿀벌형의 사람이 많아질 때 사회는 건강해진다고 말했습니다.

예수님은 사람들의 변화를 위해 사역하셨습니다. 거미형 인간으로 살아가는 사람들을 불러 꿀벌형 인간으로 변화시키는 것, 즉 이기적인 죄인을 이타적인 제자로 변화시키는 것에 집중하셨습니다. 성경은 이러한 이타적인 사람을 제자라고 부릅니다.

하나님 나라를 실현하는 예수님의 방법은 프로그램이 아니라 사람이었습니다. 예수님은 자신이 품었던 인생의 목표를 품고 자신의 인격을 닮은 열두 명의 제자를 만드는 일에 모든 시간과 열정을 쏟으셨습니다. 교회가 집중해야 할 최우선 순위가 이것입니다.

감리교 운동의 창설자 존 웨슬리가 한번은 세계 복음화의 전략을 세우기 위해 동료 지도자들과 모인 적이 있었습니다.

여러 가지 방법들이 토의되고 있을 때, 존 웨슬리는 이렇게 말했습니다.

> 방법이요?
> 우리에게 단 한 가지의 방법 밖에 없습니다. 그것은 사람입니다.
> 만약 하나님 이외에는 누구도 두려워하지 않고,
> 오직 죄 짓는 것만을 두려워하는 사람들,
> 그래서 오직 하나님의 말씀에 사로잡힌 사람 백 명만 저에게 주십시오.
> 그러면 저는 금년이 지나기 전에 이 세상을 뒤집어 놓겠습니다.

예수님께서도 공생애 3년 동안 가장 집중하신 일이 사람을 세우는 것이었습니다.

예수님은 십자가 상에서 이렇게 외치셨습니다.

> 예수께서 신 포도주를 받으신 후에 이르시되 다 이루었다 … (요 19:30).

예수님께서 이렇게 외치시고 승천하신 후, 천사들이 이렇게 물었습니다.

"예수님, 모든 것을 다 이루셨다고 하셨는데 무엇을 이루셨습니까?"

예수님께서 대답하셨습니다.

"저 땅에는 나를 닮은 열두 명의 제자가 있다."

예수님께서 공생애 3년 동안 집중하신 일은 사람을 세우는 일이었습니다.

오늘날 교회가 회복해야 할 가장 중요한 철학이 있습니다. 그것은 '한 사람 철학'입니다. 한 사람을 세우는 일이 교회의 핵심 사역이 되어야 합니다. 사람을 세우는 일에 교회의 모든 역량과 열정을 투자해야 합니다.

또한, 예수님을 닮은 제자가 되어야 합니다. 그리고 그 삶의 자리로 다른 사람을 초청하십시오. 예수님께서 우리를 변화시키셨듯, 이제는 우리가 또 다른 사람을 변화시키는 제자로 살아가야 합니다. 하나님 나라는 사람을 통해 확장됩니다.

나는 지금 누구를 세우고 있습니까?

나는 예수님의 제자로서 어떻게 살아가고 있습니까?

이 질문을 마음에 새기고, 제자를 세우는 삶을 살아가십시오.

▢ 오늘의 핵심 포인트

예수님은 거미형 인간을 꿀벌형 인간으로 변화시키셨다. 우리 역시 예수님의 인격과 사역을 본받아 또 다른 사람들을 제자로 세워야 한다.

▢ 오늘의 묵상 질문
- 나는 이기적인 거미형 인간인가, 아니면 이타적인 꿀벌형 인간인가?
- 지금 나는 예수님처럼 누군가를 세우는 삶을 살고 있는가, 혹은 누군가에게 선한 영향을 미치고 있는가?

너희는 믿음 안에 있는가 너희 자신을 시험하고
너희 자신을 확증하라 (고후 13:5)

제3장
믿음, 흔들리지 않는 구원의 닻

21. 구원의 길 : 칼빈주의 vs 알미니안주의
22. 구원은 하나님의 선택인가, 인간의 결정인가?
23. 구원 얻는 믿음이란 무엇입니까?
24. 행함 없는 믿음은 죽은 믿음입니까?
25. 한 번 구원은 영원한 구원인가요?
26. 칭의와 성화의 차이는 무엇인가요?
27. 칭의, 중생, 성화, 회심은 각각 어떤 의미일까요?
28. 세례는 단순한 의식인가, 신앙의 결단인가?
29. 왜 성찬이 우리에게 꼭 필요한가요?
30. 우리는 어떤 기대감으로 성찬에 참여해야 하나요?

구원의 길 : 칼빈주의 vs 알미니안주의

> 하나님이 미리 아신 자들을 또한 그 아들의 형상을 본받게 하기 위하여 미리 정하셨으니… 또한 미리 정하신 그들을 또한 부르시고, 부르신 그들을 또한 의롭다 하시고, 의롭다 하신 그들을 또한 영화롭게 하셨느니라(롬 8:29-30).

구원론을 이해하려면 칼빈주의와 알미니안주의라는 두 신학 체계를 아는 것이 중요합니다. 이 두 신학은 교회 역사 속에서 다양한 형태로 변모하면서 오늘까지도 논쟁을 이어 오고 있습니다. 먼저 칼빈주의의 핵심 교리인 TULIP을 살펴보겠습니다. 칼빈주의는 TULIP이라는 머리글자로 요약되는 다섯 가지 핵심 교리로 설명할 수 있습니다.

첫째, 전적 부패(Total depravity)입니다. '전적 부패'란 인간이 윤리적으로 최악의 상태에 있다는 뜻이 아니라, 인간의 전 존재(지성, 감성, 의지)가 죄의 영향을 받아 스스로 하나님을 찾거나 구원받을 능력이 없다는 것을 의미합니다.

둘째, 무조건적 선택(Unconditional election)입니다. 하나님께서 어떤 사람을 구원하시기로 결정하실 때, 인간의 선행이나 신앙을 미리 고려하신 것이 아닙니다. 구원의 선택은 전적으로 하나님의 주권에 근거한 것이며 인간의 공로나 조건과는 무관합니다.

셋째, 제한 속죄(Limited atonement)입니다. 그리스도의 대속적 죽음은 '그 효과가' 하나님이 택한 자들에게만 적용된다는 의미입니다. 즉, 예수님의 죽음은 모든 인류에게 구원의 충분성을 가지지만, 하나님의 예정에 따라 구원이 실제로 적용되는 것은 택자들에게만 해당된다고 봅니다.

넷째, 불가항력적 은혜(irresistible grace)입니다. 불가항력적 은혜란, 하나님께서 구원하시기로 정한 사람에게 성령의 사역을 통해 효과적으로 역사하시므로, 궁극적으로 그 사람이 하나님의 은혜를 거부하지 않고 믿음으로 반응하게 된다는 것을 의미합니다.

다섯째, 성도의 견인(Perseverance of the saints)입니다. 하나님께서 선택하시고 구원하시는 성도는 끝까지 신앙을 지킬 수 있도록 하나님의 인도하심을 받습니다. 즉, 성도의 구원은 인간의 연약함 때문에 실패하지 않고 하나님의 은혜로 끝까지 보존됩니다.

칼빈주의의 반대 개념으로서 알미니안주의는 네덜란드 신학자 제이콥 알미니우스(Jacob Arminius, 1560-1609)에 의해 비롯되었습니다.

알미니안주의는 다음과 같은 네 가지 핵심 교리를 주장합니다.

첫째, 예지 선택입니다. 알미니안주의의 예지 선택(Foreknowledge Election)은 하나님께서 인간의 **미래의 믿음**(foreseen faith)을 미리 아시고, 그것을 근거로 택하신다고 주장합니다. 이는 칼빈주의의 '무조건적 선택'과 반대되는 개념입니다.

둘째, 보편적 속죄입니다. 예수 그리스도의 대속은 선택된 자들만이 아니라 모든 인류를 위한 것입니다. 즉, 모든 사람이 구원을 받을 가능성이 열려 있다고 주장합니다. 이는 칼빈주의의 '제한 속죄'와 반대되는 개념입니다.

셋째, 자유 의지와 저항할 수 있는 은혜입니다. 알미니안주의에서는 하나님의 은혜가 모든 사람에게 주어지지만, 인간이 이를 받아들일 수도 있고 거부할 수도 있다고 주장합니다.

넷째, 구원의 상실 가능성입니다. 알미니안주의에서는 성도가 믿음을 유지해야 구원이 지속된다고 보며, 신앙을 저버릴 경우 구원을 상실할 가능성이 있다고 주장합니다.

칼빈주의와 알미니안주의는 오랫동안 교회 역사 속에서 논쟁을 이어 왔습니다. 두 신학적 관점은 구원론의 본질과 인간의 역할에 대한 중요한 질문을 던지고 있으며, 오늘날에도 여전히 많은 신학적 논의를 불러일으키고 있습니다.

🔲 오늘의 핵심 포인트

성경은 하나님의 주권과 인간의 책임이 동시에 작용함을 보여 주며, 구원의 신비를 온전히 이해하기 위해서는 균형 잡힌 신학적 이해가 필요하다.

🔲 오늘의 묵상 질문

- 나는 구원을 바라볼 때 하나님의 주권과 인간의 책임 중 어느 쪽에 더 초점을 맞추고 있는가?
- 나는 하나님의 은혜로 인해 구원을 확신하고 있는가, 아니면 나의 신앙과 행위를 의지하며 구원을 유지하려고 하는가?

구원은 하나님의 선택인가, 인간의 결정인가?

> 곧 창세 전에 그리스도 안에서 우리를 택하사 우리로 사랑 안에서 그 앞에 거룩하고 흠이 없게 하시려고 그 기쁘신 뜻대로 우리를 예정하사 예수 그리스도로 말미암아 자기의 아들들이 되게 하셨으니(엡 1:4-5).

인간의 구원이 전적으로 하나님의 결정에 달려 있다는 신학적 개념이 예정론입니다. 예정론은 신학적으로 매우 중요한 주제일 뿐만 아니라 오랜 역사 속에서 첨예한 논쟁을 일으켜 왔습니다.

그렇다면 성경이 예정론을 통해 궁극적으로 말하고자 하는 것이 무엇일까요?

예정론을 바르게 이해하기 위해 먼저 '예지 예정'이라는 개념을 살펴볼 필요가 있습니다. 예지 예정은 칼빈주의 예정론과는 다른 개념으로 알미니안주의의 신학적 입장에 기초한 이론입니다.

예지 예정이란 전지전능하신 하나님께서 창세 전에 어떤 사람이 복음을 듣고 믿음으로 반응할지를 미리 아셨고(예지), 그에 따라 구원받을 자를 선택(예정)하셨다는 이론입니다. 즉, 칼빈주의에서는 하나님의 선택이 인간의 자격과 무관한 무조건적 선택이라면, 예지 예정은 인간의 결단에 근거한 조건적 선택이라 할 수 있습니다.

예지 예정은 하나님께서 인간의 자유 의지를 존중하시며, 그들이 미래에 보일 믿음을 미리 보시고 이에 근거하여 선택하셨다고 주장합니다. 따라서 구원의 결정이 전적으로 하나님의 주권에 달려 있다고 보는 칼빈주의와 차이가 있습니다. 이것은 인간 이해의 차이에서 비롯되었습니다.

예지 예정은 인간이 비록 타락했지만, 하나님의 보편적 은혜(Prevenient Grace, 선행 은총)를 통해 스스로 믿을 수 있는 능력을 부여받았다고 봅니다. 반면, 칼빈주의는 인간이 완전히 타락하여 하나님의 은혜 없이는 스스로 믿음에 이를 수 없다고 강조합니다.

성경은 일관되게 모든 인간이 영적으로 죽었다고 선언합니다. 그 결과, 구원은 오직 하나님의 전적인 은혜에 달려 있다고 확신합니다. 따라서 구원 얻는 믿음은 인간의 의지적 선택에 기인하는 것이 아니라 선행하시는 하나님의 은혜에 의해 발생하는 선물임을 강조합니다.

에베소서 2장 1절은 이렇게 말합니다.

> 그는 허물과 죄로 죽었던 너희를 살리셨도다(엡 2:1).

영적으로 죽은 상태에 있는 인간은 스스로 하나님을 찾거나 믿을 수 없습니다. 따라서 '믿음' 역시 인간의 의지적 선택이 아니라, 선행하는 하나님의 은혜로 말미암아 주어지는 선물입니다. 내가 '믿는 것'이 아니라, 하나님의 은혜로 인해 '믿어지는 것'이 더 정확한 표현입니다.

그러므로 예정론은 인간의 실존적 상태를 바르게 이해하는 데서 출발합니다. 성경은 인간이 원죄와 자범죄로 인해 영적 무능력 상태에 있다고 선언합니다. 그러므로 하나님의 주권적인 은혜가 아니고서는 누구도 구원에 이를 수 없습니다.

에베소서 2장 8절은 이렇게 선언합니다

> 너희가 그 은혜에 의하여 믿음으로 말미암아 구원을 받았으니 이것은 너희에게서 난 것이 아니요 하나님의 선물이라(엡 2:8).

그렇다면 하나님께서 무조건적인 은혜와 주권으로 우리를 구원하신 이유는 무엇일까요?

하나님의 전적인 은혜로 구원받은 자들이 오직 하나님의 능력만을 의지하고, 그분께 모든 영광을 돌리며 살게 하기 위함입니다. 구원론은 필연적으로 우리를 영광론으로 인도합니다.

> 이는 우리가 그리스도 안에서 전부터 바라던 그의 영광의 찬송이 되게 하려 하심이라(엡 1:12).

◘ 오늘의 핵심 포인트

구원은 전적으로 하나님의 은혜와 주권적인 선택에 달려 있으며, 인간의 노력이나 결단이 아니라 하나님의 은혜로 믿어지는 것이다.

◘ 오늘의 묵상 질문
- 내가 하나님을 믿게 된 것은 나의 선택일까, 하나님의 은혜일까?
- 나는 나의 구원을 나의 결단과 행위로 이루려 하고 있는가, 아니면 하나님의 전적인 은혜로 주어진 선물로 받아들이고 있는가?

구원 얻는 믿음이란 무엇입니까?

> 네가 만일 네 입으로 예수를 주로 시인하며 또 하나님께서 그를 죽은 자 가운데서 살리신 것을 네 마음에 믿으면 구원을 받으리라(롬 10:9).

성경은 **"구원은 오직 믿음으로 얻는다"** 라고 선언합니다. 그 결과, 사람들은 구원의 확신을 얻기 위해 자신의 믿음에 집착합니다. 그러나 참된 믿음이 무엇인지 올바로 이해하지 않으면 구원 자체가 흔들릴 수 있습니다.

그렇다면 성경이 말하는 구원 얻는 믿음이란 무엇일까요?

첫째, 구원을 얻는 믿음은 인간이 스스로 만들어 내는 것이 아닙니다. 사람들은 믿음을 나의 의지와 선택이라고 생각하지만, 성경은 믿음이 하나님의 선물이라고 말합니다.

에베소서 2장 8절은 선언합니다.

> 너희가 그 은혜에 의하여 믿음으로 말미암아 구원을 받았으니 이것은 너희에게서 난 것이 아니요 하나님의 선물이라(엡 2:8).

여기서 중요한 표현은 "너희에게서 난 것이 아니요" 입니다. 참된 믿음은 인간의 의지나 노력으로 생기는 것이 아니라 하나님께서 은혜로 주시는 것입니다. 그 결과, 하나님이 주신 믿음은 절대로 실패하지 않고, 끝까지 지속되는 믿음입니다. 따라서 '믿었다'가 아니라 '믿어졌다'가 더 정확한 표현입니다. 신앙이란 내가 하나님을 붙잡는 것이 아니라 하나님께서 나를 붙드시는 것입니다.

둘째, 참된 믿음은 그 내용에 있어서 예수 그리스도의 절대성에 대한 완전한 신뢰입니다. 믿음은 단순히 예수님의 십자가를 교리적으로 동의하는 것이 아닙니다. 예수님의 십자가의 죽음과 부활이 나에게 어떤 의미인지를 깨닫고, 그것이 내 인생의 유일한 소망임을 확신하는 것이 참된 믿음입니다. 믿음은 단순한 지적 동의가 아니라 존재의 전적인 의탁입니다. 그래서 '믿음'은 반드시 '따름'을 포함해야 합니다.

예수님은 마태복음 16장 24절에서 이렇게 말씀하셨습니다.

> 이에 예수께서 제자들에게 이르시되 누구든지 나를 따라오려거든 자기를 부인하고 자기 십자가를 지고 나를 따를 것이니라(마 16:24).

이 말씀에서 예수님은 '믿음'과 '따름'을 분리하지 않으십니다. 진정한 믿음은 예수님을 구세주로 믿을 뿐 아니라 내 인생의 주님으로 따르는 것입니다.

셋째, 참된 믿음은 반드시 회개의 과정을 통과함으로써 주어집니다. 회개 없는 믿음은 거짓된 믿음입니다. 회개란 단순한 죄책감을 느끼는 것이 아닙니다. 회개는 내가 의지하고 살아왔던 우상들로부터 돌이켜, 오직 예수님을 삶의 중심으로 재편하는 것입니다.

> 그러므로 너희가 회개하고 돌이켜 너희 죄 없이함을 받으라(행 3:19).

회개를 뜻하는 헬라어 '메타노이아'는 '마음과 인생의 근본적인 변화'를 의미합니다. 회개는 단순한 반성이 아니라 완전한 유턴입니다. 사람들이 예수님을 구세주로 믿지만 인생의 주님으로는 믿지 않습니다. 이러한 믿음은 결국 자신이 원하는 것을 얻기 위한 도구로 전락합니다.

참된 믿음은 반드시 예수님이 내 삶의 주인 되심을 인정하고 그분을 따르는 실천적 결단이 동반되어야 합니다. 회개와 순종이 없는 믿음은 참된 믿음이 아닙니다. 참된 믿음은 하나님의 선물로 주어집니다. 참된 믿음은 예수님을 온전히 신뢰하고 따르는 것입니다. 참된 믿음은 회개를 통해 삶의 방향을 바꾸는 것입니다. 예수님을 믿는다는 것은 단순한 감정적 동의가 아니라 삶 전체를 예수님께 맡기고 따르는 결단입니다.

▢ 오늘의 핵심 포인트

참된 믿음은 하나님이 주시는 선물이자, 예수님을 구세주와 주님으로 신뢰하고 따르는 결단이며, 회개를 통해 삶의 방향을 바꾸는 것이다.

▢ 오늘의 묵상 질문
- 나는 단순히 예수님을 믿는다고 말할 뿐인가, 아니면 내 삶 전체를 예수님께 온전히 맡기고 따르고 있는가?
- 구원 얻는 참된 믿음을 얻기 위해 변화되어야 할 모습은 무엇인가?

행함 없는 믿음은 죽은 믿음입니까?

> 너희는 믿음 안에 있는가 너희 자신을 시험하고 너희 자신을 확증하라(고후 13:5).

성경은 구원이 오직 믿음으로 이루어진다고 선포합니다. 종교개혁자 마틴 루터가 외쳤던 가장 중요한 신학적 선언은 "솔라 피데"(Sola Fide), 곧 "오직 믿음"이었습니다. 이는 인간의 구원이 행위가 아니라 오직 예수 그리스도에 대한 믿음으로 주어진다는 성경적 진리를 강조한 것입니다.

그런데 야고보서 2장 17절과 26절은 이러한 가르침과 상반되는 것처럼 보입니다.

> 이와 같이 행함이 없는 믿음은 그 자체가 죽은 것이라(약 2:17).

> 영혼 없는 몸이 죽은 것 같이 행함이 없는 믿음은 죽은 것이니라(약 2:26).

이 구절들은 많은 그리스도인에게 믿음과 행함의 관계에 대해 혼란을 주기도 합니다.

구원을 얻기 위해서는 '믿음'과 '행함'이 모두 필요하다는 의미일까요?

야고보서는 '행위가 구원의 조건'이 아니라 '행위가 참된 믿음의 증거'라는 사실을 강조하고 있습니다.

야고보 사도는 바울이 말한 '이신칭의'(믿음으로 의롭다 함을 얻는다)를 반대하는 것이 아닙니다. 오히려 참된 믿음의 본질을 설명하고 있습니다. 바울은 '구원의 원인'이 오직 믿음이라는 점을 강조했고, 야고보는 '구원의 결과'로서 그 믿음이 삶 속에서 드러나야 한다는 점을 강조한 것입니다.

구원은 믿음으로 받지만 참된 믿음은 자연스럽게 삶의 변화로 이어집니다. 즉, 믿음과 행위는 마치 뿌리와 열매 같은 관계입니다. 나무의 뿌리가 건강하면 열매가 맺히듯, 진정한 믿음은 선한 행실이라는 열매를 맺게 됩니다.

종교개혁자 존 칼빈(John Calvin)은 이렇게 말했습니다.

> 우리는 오직 믿음으로 의롭게 되지만, 의롭게 된 믿음은 결코 홀로 있지 않다.

믿음이 진정한 것이라면 반드시 삶 속에서 변화된 모습으로 드러납니다. 그러나 행위가 믿음보다 앞설 수는 없습니다. 오늘날 많은 사람이 예수님을 믿는다고 말합니다. 그러나 그 믿음이 성경이 말하는 참된 믿음인지 점검해 보아야 합니다.

> 너희가 믿음 안에 있는가 너희 자신을 시험하고 너희 자신을 확증하라(고후 13:5).

참된 믿음은 예수 그리스도를 온전히 신뢰하는 것에서 출발하며, 그 믿음이 자연스럽게 삶의 변화로 나타나야 합니다. 행위가 믿음을 대체할 수는 없지만, 행위는 믿음의 진정성을 드러내는 증거입니다.

미국의 가장 위대한 신학자였던 조나단 에드워즈(Jonathan Edwards)는 이렇게 말했습니다.

믿음과 행위는 따로 떨어질 수 없다. 하나님을 향한 참된 믿음은 반드시 그분의 뜻을 따라 사는 열정을 동반한다.

나는 참된 믿음을 가지고 있는가?
나의 믿음은 삶의 열매로 나타나고 있는가?
이 질문을 마음에 새기며 믿음 안에서 더욱 견고히 서기를 소망합니다. 성경에 기초한 바른 믿음을 갖지 못하면, 우리의 믿음은 도덕적 노력이나 종교적 수행으로 변질되기 쉽습니다. 그래서 성경을 배우고 묵상하는 일에 더욱 힘써야 합니다.

🟥 오늘의 핵심 포인트

참된 믿음은 행함을 통해 증명되며, 행함 없는 믿음은 열매 없는 나무와 같아 결국 죽은 믿음이 된다.

🟥 오늘의 묵상 질문
- 내 믿음은 말뿐인가, 아니면 삶의 변화를 통해 드러나고 있는가?
- 내 믿음이 실제로 나의 태도와 행동에 변화를 일으키고 있는가?

25

한 번 구원은 영원한 구원인가요?

> 내가 그들에게 영생을 주노니 영원히 멸망하지 아니할 것이요, 또 그들을 내 손에서 빼앗을 자가 없느니라 그들을 내게 주신 내 아버지는 만물보다 크시매 아무도 아버지 손에서 빼앗을 수 없느니라(요 10:28-29).

만일 우리가 받은 구원이 참된 구원이라면 그것은 반드시 영원한 구원이어야 합니다.

성경은 구원의 확실성을 다음과 같이 선언합니다.

> 너희 안에서 착한 일을 시작하신 이가 그리스도 예수의 날까지 이루실 줄을 우리는 확신하노라(빌 1:6).

> 주께서 너희를 우리 주 예수 그리스도의 날에 책망할 것이 없는 자로 끝까지 견고하게 하시리라 너희를 불러 그의 아들 예수 그리스도 우리 주와 더불어 교제하게 하시는 하나님은 미쁘시도다(고전 1:8-9).

> 그 안에서 너희도 진리의 말씀 곧 너희의 구원의 복음을 듣고 그 안에서 또한 믿어 약속의 성령으로 인치심을 받았으니 이는 우리의 기업에 보증이 되사 그 얻으신 것을 속량하시고 그의 영광을 찬송하게 하려 하심이라(엡 1:13-14).

그리스도인은 신앙의 여정에서 때로는 넘어지고 실패하기도 합니다. 하지만, 여전히 성도가 구원의 영원성을 확고하게 붙들 수 있는 이유는 구원이 인간의 노력이나 자격이 아닌, 전적으로 하나님의 신실하심에 근거하기 때문입니다.

만일 구원이 사람의 행위에 의존한다면, 이 땅에서 구원의 확신을 가질 수 있는 사람이 과연 있을까요?

그런 점에서 구원의 출발과 완성은 전적으로 하나님께 달려 있습니다. 그러나 우리는 **"한 번 구원은 영원한 구원이다"**라는 이 진리를 신중하게 이해해야 합니다. 이 진술을 왜곡해서 받아들이면, 신앙에 치명적인 결과를 초래합니다. 예를 들어, 어떤 사람들은 구원의 확신을 단순한 교리적 신념으로 받아들여 신앙의 자기 검증을 소홀히 합니다. 그 결과, 평생 '구원받았다'라고 확신하면서도 실제로는 거짓된 구원 안에 머무를 수 있습니다.

고린도후서 13장 5절은 이에 대해 경고합니다.

> 너희는 믿음 안에 있는가 너희 자신을 시험하고 너희 자신을 확증하라 예수 그리스도께서 너희 안에 계신 줄을 너희가 스스로 알지 못하느냐 그렇지 않으면 너희는 버림 받은 자니라(고후 13:5).

구원은 특정 교리를 동의한다고 해서 자동으로 보장되는 티켓이 아닙니다. 바울은 성도들에게 자신의 믿음을 계속해서 점검할 것을 권면합니다.

그렇다면 성도의 자기 검증이란 무엇일까요?

내 안에 살아 계신 예수님과의 실제적 사귐입니다. 우리는 주님과의 실제적 사귐을 통해 믿음의 진정성과 구원의 확실성을 붙들 수 있습니다.

결론적으로, 한 번 받은 구원은 영원히 보장된 구원입니다. 그러나 동시에 매일의 삶 속에서 끊임없이 확인해야 합니다. 진정한 믿음만이 내 안에 계신 그리스도와의 사귐을 경험하게 하기 때문입니다. 그리고 이 교제를 통해 우리는 날마다 구원의 은혜를 경험하며, 그 확신을 더욱 강하게 느낄 수 있습니다.

구원은 단순한 이론이 아닙니다. 구원은 삶 속에서 날마다 확인하고 경험하며 성장하는 은혜입니다. 그러므로 우리는 자신의 믿음을 점검하고, 주님과 더욱 친밀한 교제를 이루는 삶을 살아가야 합니다.

오늘도 나의 믿음이 살아 있는 믿음인지 돌아보십시오. 그리고 구원의 은혜를 날마다 누리며 살아가십시오.

▢ 오늘의 핵심 포인트

참된 구원은 영원하지만, 우리의 삶 속에서 날마다 확인되고 경험되어야 한다.

▢ 오늘의 묵상 질문

- 나는 구원의 확신을 교리적인 지식으로만 여기고 있지는 않은가?
- 내 삶 속에서 주님과의 교제를 통해 구원의 은혜를 실제로 경험하고 있는가?

칭의와 성화의 차이는 무엇인가요?

> 너희 안에서 착한 일을 시작하신 이가 그리스도 예수의 날까지 이루실 줄을 우리는 확신하노라(빌 1:6).

기독교 신앙의 핵심 개념 중 하나는 **'칭의'(Justification)**입니다. '칭의'를 바르게 이해하는 것은 복음을 깨닫는 출발점이자 구원의 확신을 가질 수 있는 기초입니다. 칭의(Justification)란 하나님께서 예수 그리스도를 믿는 자에게 '의롭다' 선언하시는 법적인 판결입니다. 이 선언은 우리의 행위나 공로와는 무관하며 전적으로 하나님의 은혜와 그리스도의 대속적 사역에 근거합니다.

> 모든 사람이 죄를 범하였으매 하나님의 영광에 이르지 못하더니(롬 3:23).

성경은 모든 인간이 죄인이며, 스스로의 노력으로 의로워질 수 없음을 선언합니다. 그러므로 하나님은 우리의 죄를 예수님께 전가하시고, 예수님의 완전한 의를 우리에게 전가하심으로써(**이중전가, double imputation**) 우리를 의롭다고 인정하십니다.

> 하나님이 죄를 알지도 못하신 이를 우리를 대신하여 죄로 삼으신 것은 우리로 하여금 그 안에서 하나님의 의가 되게 하려 하심이라(고후 5:21).

마틴 루터는 이 본문을 이렇게 해석했습니다.

> 그리스도께서 나의 죄인 됨을 취하시고, 나는 그분의 의인 됨을 누리게 된다. 이것이 복음의 신비이며, 신앙의 위대한 교환(Great Exchange)이다.

그러므로 칭의는 우리가 존재론적으로 의인이 되는 것이 아니라, 법적으로 의롭다고 선언받는 것입니다. 마틴 루터는 이를 '의인이면서 동시에 죄인'(Simul Justus et Peccator)이라고 표현했습니다. 즉, 우리는 하나님 앞에서 신분적으로는 의롭지만, 여전히 이 땅을 살아가는 동안 죄와 싸우는 존재입니다.

그러나 칭의는 반드시 성화로 이어져야 합니다. 칭의 없이 성화가 있을 수 없고, 성화 없는 칭의도 없습니다. 칭의는 구원의 시작이며, 성화는 구원의 과정입니다.

> 너희 안에서 착한 일을 시작하신 이가 그리스도 예수의 날까지 이루실 줄을 우리는 확신하노라(빌 1:6).

칭의가 즉각적이고 단번에 이루어지는 사건이라면 성화는 평생에 걸쳐 이루어지는 과정입니다. 칭의는 하나님께서 우리를 의롭다고 선언하시는 것이며, 성화는 그 의로움이 삶에서 실제로 드러나는 것입니다.

그래서 종교개혁자 존 칼빈은 이렇게 말했습니다.

> 칭의는 우리가 하나님 앞에서 의롭다 함을 얻는 것이며, 성화는 우리가 실제로 의롭게 변화되어 가는 과정이다. 이 둘은 결코 분리될 수 없지만, 구별되어야 한다.

그러나 성화가 칭의를 보증하는 것은 아닙니다. 성화의 정도가 구원의 확신을 좌우하는 것도 아닙니다. 왜냐하면, 성도마다 성화의 과정과 모양이 다르기 때문입니다. 조나단 에드워즈는 이렇게 설명했습니다.

> 참된 신앙은 반드시 성화의 열매를 맺는다. 그러나 성화의 속도나 강도가 동일할 필요는 없다. 하나님은 각 사람을 그의 뜻대로 변화시키신다.

그러므로 성화는 구원의 조건이 아니라, 구원의 증거이자 열매입니다. 우리는 오직 믿음으로 의롭다 함을 받지만, 참된 믿음은 반드시 성화의 과정으로 이어져야 합니다. 존 칼빈은 다음과 같이 선언했습니다.

> 하나님께서 의롭게 하신 자를 반드시 거룩하게 하신다.

칭의와 성화를 올바르게 이해할 때, 우리는 참된 신앙의 길을 걸어갈 수 있습니다.

📕 오늘의 핵심 포인트

칭의는 하나님께서 우리를 의롭다고 선언하시는 단번의 사건이며, 성화는 그 의로움을 삶 속에서 이루어 가는 평생의 과정이다.

📕 오늘의 묵상 질문

- 나는 구원받은 자로서 성화의 열매를 맺으며 살아가고 있는가?
- 내 삶 속에서 하나님의 의로움을 나타내는 변화가 일어나고 있는가?

칭의, 중생, 성화, 회심은 각각 어떤 의미일까요?

> 그러므로 나의 사랑하는 자들아 너희가 나 있을 때뿐 아니라 더욱 지금 나 없을 때에도 항상 복종하여 두렵고 떨림으로 너희 구원을 이루라 너희 안에서 행하시는 이는 하나님이시니 자기의 기쁘신 뜻을 위하여 너희에게 소원을 두고 행하게 하시나니(빌 2:12-13).

기독교의 구원을 설명하는 다양한 개념이 있습니다. '칭의', '중생', '성화', '회심'과 같은 용어들입니다. 이 개념들을 정확하게 이해하지 않으면, 구원의 의미를 오해하거나 불필요한 혼란을 겪을 수 있습니다.

예를 들어, 가톨릭 교리에서는 칭의와 성화를 비슷한 개념으로 이해합니다. 가톨릭에서 칭의는 단회적인 하나님의 선언이 아니라, 성도의 삶 속에서 지속적으로 완성해 가는 과정으로 여겨집니다. 우리가 가톨릭의 개념으로 칭의를 이해하게 되면 기독교의 구원론이 근본적으로 흔들릴 수 있습니다. 따라서 이 개념들을 명확히 정리하는 것이 필요합니다.

첫째, 칭의란 하나님께서 죄인을 의롭다고 선언하시는 법적 판결입니다. 이 선언은 우리의 행위나 공로가 아니라 오직 예수 그리스도의 의에 근거하여 이루어집니다. 하나님은 우리의 죄를 그리스도께 전가하시고, 그리스도의 완전한 의를 우리에게 전가하심으로써 우리를 의롭다고 선언하십니다.

따라서 칭의는 우리의 내적 변화가 아니라 하나님의 법적인 선언입니다.

그렇다면 질문이 생깁니다.

"그리스도인은 여전히 죄인이고 또 죄를 짓는데, 하나님이 단순히 의인이라고 선언만 하신다면 어떻게 실제로 의로운 삶을 살 수 있을까?"

이 질문에 대한 답이 '중생'이라는 개념입니다.

둘째, 중생은 칭의와 동시에 발생하는 내적 변화입니다. 하나님께서 한 사람을 법적으로 '의롭다' 선언하심과 동시에, 그의 내면에 성령을 통해 새로운 생명을 부여하십니다. 요한복음 3장 3절은 이렇게 말씀합니다.

> 예수께서 대답하여 이르시되 진실로 진실로 네게 이르노니 사람이 거듭나지 아니하면 하나님의 나라를 볼 수 없느니라(요 3:3).

칭의가 우리의 신분을 변화시키는 하나님의 선언이라면, 중생은 우리의 영적 본성을 변화시키는 하나님의 역사입니다. 중생은 전적으로 하나님의 주권적 사역이며, 인간의 노력이나 결단으로 이루어지는 것이 아닙니다.

청교도 신학자 존 오웬(John Owen)은 이렇게 말했습니다.

> 우리는 스스로를 거듭나게 할 수 없다. 중생은 성령의 사역이며, 하나님의 능력이 아니고는 불가능하다.

셋째, 중생으로 시작된 새로운 생명이 점점 성장하여, 그리스도를 닮아가는 과정을 '성화'라고 합니다. 칭의는 단번에 이루어지지만, 성화는 평생에 걸쳐 이루어지는 과정입니다. 예를 들어, 어머니의 뱃속에서 수정된 태아가 태어나고 성장하여 성인이 되는 것처럼, 중생한 사람은 시간이 지나면서 점점 그리스도를 닮아 갑니다. 성화는 구원의 조건이 아니라, 구원의 증거이자 열매입니다. 그러므로 성화는 참된 구원의 필연적 결과이며 구원의 확증을 위한 중요한 과정입니다.

넷째, 칭의와 중생이 하나님의 일방적 은혜라면 회심은 성령의 은혜를 경험한 사람이 믿음으로 반응하는 결단입니다. 즉, 중생과 칭의는 우리가 느끼지 못하는 순간에 발생하는 하나님의 일방적인 은혜입니다. 따라서 구원파가 '당신은 언제 중생하셨습니까'라고 묻는 것은 신학적 오류입니다. 중생과 칭의는 하나님의 일방적 행동이며 우리의 경험을 초월합니다. 그러나 하나님의 은혜로 의롭게 되어 중생한 사람은 반드시 회심을 경험합니다.

마치 태아가 처음 수정되는 순간은 감지할 수 없지만, 수정된 생명체가 자라면서 그 생명의 현상을 느끼게 되고, 마침내 출산하는 순간을 맞이하는 것과 같습니다. 중생을 통해 생명의 씨앗을 가진 사람은, 반드시 회심을 통해 그리스도인으로서의 분명한 결단으로 구원을 확신하게 됩니다.

따라서 중생한 사람은 반드시 자신의 죄를 인정하고 하나님께 돌이키는 회개와 예수 그리스도를 전적으로 믿고 따르기로 결단하는 믿음을 통해 회심을 경험해야 합니다. 회심은 성령의 사역 없이는 불가능하지만 동시에 인간의 신앙적 응답을 포함합니다.

🗂 오늘의 핵심 포인트

칭의는 하나님께서 의롭다고 선언하시는 것이고, 중생은 새 생명의 시작이며, 성화는 그 새 생명이 성장하는 과정이고, 회심은 그 변화를 스스로 깨닫고 결단하는 순간이다.

🗂 오늘의 묵상 질문
- 나는 구원의 여정 속에서 지금 어디에 서 있는가?
- 나는 하나님께서 주신 새 생명을 따라 성화의 삶을 살아가고 있는가?

세례는 단순한 의식인가, 신앙의 결단인가?

> 무릇 그리스도 예수와 합하여 세례를 받은 우리는 그의 죽으심과 합하여 세례를 받은 줄을 알지 못하느냐 그러므로 우리가 그의 죽으심과 합하여 세례를 받음으로 그와 함께 장사되었나니 이는 아버지의 영광으로 말미암아 그리스도를 죽은 자 가운데서 살리심과 같이 우리로 또한 새 생명 가운데서 행하게 하려 함이라 (롬 6:3-4).

세례 예식은 교회가 경험하는 가장 영광스러운 순간입니다. 복음으로 회심한 사람들이 세례를 받는 순간은 마치 가정에서 아기가 태어나는 순간과 같습니다. 부모가 자녀의 출생을 기쁨으로 맞이하듯, 세례식은 새로운 영적 생명이 탄생하여 하나님의 가족으로 연결되는 신성한 자리입니다.

교회의 진정한 성장은 단순한 수적 증가가 아니라, 복음을 통해 변화된 사람들이 세례를 받고 신앙공동체에 들어오는 것입니다. 이것이야말로 하나님이 기뻐하시는 참된 성장입니다. 신앙공동체는 계속해서 새로운 생명을 품어야 하며, 세례를 통해 새로운 생명이 탄생하는 기적을 경험해야 합니다.

종교개혁자 존 칼빈은 이렇게 말했습니다.

> 세례는 하나님께서 우리를 하나님의 교회에 입양하시는 성례이며, 이를 통해 우리는 그의 백성이 되었음을 공적으로 선포한다.

즉, 세례는 단순한 외적 의식이 아니라 신자의 새로운 신분을 공적으로 확인하고, 신앙공동체의 일원이 되는 자리입니다.

더 나아가 세례는 단순한 의식이 아니라 깊은 신앙적 의미를 지닌 결단의 순간입니다. 곧, "내 옛 사람은 죽고, 이제부터 거듭난 새로운 생명으로 살아가겠다"라는 공적인 선언입니다.

어거스틴(Augustine)은 세례에 대해 이렇게 말했습니다.

> 세례는 외적인 씻음이 아니라, 내면의 변화를 반영하는 하나님의 은혜로운 표징이다.

세례 자체가 죄를 씻어 주는 것이 아니라, 성령을 통해 이미 발생한 거듭남을 공적인 자리에서 선포하는 것입니다. 세례는 하나님의 은혜로 새롭게 태어난 자들이 평생 예수님께 충성하며 살겠다는 서약입니다.

세례를 앞둔 이들은 한 주간 세례의 의미를 깊이 묵상하며, 기도와 경건한 마음으로 이 예식을 준비해야 합니다. 또한, 신앙공동체는 새롭게 결단하는 이들을 위해 함께 기도하고, 온 마음을 다해 축복해야 합니다.

교회가 함께 기뻐하고 경축해야 할 중요한 두 가지 예식이 있습니다. 바로 **세례**와 **성찬**입니다. 세례는 새로운 가족이 태어나는 순간입니다. 한 사람이 회심하고 하나님의 자녀가 되어 신앙공동체에 들어오는 것은 신앙공동체 전체가 함께 기뻐해야 할 축복입니다. 또한, 성찬은 하나님의 가족이 한 식탁에 둘러앉아 하늘의 양식을 함께 나누는 영적 축제입니다.

교부 키프리아누스(Cyprianus)는 이렇게 말했습니다.

> 세례를 통해 우리는 그리스도의 몸에 접붙여지고, 성찬을 통해 그 몸 안에서 자라난다.

즉, 세례는 신앙의 시작이고, 성찬은 그 신앙을 지속적으로 양육하는 도구라는 의미입니다. 세례는 단순한 종교적 의식이 아닙니다. 그것은 하나님과 신앙공동체 앞에서 우리가 새롭게 태어났음을 선포하는 신앙의 결단입니다.

종교개혁자 마틴 루터는 자신이 흔들릴 때마다 이렇게 고백했다고 합니다.

> 나는 세례받은 사람이다!

이 말은 세례가 과거의 종교 의식으로 끝나는 것이 아니라, 평생을 통해 기억하고 붙들어야 할 신앙인의 자기 정체성이 되어야 함을 뜻합니다. 신앙공동체는 세례받는 이들과 함께 기뻐하며, 그들이 신앙의 여정을 잘 걸어갈 수 있도록 기도로 지원해야 합니다.

📌 오늘의 핵심 포인트

세례는 단순한 의식이 아니라, 평생을 예수님께 충성하며 살기를 결단하는 자리이다.

📌 오늘의 묵상 질문
- 나는 세례를 단순한 예식으로 여기고 있지는 않은가?
- 내 삶에서 '세례받은 사람'이라는 정체성이 어떻게 나타나고 있는가?

왜 성찬이 우리에게 꼭 필요한가요?

> 예수께서 이르시되 내가 진실로 진실로 너희에게 이르노니 인자의 살을 먹지 아니하고 인자의 피를 마시지 아니하면 너희 속에 생명이 없느니라. 내 살을 먹고 내 피를 마시는 자는 영생을 가졌고 마지막 날에 내가 그를 다시 살리리니 내 살은 참된 양식이요 내 피는 참된 음료로다. 내 살을 먹고 내 피를 마시는 자는 내 안에 거하고 나도 그의 안에 거하나니 (요 6:53-56).

이 시대의 교회는 성찬의 중요성을 간과하는 경향이 있습니다. 그러나 성찬은 단순한 의식이 아니라 성도의 영적 생명과 깊이 연결된 신앙의 중심 요소입니다.

신학자 윌리엄 바클레이(William Barclay)는 이렇게 말했습니다.

> 우리는 지금 성례전이 점점 사라지고 있는 시대를 살고 있습니다. 이는 교회의 운명과 직결된 문제입니다.

종교개혁자 존 칼빈 역시 말씀과 성례전(성찬과 세례)을 교회의 두 가지 핵심 표지로 보았습니다. 참된 교회란 '바른 말씀이 선포되고 바른 성례전이 시행되는 곳에 존재한다'라는 의미입니다. 하지만, 종교개혁 이후 개신교는 설교의 절대성을 강조하면서 상대적으로 세례와 성찬의 중요성을 간과해 왔습니다. 잃어버린 성례전을 다시 회복하기 위해서는 성찬이 갖는 신학적 중요성을 깨달아야 합니다.

성찬을 대하는 신학적 입장은 크게 세 가지로 나뉩니다.

첫째, 화체설(가톨릭)은 떡과 포도주가 사제의 기도를 통해 실제로 예수님의 살과 피로 변한다고 주장합니다.
둘째, 기념설(쯔빙글리)은 성찬을 단순히 과거에 발생했던 예수님의 희생과 죽음을 상징적으로 기억하는 예식으로 봅니다.
셋째, 영적 임재설(칼빈)은 떡과 포도주 자체가 변하지는 않지만, 성찬을 통해 그리스도께서 신비롭게 임재하시며, 성도가 주님과 더욱 깊이 연합하게 된다고 가르칩니다.

성찬을 단순한 기념으로 여기면, 영적 사건에 대한 기대 없이 형식적으로 성찬에 참여하게 됩니다. 하지만, 성찬은 단순한 기억의 예식이 아니라, 성도와 부활하신 주님과의 실제적인 연합이 이루어지는 자리입니다. 성찬은 '기억'의 자리를 넘어 '사건'의 현장이 되어야 합니다.

신앙생활의 핵심은 주님과의 연합을 날마다 깊어지게 하는 것입니다. 하나님께서는 말씀과 성례라는 두 가지 은혜의 수단을 통해 우리를 주님과 더욱 친밀하게 하십니다. 그러므로 성찬에 참여할 때, 단순한 종교 의식이 아니라 주님의 현존을 기대해야 합니다.

누군가는 이렇게 말했습니다.

> 머리와 귀로 들은 설교는 주님의 살과 피를 모시는 성찬을 통해 영적 현실이 된다.

성찬은 우리의 신앙을 관념의 영역에서 경험의 영역으로 이끌어 주는 은총의 통로입니다.

성찬에 참여할 때, 우리는 단순히 과거의 사건을 떠올리는 것이 아니라, 지금 여기에서 살아계신 예수 그리스도와의 영적 연합을 경험합니다. 찢기신 살과 흘리신 피의 의미를 묵상하며 죄를 회개하고, 주님의 희생에 대한 감사로 마음을 채워야 합니다.

성찬의 떡과 잔을 받을 때, 우리는 그리스도의 몸의 일부가 됨을 다시금 확인하며, 주님과의 연합을 통해 새로운 힘과 소망을 얻게 됩니다. 그러므로 성찬은 교회의 중요한 의식일 뿐만 아니라, 우리의 영혼을 살찌우는 살아 있는 양식이자 음료입니다. 성찬을 통해 주님과의 관계를 새롭게 하고, 그분의 사랑과 희생을 깊이 깨닫는 거룩한 시간을 누리십시오.

◻ 오늘의 핵심 포인트

세례는 단순한 의식이 아니라, 옛 사람을 버리고 새 생명으로 살아가겠다는 신앙의 결단이다.

◻ 오늘의 묵상 질문

- 나는 세례를 통해 선언한 새로운 삶을 오늘도 살아가고 있는가?
- 세례를 받은 후, 내 삶에서 가장 변화된 부분은 무엇이며, 여전히 변화가 필요한 영역은 무엇인가?

우리는 어떤 기대감으로 성찬에 참여해야 하나요?

> 그들이 먹을 때에 예수께서 떡을 가지사 축복하시고 떼어 제자들에게 주시며 이르시되 받아서 먹으라 이것이 내 몸이니라 하시고, 또 잔을 가지사 감사 기도 하시고 그들에게 주시며 이르시되 너희가 다 이것을 마시라. 이것은 죄 사함을 얻게 하려고 많은 사람을 위하여 흘리는 바 나의 피 곧 언약의 피니라 (마 26:26-28).

성찬에는 깊은 영적 의미가 담겨 있습니다. 성찬은 단순한 의식이 아니라, 신앙의 핵심을 담은 강력한 상징이며 성도들의 영적 삶을 새롭게 하는 은혜의 통로입니다. 성찬에 참여할 때, 성찬식이 갖는 세 가지 핵심적인 의미를 깨닫고 주의 식탁으로 나아가야 합니다.

첫째, 성찬은 과거에 대한 기억입니다. 성찬의 떡과 포도주는 예수 그리스도의 대속적 죽음을 떠올리게 합니다. 성도는 성찬을 통해 우리를 위해 찢기시고 피 흘리신 주님의 희생을 기억해야 합니다.

예수님은 성찬을 행하며 나를 "기념하라" 말씀하셨습니다. 여기서 "기념하라"라는 단어는 단순한 회상을 의미하지 않습니다. 그것은 현재적 경험을 포함하는 **'아남네시스'**(anamnesis, 기억)입니다. 즉, 성찬을 받을 때마다 우리는 단순히 과거의 사건을 떠올리는 것이 아니라, 그리스도의 희생과 사랑을 현재적으로 경험하는 것입니다.

교부 어거스틴은 이렇게 말했습니다.

> 그리스도는 자신을 우리에게 떡과 포도주의 형상으로 주셨다. 우리가 그것을 받을 때, 우리는 그의 몸과 피를 통해 그분과 연합하는 것이다.

그러므로 성찬에서의 기억은 단순한 회상이 아니라, 그리스도의 은혜를 다시 깊이 체험하는 시간입니다. 유대인들이 유월절을 통해 구원의 역사를 되새기듯, 성도는 성찬을 통해 주님의 은혜를 되새기고 감사해야 합니다.

둘째, 성찬은 현재적 사건입니다. 성찬은 단순히 과거를 기념하는 시간이 아닙니다. 그것은 현재 일어나는 영적 사건입니다. 떡과 포도주를 받을 때, 우리는 성령을 통해 부활하신 예수님과 다시 하나가 됩니다.

종교개혁자 존 칼빈은 성찬을 **"신비한 연합의 자리"** 라고 강조했습니다.

> 성찬을 통해 우리는 단순히 그리스도의 희생을 기억하는 것이 아니라, 실제로 그의 임재 안에서 새롭게 되고, 신자들과 함께 한 몸을 이루는 공동체로 서게 된다.

성찬을 통해 우리는 위에 계신 예수님과의 연합을 경험하고, 옆에 있는 성도들과의 영적 유대감을 형성합니다. 성찬은 혈연보다 강한 믿음의 공동체를 형성하는 신비로운 은혜의 수단입니다.

셋째, 성찬은 미래적 결단입니다. 성찬식에서 떡이 찢기고 포도주가 부어지는 것은 예수님께서 우리를 위해 자신의 몸을 내어 주셨음을 상징합니다. 성찬은 은혜를 받는 것으로 끝나는 자리가 아니라 받은 은혜를 나누기로 결단하는 자리입니다.

디트리히 본회퍼(Dietrich Bonhoeffer)는 이렇게 말했습니다

> 값싼 은혜는 성례(성찬)를 누리면서도 그리스도를 따르지 않는 것이다.
> 참된 은혜는 우리가 성찬을 받고, 그리스도를 닮아가는 삶을 살아가는
> 것이다.

예수님이 십자가에서 희생당하심으로 우리는 은혜를 받았습니다. 성찬은 그 은혜받은 자의 결단으로 완성됩니다. 나도 예수님처럼 내 살을 찢고, 내 피를 흘려 이웃을 살리겠다는 결단입니다. 성찬을 받은 성도들은 세상으로 파송됩니다. 하나님께서 예수님을 세상에 보내신 것처럼, 성찬에 임하신 예수님은 당신의 백성을 세상으로 보내십니다.

성찬은 단순한 의식이 아닙니다. 그것은 기억과 연합, 그리고 헌신을 새롭게 하는 결단의 자리입니다. 이 세 가지 의미를 깊이 묵상하며 성찬에 참여할 때, 우리는 주님과 더욱 깊이 연결되고, 그분의 은혜 속에서 새로운 삶을 시작할 수 있습니다. 믿음과 감사, 그리고 결단의 마음으로 주님의 식탁에 나아가십시오.

🔲 오늘의 핵심 포인트

성찬은 그리스도의 희생을 기억하고, 주님과 연합하며, 세상을 섬길 것을 결단하는 신앙의 자리이다.

🔲 오늘의 묵상 질문
- 나는 성찬에 참여할 때 예수님의 희생을 깊이 묵상하고, 주님과의 연합과 헌신을 결단하고 있는가?
- 성찬을 받을 때, 나는 단순한 종교적 의식으로 참여하는가, 아니면 예수님의 사랑과 희생을 온 마음으로 되새기며 결단하는가?

너는 마음을 다하여 여호와를 신뢰하고 네 명철을
의지하지말라 너는 범사에 그를 인정하라 그리하면
네 길을 지도하시리라 (잠 3:5-6)

제4장
성장, 어제와 다른 오늘의 나를 빚어 가다

31. 길이신 예수님, 내 인생의 방향이 되다
32. 영적 전쟁에서 승리하는 다섯 가지 비결
33. 영혼을 무너뜨리는 두 가지 함정 : 망각과 타락
34. 성숙한 어른, 그러나 하나님 앞에서는 어린아이처럼
35. 결혼이 만드는 얼굴, 신앙이 만드는 영혼
36. 용서, 영혼을 자유롭게 하는 열쇠
37. 가정 예배, 그 작은 습관이 만드는 위대한 변화
38. 부모가 신앙을 물려주지 않으면 세상이 불신앙을 물려줍니다
39. 복음의 씨앗, 가정에서부터 뿌려라
40. 세월을 아끼라

길이신 예수님, 내 인생의 방향이 되다

> 너는 마음을 다하여 여호와를 신뢰하고 네 명철을 의지하지 말라 너는 범사에 그를 인정하라 그리하면 네 길을 지도하시리라(잠 3:5-6).

　인간은 다른 세계와 연결되기 위해 '길'을 만들었습니다. 동양과 서양의 문화 교류를 위해 비단길이 개척되었고, "모든 길은 로마로 통한다"라는 말처럼, 로마는 20만 킬로미터가 넘는 도로망을 통해 제국 전체를 연결했습니다.
　15세기에는 바닷길이 열리며 제국주의의 시대가 열렸고, 20세기에는 독일의 '아웃토반'과 함께 자동차의 시대가 열렸습니다. 길은 이렇게 문명을 탄생시키고, 성장시키며, 전파하는 역할을 해 왔습니다.
　과학 기술의 발전과 함께 자율 운행의 시대가 다가왔습니다. 자동차에 장착된 인공지능과 지능형 교통 시스템이 결합되면서 인간이 운전하는 것보다 인공지능이 운전하는 것이 더 안전한 시대가 올 것이라고 말합니다. 시민들에게 자율 운행 시대에 대한 설문조사를 했습니다.
　완벽한 자율 운행 시대가 가능해져서 운전대를 잡지 않아도 된다면 자동차 안에서 하고 싶은 것이 무엇인가요?
　설문에 대한 답변은 다음과 같았습니다. 1위는 주변 경치 감상, 2위는 동승자와 대화, 3위는 수면, 4위는 동영상 시청 순으로 나왔습니다. 다시 말해서 자율 운행이 되면 여유로운 삶, 타인과의 소통, 차 안에서 누리는 휴식과 오락의 시간으로 활용하겠다는 응답입니다.

사람은 인생 전체가 자율 운행이 되기를 기대합니다. 앞만 보고 달려가야 하는 목표 지향적 현실에서 벗어나 좀 더 자유롭고 여유로운 삶을 소망합니다.

예수님께서는 이렇게 말씀하셨습니다.

> 예수께서 이르시되 내가 곧 길이요 진리요 생명이니 나로 말미암지 않고는 아버지께로 올 자가 없느니라(요 14:6).

모든 종교와 사상은 '길'에 대해 말합니다. 하지만, 예수님은 길에 대해 알려 주시는 것이 아니라 그분 자신이 길이라고 하셨습니다. 주님을 따른다는 것은 주님이 알려 주신 길을 내 힘으로 찾아가는 것이 아닙니다. 주님 그분이 내게 길이 되시는 것입니다.

우리가 인생의 목적을 쫓아 달려갈 때, 그분께서 우리를 대신하여 운전대를 잡아 주십니다. 우리는 예수님께 내 인생의 운전대를 맡기고 그분과 함께 가슴 설레는 인생의 여정을 달려가면 됩니다.

과연 최첨단 기술이 만든 자율 운행의 시대가 우리가 꿈꾸는 삶의 여유, 타인과의 소통, 참된 쉼과 즐거움을 가져올 수 있을까요?

길이신 주님 안에서 살 때, 진정한 자유, 쉼, 소통이 열리게 될 것입니다. 그러므로 이제 당신의 인생의 운전대를 예수님께 온전히 맡기십시오. 그분은 가장 안전하고 확실한 길로 당신을 인도하실 것입니다.

길 잃은 양처럼 방황하는 세상에서 오직 예수님만이 우리의 삶을 바른 목적지로 이끄시는 유일한 길입니다. 그분께 인생을 맡기십시오. 그분이 여러분의 삶을 이끌어 주실 것이며, 여러분은 그분 안에서 참된 평안과 의미를 발견하게 될 것입니다.

주님께 인생의 핸들을 맡기는 것은 단순히 모든 것을 포기하는 수동적 행위가 아닙니다. 이는 그분을 신뢰하며, 그분과 함께 삶의 여정을 동행하겠다는 적극적인 결단입니다. 어떤 역경과 불확실성이 닥쳐와도, 길이신 예수님과 함께라면 우리는 흔들리지 않고 담대하게 나아갈 수 있습니다.

🟪 오늘의 핵심 포인트

예수님은 단순히 길을 보여 주시는 분이 아니라, 우리의 삶을 이끄시는 참된 길이시다.

🟪 오늘의 묵상 질문

- 나는 지금 내 인생의 운전대를 내가 붙잡고 있는가, 아니면 예수님께 온전히 맡기고 있는가?
- 내 삶에서 예수님이 '길'이 되어 주시는 것을 경험한 순간은 언제였는가, 나는 여전히 내 힘으로 길을 찾으려 하지는 않는가?

영적 전쟁에서 승리하는 다섯 가지 비결

> 우리의 씨름은 혈과 육을 상대하는 것이 아니요 통치자들과 권세들과 이 어둠의 세상 주관자들과 하늘에 있는 악한 영들을 상대함이라(엡 6:12).

우리는 누구나 인생이 '놀이터'가 되기를 원합니다. 그러나 영적 눈이 열리면, 이 세상이 놀이터가 아니라 '지뢰밭'이라는 사실을 깨닫게 됩니다.

한 사람이 예수님을 믿고 하나님의 자녀가 되는 순간, 사탄은 즉시 선전포고를 합니다. 모든 수단을 동원하여 하나님의 백성을 미혹하고 공격합니다. 따라서 우리의 삶은 영적 전쟁터에서 벌어지는 치열한 싸움이라는 사실을 알아야 합니다. 싸움의 성격과 적의 실체를 깨닫는 순간, 승리할 확률이 높아지기 때문입니다.

사도 바울은 이렇게 말했습니다.

> 우리의 씨름은 혈과 육을 상대하는 것이 아니요 통치자들과 권세들과 이 어둠의 세상 주관자들과 하늘에 속한 악한 영들을 상대함이라(엡 6:12).

그리스도인의 싸움이 혈과 육을 상대하는 싸움이 아니라는 의미는 무엇일까요?

그것은 우리 인생의 진짜 싸움은 인간관계의 어려움, 재정적 결핍, 육신적 질병과 같은 종류의 것이 아니라는 뜻입니다.

사탄의 전략은 우리를 혈과 육의 싸움으로 끌어들여 전력을 소진하게 만듭니다. 우리는 일상, 가정, 교회, 사회 곳곳에서 전쟁과 같은 삶을 살아갑니다. 우리가 영적 전쟁터에서 진짜 적은 보지 못한 채, 허수아비를 붙들고 씨름하며 인생을 낭비하고 있을 때, 그 모습을 보면서 사탄은 뒤에서 미소를 짓고 있습니다.

그렇다면 우리는 어떻게 싸워야 할까요?

바울은 이렇게 권면합니다.

마귀의 간계를 능히 대적하기 위하여 하나님의 전신 갑주를 입으라(엡 6:11).

영적 전쟁에서 승리하기 위해 우리는 다음과 같이 무장해야 합니다.

첫째, 진리로 무장하십시오.
에베소서 6장 14절은 이렇게 말씀합니다.

진리로 너희 허리 띠를 띠라(엡 6:14).

진리는 하나님의 말씀이며, 우리의 신앙을 단단히 지켜 주는 기준입니다. 거짓과 속임수로 가득한 세상 속에서 성경의 진리를 분별하고, 그 안에서 살아가는 것이 영적 전쟁에서 이기는 첫 번째 열쇠입니다.

둘째, 믿음의 방패를 드십시오.
에베소서 6장 16절은 이렇게 말씀합니다.

> 모든 것 위에 믿음의 방패를 가지고 이로써 능히 악한 자의 모든 불화살을 소멸하고 (엡 6:16).

믿음은 사탄의 공격을 막아 내는 가장 강력한 무기입니다. 어려움과 유혹 속에서도 하나님을 신뢰하고 흔들리지 않는 믿음을 가질 때, 우리는 어떤 공격에도 쓰러지지 않습니다.

셋째, 기도로 싸우십시오. 영적 전쟁은 눈에 보이지 않는 싸움이므로, 우리의 힘이 아닌 하나님의 능력으로 싸워야 합니다.

바울은 전신갑주를 설명한 뒤에 이렇게 말했습니다.

> 모든 기도와 간구를 하되 항상 성령 안에서 기도하라(엡 6:18).

기도는 단순한 요청이 아니라, 하나님과의 강력한 연합이며, 영적 전쟁에서 승리할 수 있는 가장 강력한 무기입니다. 기도를 통해 하나님의 뜻을 구하고, 성령님의 능력을 힘입어야 합니다.

넷째, 하나님의 말씀으로 공격하십시오.

에베소서 6장 17절은 이렇게 말씀합니다.

> 성령의 검, 곧 하나님의 말씀을 가지라(엡 6:17).

성경은 단순한 책이 아니라 영적 무기입니다. 예수님께서 광야에서 사탄의 시험을 받으실 때 말씀으로 승리하신 것처럼, 우리도 말씀을 마음에 새기고 삶에 적용하며 살아가야 합니다.

다섯째, 함께 싸우십시오. 혼자서는 영적 전쟁에서 승리하기 어렵습니다. 철새들이 V자 대형을 이루며 함께 날아갈 때 더 멀리 갈 수 있는 것처럼, 우리도 신앙공동체 안에서 서로를 격려하고, 기도하며, 세워 주어야 합니다. 신앙의 여정에서 믿음의 형제자매들과 함께할 때 더욱 강하고 견고한 영적 전사가 될 수 있습니다.

영적 전쟁은 피할 수 없는 현실이지만, 우리는 이미 승리하신 예수 그리스도와 함께 싸우는 사람들입니다.

> 그러나 이 모든 일에 우리를 사랑하시는 이로 말미암아 우리가 넉넉히 이기느니라 (롬 8:37).

하나님의 전신갑주로 무장하고, 믿음의 공동체 안에서 함께 기도하며 나아갈 때, 우리는 반드시 승리할 것입니다. 오늘도 하나님께서 주신 영적 무기를 들고 담대하게 싸워 나아가십시오.

▢ 오늘의 핵심 포인트

영적 전쟁에서 승리하는 비결은 하나님의 전신갑주를 입고, 기도로 무장하며, 믿음의 공동체와 함께 나아가는 것이다.

▢ 오늘의 묵상 질문

- 나는 지금 영적 전쟁을 인식하고 하나님의 전신갑주로 무장하고 있는가?
- 진리, 믿음, 기도, 말씀, 공동체 중에서 내가 가장 부족한 부분은 무엇이며, 이를 보완하기 위해 무엇을 실천할 수 있을까?

33

영혼을 무너뜨리는 두 가지 함정 : 망각과 타락

> 그러나 너를 책망할 것이 있나니 너의 처음 사랑을 버렸느니라. 그러므로 어디서 떨어졌는지를 생각하고 회개하여 처음 행위를 가지라(계 2:4-5).

하나님을 '잊는 것'과 하나님을 '잃는 것'은 다릅니다. 그리스도인은 하나님을 잊어서도 안 되고 잃어서도 안 됩니다. 신앙이 영적으로 무력해지는 이유는 두 가지입니다.

첫째, 분주한 생활에 치여 하나님을 잊어버리는 것입니다. 사탄은 우리를 바쁜 일상 속으로 몰아넣어 하나님을 향한 집중력을 흐트러뜨립니다. 멈추지 않고 밀려오는 현실적 요구와 삶의 무게에 눌려, 하나님을 잊은 채 살게 합니다.

그렇다면 하나님을 잊지 않기 위해서는 어떻게 해야 할까요?

요한복음 15장 2절에서 예수님은 말씀하십니다.

> 무릇 열매를 맺는 가지는 더 열매를 맺게 하려 하여 그것을 깨끗하게 하시느니라 (요 15:2).

여기서 "깨끗하게 한다"라는 것은 '가지치기'를 의미합니다. 포도나무가 열매를 맺기 위해서는 불필요한 잔가지들을 잘라 내야 합니다. 뿌리로부터 공급되는 양분과 수분이 원가지에 집중적으로 전달되면서 풍성한 열매를 맺을 수 있습니다. 우리의 신앙도 마찬가지입니다. 영적 집중력을 방해하는 요소들을 '가지치기'하고, 단순한 삶을 추구할 때 하나님의 은혜를 더 온전히 누릴 수 있습니다.

둘째, 하나님을 잃어버리는 것입니다. 하나님을 잊는 것보다 더 심각한 것은 하나님을 잃는 것입니다. 하나님을 잊는 것은 바쁜 삶 속에서 수동적으로 일어나지만, 하나님을 잃는 것은 우리의 잘못된 선택을 통해 능동적으로 발생합니다. 그리스도인은 죄를 선택할 때 하나님을 향한 순전한 마음을 잃어버리게 됩니다. 하나님을 잃는다는 것은 그분의 존재 자체를 부정하는 것이 아닙니다. 우리의 마음이 하나님을 향한 사랑과 순종에서 멀어지고, 점점 무뎌지는 것입니다. 죄가 반복될수록 양심이 둔해지고, 하나님과의 관계에 심각한 어려움이 생깁니다.

하나님을 잃지 않으려면 마음을 찢는 회개가 필요합니다.

요엘 2장 13절은 이렇게 말씀합니다.

> 너희는 옷을 찢지 말고 마음을 찢고 너희 하나님 여호와께로 돌아올지어다 (욜 2:13).

진실한 회개는 우리의 마음을 새롭게 합니다. 하나님은 언제나 우리를 기다리고 계십니다. 우리의 마음에서 사라진 것은 하나님 그분이 아니라 하나님을 향한 우리의 첫사랑입니다.

요한계시록 2장 4-5절은 이렇게 경고합니다.

> 그러나 너를 책망할 것이 있나니 너의 처음 사랑을 버렸느니라 그러므로 어디서 떨어졌는지를 생각하고 회개하여 처음 행위를 가지라(계 2:4-5).

하나님을 잊지 않기 위해서는 영적 가지치기를 해야 합니다. 하나님을 잃지 않기 위해서는 죄에서 돌이켜야 합니다. 그리고 하나님과의 첫사랑을 회복해야 합니다. 우리의 신앙은 처음 가졌던 순수한 열정을 회복할 때, 다시 살아날 수 있습니다.

하나님을 잊지 맙시다. 그리고 하나님을 잃지 맙시다. 하나님께서는 언제나 우리를 기다리고 계십니다.

▣ 오늘의 핵심 포인트

신앙이 무너지는 두 가지 함정은 하나님을 잊는 것과 하나님을 잃는 것이고 이를 극복하기 위해 영적 가지치기와 진정한 회개가 필요하다.

▣ 오늘의 묵상 질문

- 나는 하나님을 잊어버리고 살고 있지는 않은가, 혹은 하나님을 향한 사랑을 잃어버리고 있지는 않은가?
- 내 삶에서 하나님과의 친밀함을 방해하는 요소는 무엇이며, 그것을 가지치기하기 위해 어떤 결단을 할 수 있을까?

성숙한 어른, 그러나 하나님 앞에서는 어린아이처럼

> 내가 진실로 너희에게 이르노니 누구든지 하나님의 나라를 어린아이와 같이 받아들이지 않는 자는 결단코 거기 들어가지 못하리라(눅 18:17).

예수님은 마태복음 18장 3절에서 이렇게 말씀하셨습니다.

> 이르시되 진실로 너희에게 이르노니 너희가 돌이켜 어린아이들과 같이 되지 아니하면 결단코 천국에 들어가지 못하리라(마 18:3).

이 말씀은 어른은 천국에 갈 수 없다는 뜻이 아닙니다. 반대로 어린아이는 무조건 천국에 들어간다는 뜻도 아닙니다. 또한, 어린아이처럼 순수하고 죄를 멀리하는 어른이 되어야 한다는 뜻도 아닙니다. 성경은 모든 사람이 죄인이라는 사실을 분명히 밝히고 있기 때문입니다.

그렇다면 예수님께서 말씀하신 '어린아이와 같음'이란 무엇을 의미할까요?

예수님께서는 어린아이가 천국에 간다고 말씀하신 것이 아니라 어린아이와 같은 사람이 천국에 들어간다고 하셨습니다. 즉, 천국 백성이 되기 위해서는 어린아이만이 가진 어떤 특성이 필요하다는 뜻입니다.

그 특성은 무엇일까요?

어른이 되면서 우리는 많은 것을 배우고 경험하지만, 그 과정에서 점점 자기 생각이 신념과 아집으로 굳어지기 시작합니다. 자기 생각이 커진다는 것은 성숙을 의미할 수도 있지만, 다른 한편으로는 타인의 생각을 받아들이기 어려워진다는 뜻이기도 합니다.

반면, 어린아이는 순수한 마음으로 타인의 말을 경청하여 마치 스폰지가 물을 흡수하듯 수용합니다.

예수님은 누가복음 18장 17절에서 이렇게 말씀하셨습니다.

> 하나님의 나라를 어린아이와 같이 받아들이지 않는 자는 결단코 거기 들어가지 못하리라(눅 18:17).

어린아이들은 하나님과 성경의 진리를 단순한 이야기가 아닌 생생한 현실로 받아들입니다. 하지만, 어른들은 성경의 진리를 관념적으로 이해하는 경우가 많습니다. 반면, 어린아이들은 성경의 말씀을 단순한 교훈이 아니라 삶 자체로 수용합니다.

예수님은 마태복음 19장 14절에서 이렇게 말씀하셨습니다.

> 어린아이들을 용납하고 내게 오는 것을 금하지 말라(마 19:14).

어린아이처럼 순수하고 진실하며 간절한 마음으로 하나님께 나아오는 자를 주님께서는 결코 외면하지 않으십니다. 그러나 신앙에서 어린아이처럼 되어야 한다는 것이 미숙함을 의미하는 것은 아닙니다. 타인을 대하는 태도에 있어서 우리는 성숙한 어른이 되어야 합니다. 하지만, 하나님 앞에서는 영원히 어린아이와 같은 마음을 가져야 합니다.

모세와 여호수아가 하나님 앞에 섰을 때, 하나님께서는 그들에게 "네 발에서 신을 벗으라"(출 3:5, 수 5:15)라고 명령하셨습니다. 여기서 "신"이란 자기 생각, 자기 주권, 자기 경험을 의미합니다. 신을 벗는다는 것은 하나님 앞에서 자신의 모든 것을 내려놓고, 겸손하게 그분께 자신을 맡기는 것입니다.

어린아이처럼 하나님의 손에 자신을 온전히 맡길 때, 우리는 더 자유로워지고 더 깊은 평안과 기쁨을 누리게 됩니다. 하나님 앞에서 '어린아이'가 되는 용기를 가지십시오. 그분께 신뢰와 순종으로 나아갈 때, 우리의 신앙은 더욱 풍성하고 생명력 넘치는 것이 될 것입니다.

◻ 오늘의 핵심 포인트

신앙의 성숙은 하나님 앞에서 어린아이처럼 겸손하고 순수한 마음으로 그분을 신뢰하는 데서 시작된다.

◻ 오늘의 묵상 질문

- 나는 하나님 앞에서 어린아이처럼 순수한 믿음과 겸손한 마음을 가지고 있는가?
- 내 삶에서 하나님께 온전히 맡기지 못하고 내가 쥐고 있는 '신발'(자기 생각, 주관, 경험)은 무엇인가?

결혼이 만드는 얼굴, 신앙이 만드는 영혼

> 하나님이 미리 아신 자들을 또한 그 아들의 형상을 본받게 하기 위하여 미리 정하셨으니 이는 그로 많은 형제 중에서 맏아들이 되게 하려 하심이니라(롬 8:29).

"부부는 얼굴이 닮아 간다"라는 말이 있습니다.

과학적으로 근거가 있을까요?

1987년, 사회심리학자 로버트 자욘스(Robert Zajonc)는 12쌍의 부부를 대상으로 연구를 진행한 결과, 부부가 함께 살아가는 동안 외모가 점점 비슷해진다고 결론 내렸습니다. 그의 주장에 따르면, 부부는 무의식적으로 서로의 표정을 반사하기 때문에 특정 얼굴 근육이 발달하여 닮아 간다는 것입니다.

그러나 2020년, 미국 노스캐롤라이나대학교 연구진은 이를 정면으로 반박했습니다. 연구팀은 517쌍의 부부를 대상으로, 153명의 온라인 판정단과 인공지능을 통한 얼굴 인식 알고리즘을 활용하여 이전보다 더 객관적인 연구를 진행했습니다. 그리고 그 결과, "부부는 닮는다"는 말의 과학적 증거는 없다고 발표했습니다.

그렇다면 왜 많은 부부가 서로 닮아 보이는 것일까요?

연구에 따르면, 시간이 흐르면서 닮아 가는 것이 아니라 처음부터 자신과 비슷한 사람을 배우자로 선택하는 경향이 있기 때문이라고 합니다.

2만 5천 쌍의 부부를 대상으로 한 연구에서 부부의 유전자를 분석하고 비교한 결과, 사람들은 처음부터 자신과 유전적으로 유사한 배우자를 선택하는 경향이 있는 것으로 나타났습니다. 이는 인간이 본능적으로 익숙함에서 안정감을 느끼기 때문입니다. 평생을 함께할 배우자를 선택할 때, 무의식적으로 자신에게 익숙한 얼굴, 비슷한 성향을 지닌 사람에게 친밀감을 느끼는 것입니다.

결혼생활이 어려운 이유가 여기에 있습니다. 외적인 친숙함으로 서로를 선택한 부부가 결혼이라는 삶의 여정 속에서 전혀 다른 내면 세계와 지속적으로 충돌하기 때문입니다. 결혼은 단순한 동거가 아닙니다. 두 개의 개별적인 삶이 하나의 여정으로 통합되는 과정입니다. 이 과정 속에서 부부의 인격은 포기와 희생이라는 끌과 망치를 통해 다듬어지고 성숙해져 갑니다.

따라서 "부부가 닮는다"라는 말은 단순히 외모가 비슷해진다는 의미가 아니라, 서로를 이해하고 수용하는 과정에서 각자의 내면이 더욱 성숙해지는 것을 의미합니다.

성경은 성도를 그리스도의 신부라고 정의합니다. 하나님께서 우리를 창조하시고 구원하신 목적은 신랑 되신 예수 그리스도의 형상을 닮아 가는 것입니다.

배우자와 평생을 맞추는 것도 쉽지 않은데, 하물며 하늘의 신랑이신 예수님을 닮아 가는 과정은 얼마나 더 어려울까요?

그러나 그것이 가능한 이유는 신랑 되신 예수님의 끝없는 인내와 사랑 때문입니다. 그분은 우리가 넘어지고 실패해도 포기하지 않으십니다. 우리를 기다리시며 사랑으로 이끌어 가십니다. 마침내 흠 없고 점 없는 영광스러운 신부로 주님 앞에 서는 날까지, 예수님은 우리를 끝까지 빚어 가실 것입니다.

결혼이 서로 닮아 가는 여정이듯, 우리의 신앙도 예수님을 닮아 가는 여정입니다. 그 사랑을 기억하며, 오늘도 한 걸음 더 주님을 닮아 가는 삶을 살아가길 소망합니다.

▣ 오늘의 핵심 포인트

결혼이 부부가 닮아 가는 삶의 여정이듯, 신앙은 우리를 예수님의 형상으로 빚어 가는 여정이다.

▣ 오늘의 묵상 질문
- 나는 내 신앙의 여정에서 예수님을 닮아 가고 있는가?
- 신앙의 관계 속에서 나를 변화시키고 다듬어 가시는 하나님의 손길을 경험한 적이 있는가?

용서, 영혼을 자유롭게 하는 열쇠

> 서로 친절하게 하며 불쌍히 여기며 서로 용서하기를 하나님이 그리스도 안에서 너희를 용서하심과 같이 하라(엡 4:32).

인생을 살아가면서 우리는 크고 작은 상처를 받습니다. 친구의 배신, 가족 간의 갈등, 직장에서의 부당한 대우 등 우리의 마음은 때로 깊은 상처와 분노로 가득 찹니다. 그러나 용서란 단순한 선택이 아니라, 상처로부터의 해방이자 영혼의 자유를 위한 필수적인 과정입니다.

하지만, C.S. 루이스는 이렇게 말했습니다.

> 용서는 아름다운 개념이다. 그러나 그것을 실제로 실행해야 할 때가 되면 사람들은 주저한다.

그렇습니다. 용서는 말처럼 쉬운 일이 아닙니다. 하지만, 성경은 용서의 중요성을 반복해서 강조합니다.

베드로는 마태복음 18장 21절에서 예수님께 이렇게 질문했습니다.

> … 주여 형제가 내게 죄를 범하면 몇 번이나 용서하여 주리이까 일곱 번까지 하오리이까(마 18:21).

그러자 예수님은 베드로에게 이렇게 대답하셨습니다.

> 일곱 번뿐 아니라, 일곱 번을 일흔 번까지라도 할지니라(마 18:22).

이 말씀은 용서에는 끝이 없다는 의미입니다.
왜 예수님은 이렇게까지 용서를 강조하셨을까요?
그 이유는 하나님께서 우리를 끝없이 용서하셨기 때문입니다.
에베소서 4장 32절에서 바울은 이렇게 말했습니다.

> 서로 친절하게 하며 불쌍히 여기며 서로 용서하기를 하나님이 그리스도 안에서 너희를 용서하심과 같이 하라(엡 4:32).

즉, 용서는 단순한 도덕적 행위가 아니라 하나님께 받은 사랑과 은혜를 반영하는 행위입니다. 하지만, 용서는 결코 쉬운 일이 아닙니다.
우리가 용서하지 못하는 이유는 크게 세 가지로 정리할 수 있습니다.

첫째, 우리가 받은 상처가 너무 크면 용서는 더욱 어렵습니다. 특히, 가정 폭력이나 배신과 같은 깊은 아픔을 경험한 사람들에게 용서는 먼 이야기처럼 느껴질 수 있습니다.

둘째, 상대방이 같은 잘못을 반복하면 용서의 마음이 사라집니다. "용서했더니 또 상처를 준다"라는 경험은 우리의 마음을 더욱 굳게 만듭니다.

셋째, 사과 없는 용서의 문제입니다. 상대방이 진심으로 사과하지 않거나 자신의 잘못을 인정하지 않을 때, 용서는 더욱 힘듭니다. "내가 왜 먼저 용서해야 하지"라는 질문이 우리를 붙잡습니다.

그러나 심리학자 루이스 스미즈(Lewis Smedes)는 이렇게 말했습니다.

> 용서는 상대방을 위한 것이 아니다. 그것은 나 자신을 자유롭게 하는 과정이다.

용서하지 않으면 그 상처는 계속 우리 안에서 곪아가고, 결국 우리 자신을 갉아먹게 됩니다.
그렇다면 우리는 어떻게 용서를 실천할 수 있을까요?

첫째, 용서는 결단입니다. 용서는 감정이 아니라 결단에서 시작됩니다. 우리는 용서하고 싶은 감정이 '느껴질 때'까지 기다리지만, 사실 용서는 감정을 따라가는 것이 아닙니다. 먼저 용서하기로 결단하면, 용서의 감정이 그 결단을 따라오게 됩니다.

미국의 유명한 목회자 코리 텐 붐(Corrie Ten Boom)은 나치 수용소에서 가족을 잃었습니다. 전쟁이 끝난 후, 과거 자신을 학대했던 독일 군인을 마주하게 되었을 때 그녀는 도망치고 싶은 마음이 들었지만, 성령의 도우심을 구하며 그의 손을 잡고 "나는 당신을 용서합니다"라고 말했습니다. 그녀는 용서의 감정이 생긴 후 행동한 것이 아니라, 먼저 결단하고 행동한 후, 용서의 감정이 따라왔음을 고백했습니다.

둘째, 기도를 통해 용서의 힘을 얻어야 합니다. 용서는 우리의 힘만으로 할 수 없습니다. 용서할 수 있는 힘을 하나님께 구해야 합니다.
예수님은 십자가 위에서 이렇게 기도하셨습니다.

> … 아버지 저들을 사하여 주옵소서 자기들이 하는 것을 알지 못함이니이다 …
> (눅 23:34).

예수님께서 이렇게 기도하셨듯, 우리도 기도로 용서의 능력을 구해야 합니다.

셋째, 상대방을 이해하려고 노력해야 합니다. 용서는 상대방의 잘못을 정당화하는 것이 아닙니다. 그러나 상대방의 입장을 이해하려는 노력이 필요합니다. 그들의 상처와 연약함을 바라볼 때, 우리의 마음이 조금씩 열리기 시작합니다.

넬슨 만델라는 27년간 감옥에 갇혔지만, 풀려난 후 남아프리카공화국의 대통령이 되었습니다. 그가 원한 것은 보복이 아닌 화해였습니다. 그는 자신을 억압했던 백인들과 손을 잡았고, 용서를 통해 나라를 하나로 만들었습니다. 그는 이렇게 말했습니다.

용서는 과거를 바꿀 수는 없지만, 미래를 바꿀 수 있다.

우리는 용서를 통해 과거의 상처에서 벗어나, 새로운 삶을 향해 나아갈 수 있습니다. 이제 용서의 문을 열고, 자유와 평화를 경험해 보십시오. 하나님께서 그 길에서 함께하실 것입니다.

오늘의 핵심 포인트

용서는 상대방을 위한 것이 아니라, 나 자신을 상처의 굴레에서 자유롭게 하는 길이다.

오늘의 묵상 질문
- 나는 아직도 용서하지 못한 사람이 있는가?
- 용서를 결단하고 실천할 수 있도록 하나님께 도움을 구한 적이 있는가?

가정 예배, 그 작은 습관이 만드는 위대한 변화

> 오늘 내가 네게 명하는 이 말씀을 너는 마음에 새기고, 네 자녀에게 부지런히 가르치며 집에 앉았을 때에든지 길을 갈 때에든지 누워 있을 때에든지 일어날 때에든지 이 말씀을 강론할 것이며(신 6:6-7).

오늘날 그리스도인 가정에서는 자녀들의 신앙이 약해지고 있습니다. 부모 세대는 신앙을 지켰지만, 자녀 세대는 교회를 떠나는 현상이 점차 늘어나고 있습니다.

"우리 아이가 신앙을 잘 지킬 수 있을까?"
"자녀에게 어떻게 믿음을 물려줄 수 있을까?"
이런 고민을 해 보신 적이 있으신가요?

가정 예배는 신앙을 세대에서 세대로 이어 주는 가장 강력한 방법입니다. 교회에서 한 시간 듣는 설교보다 가정에서 드리는 작은 예배가 자녀들의 신앙에 더 큰 영향을 미칠 수 있습니다.
가정 예배가 왜 중요할까요?
지금 우리 가정에서 예배를 시작해야 하는 여덟 가지 이유를 생각해 보겠습니다.

첫째, 가정 예배는 신앙을 다음 세대로 전달하는 최고의 방법입니다.

가정 예배는 신앙을 대물림할 수 있는 최고의 기회입니다. 자녀들은 가정에서 부모와 함께 성경을 읽고, 기도하고, 죄를 고백하고, 하나님을 찬양하는 법을 배우게 됩니다. 이러한 경험은 그들의 영혼에 깊이 새겨져, 훗날 독립한 후에도 신앙을 지켜 내는 안전망이 될 것입니다.

둘째, 가정 예배는 신앙을 체계적으로 훈련하는 장입니다

부모들은 자녀가 어려움에 부딪힌 후에야 신앙의 중요성을 깨닫습니다. 그러나 신앙 교육은 사후 치료보다 사전 예방이 더 중요합니다. 가정 예배는 거룩한 습관을 통해 자녀들에게 신앙을 체득하게 합니다. 신앙은 위기의 순간에 갑자기 생기는 것이 아니라 평소에 길러져야 합니다.

셋째, 가정 예배는 가정의 영적 리더십을 세웁니다.

아버지는 가정의 영적 지도자로 부름을 받았습니다. 그러나 현실에서는 많은 가정에서 영적 리더십이 약화되고 있습니다. 가정 예배는 아버지를 영적 지도자로 자리매김하게 합니다. 자연스럽게 가장의 신앙적 책임을 강화하고 가정의 영적 질서를 바로 세웁니다.

넷째, 가정 예배는 신앙을 일상으로 확장시킵니다.

신앙이란 교회에서만 행하는 종교적 행위가 아닙니다. 가정 예배를 통해 자녀들은 신앙이 일상의 중심이 되어야 한다는 사실을 배우게 됩니다. 하나님을 예배하는 일이 우리의 삶 속에서 얼마나 중요한지 자연스럽게 깨닫게 됩니다.

다섯째, 가정 예배는 공적 예배를 훈련하는 과정입니다.

아이들이 공적 예배에서 집중하지 못하는 이유는 예배에 익숙하지 않기 때문입니다. 그러나 가정 예배를 통해 말씀을 듣고 기도하며 찬양하는 습관을 들이면, 교회 예배에서도 자연스럽게 경건한 자세를 갖추게 됩니다.

여섯째, 가정 예배는 신앙의 인격을 훈련하는 자리입니다.

가정은 신앙을 실천하기에 가장 어려운 곳입니다. 교회와 직장에서는 친절하게 행동하지만, 정작 가족에게는 쉽게 화를 내고 상처를 주는 경우가 많습니다. 가정 예배는 우리가 가장 가까운 관계 안에서 신앙을 실천하도록 돕습니다. 말씀 앞에 서는 시간을 통해, 가족 간의 사랑과 용서, 인내를 배우게 됩니다.

일곱째, 가정 예배는 가정에 평화를 가져옵니다.

가정은 한 지붕 아래에서 살아가는 불완전한 사람들의 공동체입니다. 다툼과 오해가 생기고, 때로는 상처를 주고받기도 합니다. 그러나 가정 예배를 드릴 때, 하나님의 은혜가 임하고, 그 은혜가 치유와 회복을 가져옵니다. 서로를 위해 기도하고, 하나님의 말씀을 나누며, 가정 안에 평화가 자리 잡습니다.

여덟째, 가정 예배는 가족을 하나로 묶어 주는 끈입니다.

현대 사회는 가족들이 함께할 시간이 절대적으로 부족합니다. 부모와 자녀는 각자의 일정에 바쁘고, 대화의 시간도 점점 줄어듭니다. 그러나 가정 예배는 가족이 함께 모여 영적·정서적으로 연결되는 중요한 시간입니다. 서로를 위해 기도하며, 신앙 안에서 더욱 친밀한 관계를 맺게 됩니다.

지금, 가정 예배를 시작하십시오!
가정 예배는 **하나님 말씀을 중심으로 가정을 세우는 강력한 도구**입니다.

신앙을 자녀에게 물려주고 싶으신가요?
가족 안에 더 많은 대화와 사랑이 필요하신가요?
하나님께서 기뻐하시는 가정을 만들고 싶으신가요?

그렇다면 지금, 가정 예배를 시작하십시오.

🔲 오늘의 핵심 포인트

가정 예배는 신앙을 다음 세대로 이어 주는 가장 강력한 유산이며, 하나님이 기뻐하시는 가정을 세우는 거룩한 습관이다.

🔲 오늘의 묵상 질문
- 우리 가정은 신앙을 중심으로 하나 되어 가고 있는가?
- 가정 예배를 통해 내 삶과 가족의 관계에 어떤 변화가 일어날 수 있을까?

부모가 신앙을 물려주지 않으면 세상이 불신앙을 물려줍니다

> … 나와 내 집은 여호와를 섬기겠노라 하니(수 24:15).

가정은 하나님께서 세우신 가장 중요한 공동체이며, 신앙이 가장 먼저 뿌리내려야 할 곳입니다. 하지만, 우리는 가정에서 신앙이 점점 희미해지고, 자녀들이 세상의 가치관에 영향을 받으며 살아가는 현실을 마주하고 있습니다. 이에 '성경적 가정 세우기'를 위한 '고백(Go Back) 프로젝트'를 제안합니다. 고백 프로젝트는 가정이 다시 성경으로 돌아가고(go back to the Bible), 우리 자녀들이 예수님에 대한 바른 신앙고백을 하도록 돕는 운동입니다.

오늘날 세상은 우리 자녀들을 강력한 문화적 흐름 속에서 길러내고 있습니다. SNS, 미디어, 교육 시스템을 통해 세속적 가치관이 끊임없이 주입됩니다. 주일학교 교육만으로 자녀들의 신앙을 세울 수 있다는 기대는 현실적이지 않습니다. 주일에 2시간 예배를 드리는 것만으로는 일주일 내내 세상의 영향 속에 살아가는 자녀들을 신앙으로 지키기에 충분하지 않습니다.

헨리 워드 비처(Henry Ward Beecher)는 이렇게 말했습니다.

> 그리스도 없는 가정은 학교 없는 아이들과 같다.

헨리 워드 비처는 가정이 신앙 교육의 가장 중요한 장소임을 강조하며, 부모가 자녀에게 물려줄 최고의 유산은 재산이 아니라 신앙이라고 말했습니다. 부모가 신앙의 본을 보이며 가정에서 말씀을 나누는 것이 자녀들의 신앙 형성에 결정적인 영향을 미칩니다. 실제로, 자녀가 성인이 되어서도 신앙을 지키는 가정의 공통점은 부모가 가정 예배를 드리며, 신앙의 본을 보였다는 것입니다.

종교개혁자 마틴 루터 역시 이렇게 말했습니다.

> 가정은 신앙의 첫 번째 교회이며, 부모는 그 교회의 첫 번째 목회자다.

신앙은 단순한 교리 교육이 아니라, 삶 속에서 자연스럽게 스며드는 것입니다. 자녀들은 부모가 기도하는 모습을 보며 기도를 배웁니다. 부모가 성경을 읽고, 그 말씀대로 살아가려는 모습을 보며 신앙을 물려받습니다.

> 너는 마음을 다하고 뜻을 다하고 힘을 다하여 네 하나님 여호와를 사랑하라. 오늘 내가 네게 명하는 이 말씀을 너는 마음에 새기고, 네 자녀에게 부지런히 가르치며 집에 앉았을 때에든지, 길을 갈 때에든지, 누워 있을 때에든지, 일어날 때에든지 이 말씀을 강론할 것이며(신 6:5-7).

신명기의 말씀처럼, 부모는 언제 어디서든 자녀들에게 하나님의 말씀을 가르쳐야 합니다. 가정 예배는 특별한 형식이 필요한 것이 아닙니다. 주일 예배 때 들었던 말씀을 자녀들과 함께 다시 나누고, 일주일에 한 번이라도 온 가족이 함께 큐티 본문을 읽고 기도하는 것이 중요합니다.

가정이 신앙의 중심이 되기 위해 우리가 실천할 수 있는 몇 가지 방법이 있습니다.

첫째, 주일 예배 때 들었던 말씀을 자녀들과 다시 나누어 보세요.
둘째, 가족이 함께 큐티 본문을 읽고 나누는 시간을 가져 보세요.
셋째, 정기적인 가정 예배를 드려 보세요.

특별한 형식이 아니라도 괜찮습니다. 함께 성경을 읽고, 짧게 기도하는 것만으로도 충분합니다. 한 주에 한 번이라도 온 가족이 함께 예배하는 시간을 만들어 보십시오.

자녀들은 부모의 신앙을 보고 배우게 됩니다. 부모가 말씀을 가까이하고, 기도하는 모습을 보여 주십시오. 부모가 자녀에게 줄 수 있는 최고의 유산은 신앙입니다. 물려줄 재산도 중요하지만, 영원한 생명과 하나님과의 관계를 가르치는 것이 부모의 가장 큰 사명입니다.

이 시대에 가정을 신앙의 중심으로 세우는 일은 필수적입니다. 세상의 가치관에 휩쓸리지 않고, 하나님의 말씀 위에 굳건히 서는 가정을 만들기 위해 오늘부터 가정 예배를 시작해 보십시오.

나와 내 집은 여호와를 섬기겠노라(수 24:15).

▢ 오늘의 핵심 포인트

부모가 신앙을 물려주지 않으면, 세상이 불신앙을 물려준다. 가정에서 드리는 작은 예배가 자녀의 신앙을 지키는 가장 강력한 방법이다.

▢ 오늘의 묵상 질문

- 나는 자녀(혹은 가족)에게 신앙의 본을 보이며 살아가고 있는가?
- 우리 가정에서 신앙을 더 깊이 뿌리내리기 위해 오늘부터 실천할 수 있는 작은 습관은 무엇인가?

복음의 씨앗, 가정에서부터 뿌려라

> 마땅히 행할 길을 아이에게 가르치라 그리하면 늙어도 그것을 떠나지 아니하리라 (잠 22:6).

신앙은 지식이 아니라, 삶을 통해 전수됩니다. 오늘날 많은 교회가 젊은 세대의 이탈과 신앙 계승의 단절을 경험하고 있습니다. 그러나 성경은 신앙의 가장 중요한 출발점이 가정임을 분명히 가르칩니다. 교회는 한 몸 된 공동체이며, 신앙의 유산은 가정을 통해 계승될 때 더욱 견고해집니다.

가정은 하나님께서 세우신 가장 기본적인 공동체이며, 신앙이 처음으로 뿌리내리는 곳입니다.

> 너희가 마음을 다하고 뜻을 다하고 힘을 다하여 네 하나님 여호와를 사랑하라 오늘 내가 네게 명하는 이 말씀을 너는 마음에 새기고, 네 자녀에게 부지런히 가르치며 집에 앉았을 때에든지, 길을 갈 때에든지, 누워 있을 때에든지, 일어날 때에든지 이 말씀을 강론할 것이며(신 6:5-7).

신명기 6장 5-7절은 신앙 교육이 삶 속에서 지속적으로 이루어져야 함을 강조합니다.

청교도 신학자 리처드 백스터(Richard Baxter)는 이렇게 말했습니다.

> 하나님의 교회는 강단에서가 아니라 가정에서 먼저 세워진다.

교회에서 한두 시간 배우는 것보다 가정에서 매일 드리는 예배와 부모의 신앙적 본보기가 자녀들에게 더욱 깊은 영향을 미친다는 것입니다.

20세기 후반, 한국 교회는 급속한 성장을 경험했습니다. 지역 전도와 해외 선교를 통해 외적으로 확장되었지만, 가정에서의 신앙 교육이 소홀해지면서 다음 세대의 신앙 계승이 점점 어려워지고 있습니다. 단순히 교회에 출석하는 것이 아니라, 자녀들이 진리를 배우고, 하나님과 인격적으로 만나는 삶을 살아가도록 돕는 것이 중요합니다.

종교개혁자 마틴 루터도 이렇게 강조했습니다.

> 부모는 가정에서 자녀들에게 성경을 가르치며, 하나님을 경외하는 법을 가르쳐야 한다.

교회 교육만으로는 충분하지 않습니다. 신앙 교육의 중심은 여전히 가정이며, 부모의 역할이 결정적입니다.

토마스 부룩스(Thomas Brooks)는 이렇게 말했습니다.

> 예배가 없는 가정은 세상의 온갖 폭풍에 그대로 노출되어 있는 지붕 없는 집과 같다.

가정 예배는 단순한 형식이 아니라, 가족이 함께 하나님을 예배하며 신앙의 뿌리를 깊이 내리는 과정입니다. 신앙이 삶과 연결될 때, 자녀들은 교회에서뿐만 아니라 삶의 모든 순간에 하나님을 의지하게 됩니다.

부모가 자녀들에게 남길 가장 귀한 유산은 물질이 아니라 신앙입니다. 신앙이 없는 성공은 영원한 생명과 연결될 수 없습니다. 신앙은 말로만 가르치는 것이 아닙니다. 부모가 먼저 예배하며, 신앙을 삶으로 실천할 때 자녀들은 자연스럽게 하나님을 따르게 됩니다.

오늘부터 가정 예배를 시작해 보십시오. 우리의 가정이 하나님을 예배하는 가정이 될 때, 신앙의 유산은 다음 세대로 이어질 것입니다.

▢ 오늘의 핵심 포인트

신앙은 교회에서만 배우는 것이 아니라, 가정에서 삶으로 전수될 때 다음 세대로 이어진다.

▢ 오늘의 묵상 질문
- 나는 가정에서 신앙을 어떻게 실천하고 있는가?
- 자녀 또는 가족에게 신앙을 물려주기 위해 오늘부터 실천할 수 있는 작은 습관은 무엇인가?

세월을 아끼라

> 그런즉 너희가 어떻게 행할지를 자세히 주의하여 지혜 없는 자 같이 하지 말고 오직 지혜 있는 자 같이 하여 세월을 아끼라 때가 악하니라(엡 5:15-16).

"세월이 빠르다"라는 말을 자주 듣습니다. 20대에는 시간이 시속 20킬로미터로, 30대에는 30킬로미터로, 40대에는 40킬로미터로 흘러간다고 합니다. 나이가 들수록 시간이 더욱 빠르게 느껴진다는 뜻입니다.

시간은 왜 점점 더 빠르게 흐르는 것처럼 느껴질까요?

심리학자들은 그 이유를 '시간 비율 이론'(Time Ratio Theory)으로 설명합니다. 우리가 경험한 시간이 많아질수록 새로운 기억이 적게 형성되기 때문에, 시간이 짧게 느껴진다는 것입니다. 어린 시절에는 한 해가 인생에서 큰 부분을 차지하지만, 나이가 들수록 한 해가 인생 전체에서 차지하는 비중이 작아지기 때문에 시간이 더 빠르게 지나간다고 느껴집니다.

그러나 시간이 빠르게 흘러간다는 사실보다 더 중요한 것은 '그 시간을 어떻게 살아가느냐'입니다. 인생과 시간에 대해 깊이 묵상한 사람이 모세입니다. 그는 시편 90편에서 이렇게 기도했습니다.

> 우리의 연수가 칠십이요 강건하면 팔십이라도 그 연수의 자랑은 수고와 슬픔뿐이요 신속히 가니 우리가 날아가나이다(시 90:10).

> 우리에게 우리 날 계수함을 가르치사 지혜로운 마음을 얻게 하소서(시 90:12).

모세는 인생의 짧음과 덧없음을 깨닫고, 하나님께 "우리 날 계수하는 법"을 가르쳐 달라고 기도합니다. 단순히 시간을 절약하는 것이 아니라, 하나님 앞에서 참된 지혜로 시간을 살아가기를 간구한 것입니다.

사도 바울도 같은 맥락에서 이렇게 말했습니다.

> … 세월을 아끼라 때가 악하니라(엡 5:16).

여기서 '세월'이라는 단어는 헬라어 '카이로스'(*Kairos*)입니다. 단순히 흘러가는 시간이 아니라, '하나님께서 우리에게 주신 특별한 기회'를 의미합니다. 또한, '아끼라'라는 말은 헬라어 '엑사고라조'(ἐξαγοράζω, exagorazo), 즉 '값을 지불하고 사다'라는 뜻입니다.

예수님께서 자기 목숨을 지불하여 우리의 영혼을 사망에서 건져 내신 행위를 '엑사고라조'(구속)라고 합니다. 어쩌면 구원의 삶이란, 매 순간 나의 순종과 헌신을 지불하여 하나님의 뜻을 덧없음의 시간에서 건져 내는 행위라고 할 수 있습니다.

그렇기에 세월을 아낀다는 것은 단순히 시간을 절약하는 것이 아니라, 하나님의 뜻을 이루기 위해 시간을 값을 주고 사는 태도를 의미합니다. 시간을 아낀다는 것은 빈틈없는 시간 관리를 말하는 것이 아닙니다. 진정한 시간 관리는 바른 우선순위를 두는 것에서 시작됩니다.

그렇다면 어떻게 해야 시간의 가치를 깨닫고 올바르게 사용할 수 있을까요?

몇 가지 실천적인 방법을 살펴보겠습니다.

첫째, 기도와 묵상으로 하나님의 뜻을 먼저 구하라.

시간을 가장 가치 있게 쓰는 방법은 하나님 앞에서 시간을 보내는 것입니다. 예수님께서는 바쁘신 사역 가운데서도 늘 새벽에 한적한 곳에서 기도하셨습니다(막 1:35). 우리도 하루의 시작을 기도와 말씀 묵상으로 채울 때, 시간 속에서 하나님의 인도하심을 경험할 수 있습니다.

▷ 실천 TIP: 하루를 시작할 때, 단 10-15분이라도 하나님께 묵상과 기도를 드려 보세요.

둘째, 삶의 우선순위를 정하라.

19세기 영국의 신학자 찰스 스펄전은 이렇게 말했습니다.

> 중요한 일을 미루는 것은, 마치 오늘 할 일을 내일의 바쁨 속에 던져 넣는 것과 같다.

시간은 누구에게나 24시간이 주어지지만, 그것을 어떤 우선순위로 사용하느냐에 따라 삶의 질이 결정됩니다. 가장 중요한 것을 먼저 하고, 덜 중요한 일은 과감히 줄여야 합니다.

▷ 실천 TIP: 하루의 계획을 세울 때, '가장 중요한 일'을 먼저 하세요.

셋째, 카이로스를 붙잡는 삶을 살라.

미국의 철학자 헨리 데이비드 소로(Henry David Thoreau)는 이렇게 말했습니다.

> 나는 삶이 끝날 때, 내가 한 번도 살지 않았음을 깨닫고 싶지 않다.

우리의 시간은 유한하지만, 그 속에서 하나님의 계획을 발견하는 순간 카이로스의 시간이 됩니다. 하나님이 주신 기회를 붙잡고, 지금 해야 할 일을 미루지 않는 것이 중요합니다.

▷ 실천 TIP: '언젠가' 하겠다는 생각을 버리고, 지금 해야 할 중요한 일을 실천하세요.

C. S. 루이스는 이렇게 말했습니다.

> 영원한 것과 연결되지 않은 시간은 결국 아무 의미가 없다.

시간을 헛되이 흘려보내는 것이 아니라, 하나님께서 주신 기회를 붙잡고, 기도와 묵상, 사랑과 섬김, 하나님 나라를 위해 살아가는 것이야말로 가장 가치 있는 시간 사용법입니다.

오늘 하루, 하나님의 시간인 카이로스를 건져내기 위해 어떤 대가를 지불할 것인지 깊이 고민해 보십시오. 오늘도, 시간 속에서 하나님의 뜻을 찾고 살아가는 우리 모두가 되기를 소망합니다.

오늘의 핵심 포인트

세월을 아끼는 삶이란 단순히 시간을 절약하는 것이 아니라, 하나님의 뜻을 이루기 위해 시간을 값 주고 사는 삶이다.

오늘의 묵상 질문

- 오늘 하루, 나에게 주어진 시간 속에서 하나님의 뜻을 이루기 위해 가장 먼저 해야 할 일은 무엇인가?
- 나의 삶 속에서 불필요하게 낭비되고 있는 시간은 무엇이며, 어떻게 바꿀 수 있을까?

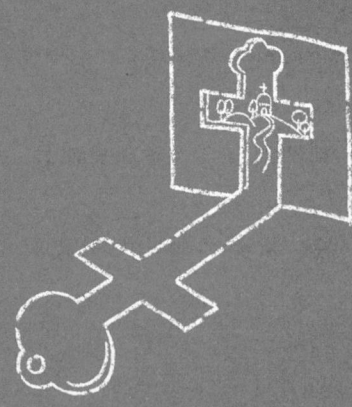

그러므로 우리는 긍휼하심을 받고 때를 따라
돕는 은혜를 얻기 위하여 은혜의 보좌 앞에
담대히 나아갈 것이니라 (히 4:16)

제5장
영성, 오늘을 물들이는 거룩한 습관

41. 습관이 영성이다
42. 감사는 고통 속에서 피어나는 기적이다
43. 신앙, 습관이 되는 순간 위험하다
44. 신앙에도 유산소 운동이 필요하다
45. 말씀을 듣는 태도가 영적 변화의 시작이다
46. 감사는 삶을 바꾸는 가장 강력한 태도다
47. 감사는 천국의 문을 여는 열쇠다
48. 감사는 가장 아름다운 예배다
49. 눈물로 뿌린 씨앗, 기쁨으로 거두다
50. 은혜, 우리를 위한 종합 선물 세트다

습관이 영성이다

> 너희가 내 말에 거하면 참으로 내 제자가 되고 진리를 알지니 진리가 너희를 자유롭게 하리라 (요 8:31-32).

『습관이 영성이다』(*You Are What You Love*)라는 책이 있습니다. 이 책의 핵심 메시지는 "건강한 영성은 바른 습관에서 나온다"라는 것입니다.

인간은 타락한 본성 때문에 죄의 지배를 받고 무의식적으로 왜곡된 습관을 형성합니다. 그 결과, 폭식, 게으름, 성적 충동, 분쟁 등과 같은 삶의 패턴 속에서 살아갑니다. 그러므로 우리의 내면을 변화시키기 위해서는 '거룩한 습관'을 형성해야 합니다. 거룩한 습관이 반복될 때, 우리의 영혼은 하나님을 향한 바른 갈망을 품게 됩니다.

거룩한 습관 형성을 위해 1.1.1 영성 훈련을 실천해 보십시오. 1.1.1 영성 훈련은 신앙을 일상의 습관으로 정착시키는 신앙 실천 운동입니다.

첫째, '1': 하루 20분 성경을 읽고 기록하라.

하루에 성경 3장 정도를 읽으며 마음에 새길 단 한 구절을 찾아보십시오. 그 말씀을 노트에 기록하고 한 해 동안 자신의 성경 노트를 만들어 보십시오. 매일 성경을 읽는 습관이 쌓이면 신앙의 뿌리가 깊어집니다.

> 오직 주의 율법을 즐거워하여 그의 율법을 주야로 묵상하는도다(시 1:2).

많이 읽는 것보다 중요한 것은, 짧은 시간이라도 성경 앞에 매일 서는 습관을 몸에 체득해야 합니다.

둘째, '1': 한 주 1번 가정 예배, 하나님이 함께하는 가정을 만들라.

가정 예배는 나를 살리고, 가족을 살리며, 자녀를 살리는 최상의 방법입니다. 1.1.1 영성 노트에 나오는 가정 예배 순서지를 활용하여 한 주에 한 번 가족과 함께 예배를 드려 보십시오. 부모가 자녀에게 줄 수 있는 최고의 선물은 신앙의 유산입니다.

> 너는 마음을 다하고 뜻을 다하고 힘을 다하여 네 하나님 여호와를 사랑하라 오늘 내가 네게 명하는 이 말씀을 너는 마음에 새기고 네 자녀에게 부지런히 가르치며 집에 앉았을 때에든지 길을 갈 때에든지 누워 있을 때에든지 일어날 때에든지 이 말씀을 강론할 것이며(신 6:5-7).

자녀들에게 남길 최고의 유산은 신앙입니다. 가정 안에서 하나님을 예배하는 습관을 시작하십시오.

셋째, '1': 1년에 1명, 진실한 관계를 맺고 전도하라.

전도는 단순히 '교회에 데려오는 것'이 아니라 '진실한 관계를 맺는 것'입니다. 한 해 동안 단 한 사람을 정해, 그 사람을 사랑하고 섬기십시오. 그의 삶에 동행하며 그가 믿음으로 스스로 설 때까지 함께 하십시오.

> 그러므로 너희는 가서 모든 민족을 제자로 삼아 아버지와 아들과 성령의 이름으로 세례를 베풀고 내가 너희에게 분부한 모든 것을 가르쳐 지키게 하라(마 28:19-20).

전도는 프로그램이 아니라 '삶의 거룩한 습관'입니다. 사랑하는 마음 없이 전도할 수 없고 관계 없이 복음을 전할 수 없습니다.

당신의 삶은 무엇을 향하고 있습니까?
매일 성경을 읽는 습관이 있나요?
가정에서 하나님을 예배하는 습관이 있나요?
한 영혼을 위해 기도하고 사랑하는 습관이 있나요?

거룩한 습관이 없는 신앙은 결국 세상의 습관에 휩쓸리고 맙니다. 우리의 신앙은 단순한 감정이 아니라 실제적인 '삶의 패턴'이 되어야 합니다.

☐ 오늘의 핵심 포인트

거룩한 습관은 영적 성장을 결정짓는 가장 강력한 힘이며, 작은 실천이 신앙의 깊이를 만든다.

☐ 오늘의 묵상 질문
- 나는 어떤 습관을 통해 하나님을 더 깊이 만나고 있는가?
- 나의 일상 속에서 성경 읽기, 가정 예배, 전도의 습관을 실천하고 있는가, 그렇지 않다면 지금부터 어떤 작은 변화를 시작할 수 있을까?

감사는 고통 속에서 피어나는 기적이다

> 범사에 감사하라 이것이 그리스도 예수 안에서 너희를 향하신 하나님의 뜻이니라 (살전 5:18).

추수감사절이 되면 떠오르는 인물이 있습니다. 한센병 환자들을 위해 평생을 바친 손양원 목사님입니다. 그는 여수 애양원에서 소외된 이들을 섬기다가, 한국 현대사의 비극적인 사건 중 하나인 여수·순천 사건(1948)을 맞이하게 됩니다.

그날, 손양원 목사님의 두 아들, 손동인과 손동신은 공산주의 청년 안재선에게 총살 당했습니다. 아버지로서 감당하기 힘든 절망과 슬픔이었을 것입니다. 그러나 손양원 목사님은 두 아들의 장례식 날, 놀랍게도 열 가지 감사 기도를 올렸습니다.

첫째, 나 같은 죄인의 혈통에서 순교의 자식들이 나오게 하셨으니 하나님 감사합니다.

둘째, 허다한 많은 성도 중에 어찌 이런 보배들을 주께서 하필 내게 맡겨 주셨는지 그 점 또한 주님 감사합니다.

셋째, 3남 3녀 중에서도 가장 아름다운 두 아들, 장자와 차자를 바치게 된 나의 축복을 하나님 감사합니다.

넷째, 한 아들의 순교도 귀하다 하거늘 하물며 두 아들의 순교이리요, 하나님 감사합니다.

다섯째, 예수 믿다가 누워 죽는 것도 큰 복이라 하거늘, 하물며 전도하다 총살 순교당함이리요, 하나님 감사합니다.

여섯째, 미국 유학 가려고 준비하던 내 아들, 미국보다 더 좋은 천국에 갔으니 내 마음이 안심되어, 하나님 감사합니다.

일곱째, 나의 사랑하는 두 아들을 총살한 원수를 회개 시켜 내 아들 삼고자 하는 사랑의 마음을 주신 하나님 감사합니다.

여덟째, 내 두 아들의 순교로 말미암아 무수한 천국의 아들들이 생길 것이 믿어지니, 우리 하나님 감사합니다.

아홉째, 이 같은 역경 중에서도 이와 같은 여덟 가지 진리와 하나님의 사랑을 찾는 기쁜 마음, 여유 있는 믿음을 주신 우리 주 예수 그리스도께 감사합니다.

열째, 이렇듯 과분한 축복을 누리게 됨을 감사합니다.

이 기도를 읽을 때마다, 인간의 능력으로는 도저히 따라갈 수 없는 신앙의 깊이를 느끼게 됩니다.

아들을 잃은 아버지가 "이토록 과분한 축복을 누리게 되어 감사합니다"라고 고백하는 것이 가능할까요?

감사의 깊이는 은혜를 아는 깊이에 비례합니다. 손양원 목사님은 누구보다도 하나님의 은혜를 깊이 아는 분이었습니다. 그는 '감사는 조건이 아니라 믿음의 선택'임을 삶으로 보여 주셨습니다. 그의 삶은 바울 사도의 고백과 닮았습니다.

> 범사에 감사하라 이것이 그리스도 예수 안에서 너희를 향하신 하나님의 뜻이니라 (살전 5:18).

우리는 보통 좋은 일이 있을 때 감사합니다. 하지만, 성경이 말하는 참된 감사는 삶의 모든 순간, 심지어 고통과 슬픔 속에서도 드리는 감사입니다. 손양원 목사님의 감사는 억지로 만들어 낸 것이 아닙니다. 십자가에서 베풀어 주신 예수 그리스도의 크신 은혜를 깊이 묵상했기에, 절망의 자리에서도 감사할 수 있었던 것입니다.

우리도 '한계를 뛰어넘는 감사'를 할 수 있을까요?

상처받은 기억과 도무지 감사할 수 없는 순간들이 떠오를지도 모릅니다. 그러나 오늘, 우리는 '나의 한계를 뛰어넘는 감사'를 연습해 볼 수 있습니다. 손양원 목사님이 드렸던 감사의 수준에는 미치지 못하더라도, 조금 더 깊이 하나님을 바라보고, 나의 환경을 넘어서는 감사를 드려 보는 것입니다.

감사는 신앙의 열매입니다. 감사는 고난을 이길 힘을 줍니다. 감사는 우리를 하나님께 더 가까이 가게 합니다. 십자가를 깊이 묵상할 때, 우리의 입술에서도 손양원 목사님처럼 "감사합니다"라는 고백이 흘러나오게 될 것입니다.

▢ 오늘의 핵심 포인트

감사는 환경이 아니라 믿음의 선택이며, 고통 속에서도 하나님을 바라볼 때 기적이 된다.

▢ 오늘의 묵상 질문

- 나는 좋은 일에만 감사하는 신앙을 가지고 있지는 않은가?
- 고난 속에서도 감사할 수 있도록, 나는 하나님을 더욱 신뢰하고 있는가?

신앙, 습관이 되는 순간 위험하다

> 그러나 너를 책망할 것이 있나니 너의 처음 사랑을 버렸느니라 그러므로 어디서 떨어졌는지를 생각하고 회개하여 처음 행위를 가지라 (계 2:4-5).

어린 시절, 어머니와 함께 부흥회에 참석했던 기억이 납니다. 그 당시 부흥회는 교회를 가득 채운 성도들의 열기로 가득했습니다. 예배당 안은 물론 바깥에 서서 말씀을 듣는 사람들도 있었습니다. 그러나 오늘날, 부흥회의 풍경은 크게 달라졌습니다. 아무리 탁월한 말씀 사역자가 초청되더라도, 본 교회 성도들조차 절반밖에 모이지 않습니다. 우리는 그만큼 영적 목마름이 사라진 시대를 살아가고 있습니다.

신앙생활에서 가장 위험한 것은 관성의 법칙입니다. 물리학에서 말하는 관성이란, 외부의 힘이 가해지지 않으면 현재의 상태를 유지하려는 성질을 뜻합니다. 신앙도 마찬가지입니다. 한때는 뜨겁게 기도하고 말씀을 사모하던 사람들이 어느새 습관적으로 신앙생활을 하게 되고, 변화 없이 반복되는 신앙의 패턴 속에서 점차 영적 활력을 잃어버립니다.

20세기의 위대한 신학자 A.W. 토저(A.W. Tozer)는 이렇게 말했습니다.

> 우리의 신앙이 습관이 되어 버릴 때, 하나님과의 친밀한 관계는 사라지고, 껍데기만 남게 된다.

C.S. 루이스 또한 『스크루테이프의 편지』(The Screwtape Letters)에서 이렇게 경고했습니다.

> 사탄이 신자들을 무너뜨리는 가장 쉬운 방법은 갑작스러운 타락이 아니라, 신앙이 단순한 일상이 되게 만드는 것이다.

신앙의 관성을 깨기 위해서는 영적 대각성이 필요합니다. 신앙이 습관적으로 흐르지 않도록 의식적인 결단과 변화가 있어야 합니다. 신앙은 단순한 반복이 아니라 하나님을 날마다 새롭게 만나는 사건이어야 합니다.
히브리서 11장 1절은 믿음을 이렇게 정의합니다.

> 믿음은 바라는 것들의 실상이요 보이지 않는 것들의 증거니(히 11:1).

믿음의 동의어는 기대감입니다. 우리는 하나님께서 우리에게 새로운 은혜를 부어 주실 것을 기대하며 나아가야 합니다.
존 오웬은 이렇게 말했습니다.

> 하나님을 향한 갈망이 없는 자는 하나님을 경험할 수 없다.

신앙의 관성에서 벗어나기 위해서는 먼저 우리의 마음을 새롭게 해야 합니다. 기도하십시오. 하나님께 간구하십시오.
"주님!
저의 신앙이 습관이 되지 않도록 저를 흔들어 주십시오.
새로운 은혜를 사모하게 하시고,
다시금 주님을 깊이 만날 수 있도록 인도해 주십시오."
오늘부터라도 작은 변화들을 시작해 보십시오.

첫째, 말씀을 읽을 때, 단순한 의무감이 아니라 하나님의 음성을 듣는 시간으로 삼으십시오.

둘째, 기도할 때, 습관적인 반복이 아니라 진실한 마음으로 하나님과 대화하십시오.

셋째, 예배를 드릴 때, 자리에 앉아 있는 것이 아니라 온 마음과 정성을 다해 주님께 예배하십시오.

신앙이 일상의 루틴이 아니라, 매 순간 하나님과의 새로운 만남이 되도록 결단하십시오. 신앙적 관성에서 벗어나, 매일 하나님을 새롭게 경험하는 삶을 살아가시길 바랍니다.

▢ 오늘의 핵심 포인트

신앙이 습관이 되는 순간, 생명력은 사라지고 껍데기만 남는다. 신앙은 매일 새롭게 하나님과 만나는 여정이어야 한다.

▢ 오늘의 묵상 질문

- 나는 지금 습관적으로 신앙생활을 하고 있지는 않은가?
- 하나님과의 관계가 단순한 반복이 아닌, 날마다 새로워지는 만남이 되기 위해 내가 실천할 수 있는 변화는 무엇인가?

신앙에도 유산소 운동이 필요하다

> 영혼 없는 몸이 죽은 것 같이 행함이 없는 믿음은 죽은 것이니라(약 2:26).

운동을 하면 체내에 쌓인 지방은 어떻게 될까요?

건강 전문가 150명을 대상으로 한 설문조사에서 다음과 같은 다양한 답변이 나왔습니다.

"운동을 하면 지방이 근육으로 변한다."

"지방이 열과 에너지로 변환된다."

하지만, 정답을 맞힌 사람은 소수였습니다. 운동을 할 때 지방은 이산화탄소와 물로 배출됩니다. 우리가 흔히 말하는 "지방을 태운다"라는 말의 정확한 의미입니다.

우리가 섭취하는 음식은 체내에서 에너지로 전환됩니다. 하지만, 사용하고 남은 에너지는 지방의 형태로 저장됩니다. 운동량이 부족하거나 과잉 섭취한 음식이 쌓이면 지방은 점점 늘어나고 체중도 증가합니다. 그런데 유산소 운동을 하게 되면 산소와 지방이 만나 지방이 이산화탄소로 변합니다. 즉, 지방의 80퍼센트가 우리가 내쉬는 숨을 통해 배출된다는 사실이 연구를 통해 밝혀졌습니다.

예를 들어, 유산소 운동으로 체지방 10킬로그램을 감량할 경우 8.4킬로그램은 날숨 속 이산화탄소로, 나머지 1.6킬로그램은 땀과 소변으로 배출

됩니다. 이 연구를 주도한 앤드류 브라운 교수는 다음과 같이 설명합니다.

> 10킬로그램의 체지방을 분해하려면 29킬로그램의 산소가 필요하다. 유산소 운동이 다이어트에 효과적인 이유는 우리가 더 빠르고 깊게 산소를 들이마시고 이산화탄소를 내뿜기 때문이다.

특히, 달리기는 평소보다 7배의 산소를 흡입하기 때문에 지방을 태우는 데 가장 효과적인 운동으로 꼽습니다.

이 원리는 우리의 신앙에도 그대로 적용됩니다. 많은 은혜를 흡수하지만, 받은 은혜를 삶에서 실천하지 않는다면 은혜는 영적 지방으로 쌓이게 됩니다. 신앙은 살아 움직이는 것이며 행동을 통해 더욱 건강해집니다. 그러나 받기만 하고 흘려보내지 않는 은혜는 지식주의나 관념주의라는 영적 지방으로 변할 위험이 있습니다. 이것은 우리 신앙을 무겁게 만들고 영적인 침체를 초래하는 원인이 됩니다.

그러므로 우리는 신앙의 유산소 운동을 해야 합니다. 즉, 받은 은혜를 실천하고 행동할 때, 우리의 영혼은 더욱 건강하고 생기 있게 살아납니다. 히브리서 12장 1절은 이렇게 말씀합니다.

> 이러므로 우리에게 구름 같이 둘러싼 허다한 증인들이 있으니 모든 무거운 것과 얽매이기 쉬운 죄를 벗어 버리고 인내로써 우리 앞에 당한 경주를 하며(히 12:1).

신앙은 단거리 경주가 아니라 마라톤입니다. 한 걸음씩 꾸준히 내디디며 끝까지 달려가야 합니다.

요즘 성도들이 유튜브를 통해 엄청난 양의 말씀을 듣습니다. 그러나 듣기만 하고 행동하지 않는다면, 그 은혜는 독이 될 수 있습니다. 신앙은 작은 실천의 발걸음 속에서 완성됩니다. 하나님을 사랑하기 때문에 선택하고 행동하는 작은 실천들이 우리의 신앙을 건강하게 만드는 영적 유산소 운동입니다.

이웃을 향한 작은 섬김을 실천해 보세요. 나누고 베푸는 삶을 살아 보세요. 그 순간, 우리의 영혼을 무겁게 만들던 영적 지방들이 태워지고 우리는 건강하고 가벼운 영혼의 활력을 경험하게 될 것입니다.

신앙은 운동과 같습니다. 움직이지 않으면 근육이 굳고 지방이 쌓이며 결국 건강을 해칩니다. 영혼이 건강해지려면 은혜를 머무르게 하지 말고 실천으로 흘려보내야 합니다. 받은 은혜를 기도로, 사랑으로, 섬김으로, 봉사로 실천할 때 우리는 더 깊은 은혜를 경험하고 더욱 강건한 신앙인으로 성장할 수 있습니다.

오늘 여러분은 어떤 영적 유산소 운동을 하시겠습니까?

◻ **오늘의 핵심 포인트**

신앙도 유산소 운동과 같다. 받은 은혜를 실천할 때 영혼이 건강해지고, 행동하지 않는 은혜는 영적 지방이 되어 신앙을 무겁게 만든다.

◻ **오늘의 묵상 질문**
- 나는 지금 받은 은혜를 흘려보내고 있는가, 아니면 머릿속에만 쌓아두고 있는가?
- 오늘 내가 실천할 수 있는 '영적 유산소 운동'은 무엇인가?
  (예: 섬김, 기도, 순종의 결단)

말씀을 듣는 태도가 영적 변화의 시작이다

> 그러므로 믿음은 들음에서 나며, 들음은 그리스도의 말씀으로 말미암았느니라 (롬 10:17).

설교가 성공하려면 전하는 자와 듣는 자의 태도가 균형을 이루어야 합니다. 설교자의 메시지가 탁월하고, 청중이 열린 마음으로 말씀을 받을 때 복음의 능력은 강력하게 역사합니다. 하나님의 말씀을 듣는 것은 단순한 정보 습득이 아닙니다. 우리는 말씀을 통해 하나님과 만나고 그분의 뜻을 깨닫는 거룩한 과정에 참여하는 것입니다. 따라서 회중은 말씀을 들을 때 진지한 자세와 열린 마음이 필요합니다.

성경은 하나님의 말씀을 듣지 않는 자들의 비극을 수없이 기록하고 있습니다. 이스라엘 백성이 영적으로 실패한 이유는 두 가지였습니다. 하나는 거짓 선지자들의 메시지에 속았기 때문이고 또 하나는 참된 선지자의 메시지를 듣지 않았기 때문입니다.

> 내가 불렀으나 너희가 듣기 싫어하였고 내가 손을 폈으나 돌아보는 자가 없었고 도리어 나의 모든 교훈을 멸시하며 나의 책망을 받지 아니하였은즉 (잠 1:24-25).

예수님께서도 '씨 뿌리는 자의 비유'를 통해 진리를 말씀하셨습니다. 네 가지 밭에 뿌려진 씨앗 중 75퍼센트는 열매를 맺지 못했습니다. 문제는 씨앗이 아니라 그 씨앗이 떨어진 밭에 있었습니다. 말씀을 듣는 자의 마음밭이 준비되지 않으면, 아무리 위대한 말씀이라도 아무런 변화가 일어나지 않습니다.

우리는 흔히 설교를 들을 때 설교자의 준비 상태를 먼저 판단합니다.

"이 설교자는 얼마나 잘 준비했는가?"

그러나 동시에 또 하나의 중요한 질문을 스스로 던져야 합니다.

"나는 설교를 들을 준비가 되어 있는가?"

하나님께서는 듣는 자의 태도에 따라 말씀하시는 방식이 달라집니다. 때로는 가장 보잘것없는 매개체를 통해서도 진리를 선포하십니다. 성경과 교회 역사를 보면, 하나님께서는 말씀을 듣고자 하는 자들의 마음을 다양한 방식으로 깨우셨습니다.

베드로는 수탉의 울음소리를 듣고 회개했습니다. 그는 닭이 무슨 말을 했는지는 몰랐지만 그 울음은 그의 양심을 찢어 놓았고 참회의 눈물을 쏟게 했습니다. 마틴 루터는 벼락 치는 날 친구가 죽는 장면을 목격한 후, 회개했습니다. 벼락은 단순한 자연 현상이었지만 루터의 심령에는 하나님의 부르심이었습니다.

니콜라스 헤르만은 잎이 모두 떨어진 겨울나무를 보고 신앙의 본질을 깨닫습니다. 그는 모든 것이 사라진 후에도 하나님께서 생명을 새롭게 하신다는 사실을 묵상하며 깊은 신앙의 길로 들어섰습니다. 역사상 가장 위대한 설교자인 스펄전은 폭설로 인해 오지 못한 설교자를 대신하여 강단에 오른 어눌한 평신도의 설교를 듣고 예수님을 영접했습니다.

하나님은 들을 준비가 되어 있는 사람에게 언제든지 말씀하십니다. 그러나 마음이 닫힌 자들에게는 아무리 강력한 설교도 소용이 없습니다. 훌륭한 설교자만큼 훌륭한 청중이 중요합니다. 판단의 태도가 아니라 사모함의 태도를 가지십시오. 기도로 마음을 준비하고, 영적 기대감을 가지고 들으십시오. 매주 설교가 선포될 때, 하나님께서 나에게 무엇을 말씀하실지 기대하는 마음으로 들으십시오.

🔲 오늘의 핵심 포인트

말씀을 듣는 태도가 우리의 믿음을 결정하며, 열린 마음과 사모함이 있을 때 하나님의 말씀이 능력으로 역사한다.

🔲 오늘의 묵상 질문

- 나는 말씀을 들을 때 판단하는 태도로 듣는가, 아니면 기대하는 마음으로 듣는가?
- 최근 들은 말씀 중에서 내 삶을 변화시킨 한 구절이 있는가, 그 말씀을 어떻게 실천하고 있는가?

46
감사는 삶을 바꾸는 가장 강력한 태도다

> 그리스도의 평강이 너희 마음을 주장하게 하라 … 또 무엇을 하든지 말에나 일에나 다 주 예수의 이름으로 하고 그를 힘입어 하나님 아버지께 감사하라 (골 3:15-17).

『탈무드』에는 이런 말이 있습니다.

> 혀에게 감사를 가르치기 전에는 다른 어떤 말도 가르치지 말라.

감사는 단순한 말이 아니라, 삶을 바라보는 근본적인 태도이며, 진정한 행복의 출발점입니다.

미국 속담에도 이런 말이 있습니다.

> 세상에서 가장 어려운 수학 문제가 무엇인지 아는가?
> 내가 받은 감사의 개수를 세는 일이다.

우리는 살아가면서 불평의 개수, 상처의 개수, 손해의 개수, 재산의 개수는 빠르게 셉니다. 하지만, 하나님께서 내 인생에 부어 주신 은혜를 헤아리는 일에는 너무나 느립니다. 그러다 보니 감사보다 불평이 더 쉽게 입술에서 흘러나옵니다.

노르웨이에서 전해 내려오는 흥미로운 이야기가 있습니다. 사탄이 세상에 내려와 '미움, 시기, 질투, 절망, 아픔'과 같은 부정적인 감정의 씨앗을 사람들의 마음에 심었습니다. 이 씨앗들은 뿌려지기만 하면 쉽게 자라나 사람들을 불행하게 만들었습니다.

그런데 유독 한 마을에서만 이 씨앗이 전혀 자라지 않았습니다. 화가 난 사탄은 그 이유를 알아내기 위해 그 마을 사람들의 마음을 살펴보았습니다. 그곳에는 이미 강력한 씨앗이 자리 잡고 있었습니다. 그것은 '감사의 씨앗'이었습니다.

감사는 단순히 좋은 환경에서만 생겨나는 것이 아닙니다. 오히려 하나님을 신뢰하는 사람은 삶이 어떠한 상황에 놓이든 감사할 수 있습니다.

"하나님을 향한 감사가 있는 사람에게는 기쁨이 넘치고, 어떠한 어려움도 이겨낼 힘이 생깁니다."

상황이 좋아서 감사하는 것이 아니라, 하나님께서 모든 상황을 다스리고 계심을 믿기에 감사할 수 있는 것입니다.

1621년, 첫 번째 추수감사절을 지켰던 청교도들은 혹독한 겨울과 굶주림 속에서도 일곱 가지 감사 제목을 찾았습니다.

첫째, 작은 배라도 주셔서 신대륙으로 올 수 있었음을.
둘째, 117일간의 험난한 항해를 끝까지 마칠 수 있었음을.
셋째, 두 사람이 세상을 떠났으나, 한 아이가 태어난 것을.
넷째, 돛이 부러졌으나, 배가 파선하지 않았음을.
다섯째, 파도에 휩쓸린 사람들이 모두 구출되었음을.
여섯째, 호의적인 원주민들이 있는 곳에 정착할 수 있었음을.
일곱째, 단 한 명도 다시 영국으로 돌아가겠다고 하지 않았음을.

청교도들은 가장 열악한 환경에서도 감사할 이유를 찾았습니다. 감사가 선택이 아닌 삶의 중심이 될 때, 어떤 상황에서도 기쁨과 소망을 가질 수 있습니다.

매튜 헨리(Matthew Henry)는 이렇게 말했습니다.

> 감사하는 마음을 지닌 사람은 불행 속에서도 행복을 찾지만, 감사할 줄 모르는 사람은 행복 속에서도 불행을 찾는다.

감사는 단순한 감정이 아니라 신앙의 본질적인 태도입니다. 감사는 삶을 바꾸는 가장 강력한 힘입니다. 감사하는 사람은 삶에서 축복을 발견하지만, 불평하는 사람은 같은 삶 속에서도 불행을 발견합니다.

하나님께서 베푸신 은혜를 헤아리다 보면, 우리는 이미 너무나 많은 축복을 받았음을 깨닫게 됩니다. 오늘부터 감사의 전문가가 되어 보십시오. 그리하면 하나님께서 주시는 더 큰 기쁨과 평안이 여러분의 삶을 가득 채울 것입니다.

🔲 오늘의 핵심 포인트

감사는 상황을 바꾸는 것이 아니라 우리의 마음을 변화시키며, 하나님을 신뢰하는 자는 어떤 환경에서도 감사할 수 있다.

🔲 오늘의 묵상 질문

- 나는 불평보다 감사를 먼저 선택하는가?
- 어려운 상황 속에서도 감사할 수 있는 이유를 찾아본 적이 있는가, 그렇다면 그것은 무엇이었는가?

감사는 천국의 문을 여는 열쇠다

> 또 무엇을 하든지 말에나 일에나 다 주 예수의 이름으로 하고, 그를 힘입어 하나님 아버지께 감사하라(골 3:17).

20세기 최고의 물리학자 알베르트 아인슈타인(Albert Einstein)은 이렇게 말했습니다.

> 인생에는 두 종류의 삶이 있다. 하나는 기적은 없다고 믿는 삶이요, 또 다른 하나는 모든 것이 기적이라고 믿는 삶이다. 내가 생각하는 인생은 후자이다.

일상의 사소한 사건들을 감사의 눈으로 바라볼 때, 인생은 기적으로 가득 찬 삶으로 변화됩니다.

기독교 작가 마이클 프로스트(Michael Frost)는 이렇게 말했습니다.

> 현대인은 일상 속에서 전율하는 법을 모른다. 진정으로 중요한 것은 기적 자체가 아니라 기적을 보는 우리의 눈이다.

감사하는 마음은 평범한 일상 속에서 특별한 은혜를 발견하는 눈입니다. 감사는 단순한 감정이 아니라, 삶을 변화시키는 강력한 힘입니다.

감사의 삶을 살아가는 사람들에게는 기적이 일어납니다. 어떤 상황에서도 감사하는 사람은 내적으로는 세상이 흔들 수 없는 평안과 기쁨을 누리고, 육체적으로는 불치병을 극복하는 기적을 경험하기도 합니다.

감사는 절망을 밀어내고 희망을 끌어오는 놀라운 능력입니다. 감사는 덧셈과 곱셈과 같아서, 하면 할수록 크고 작은 기적을 만들어 냅니다. 반면, 불평과 원망은 뺄셈과 나눗셈과 같아서 받은 축복마저 사라지게 합니다.

『탈무드』에는 랍비 아키바의 감사에 대한 유명한 일화가 나옵니다. 어느 날, 랍비 아키바는 먼 길을 여행하게 되었습니다. 그는 책을 보기 위한 등잔, 시간을 알리는 수탉, 나귀, 그리고 토라(율법서)를 가지고 떠났습니다. 날이 저물어 한 마을에 들어가 잠자리를 찾았으나, 마을 사람 모두가 거절했습니다. 하지만, 아키바는 불평하지 않고 말했습니다.

> 모든 것을 좋게 하시는 하나님이 더 유익하게 하실 것이다.

그는 감사하며 마을 밖에서 텐트를 치고 잠을 청했습니다. 그런데 바람이 불어 등잔이 꺼졌습니다. 그는 여전히 감사했습니다. 다음 순간, 사나운 짐승이 울부짖으며 나귀를 놀라게 했고, 결국 나귀도 도망쳤습니다. 이번에도 아키바는 이렇게 말하며 감사했습니다.

> 하나님이 더 유익하게 하실 것이다.

얼마 지나지 않아 수탉까지 날아가 버렸습니다. 다음 날 아침, 아키바는 충격적인 광경을 목격했습니다. 그가 거절당했던 마을이 밤사이 도적

떼의 습격을 받아 쑥대밭이 된 것입니다. 만약 등잔불이 켜져 있었거나, 나귀나 수탉이 울었다면 그는 도적들에게 발각되어 목숨을 잃었을지도 모릅니다. 하지만, 그의 감사하는 마음이 결국 그를 지켜 주었습니다.

바울은 로마서 8장 28절에서 이렇게 말합니다.

> 우리가 알거니와 하나님을 사랑하는 자, 곧 그의 뜻대로 부르심을 입은 자들에게는 모든 것이 합력하여 선을 이루느니라 (롬 8:28).

그리스도인의 감사는 단순한 낙관론이 아닙니다. 그것은 전지전능하신 하나님께서 우리의 삶을 통제하시고, 선한 길로 인도하신다는 믿음에서 비롯됩니다. 하나님을 신뢰하는 사람은 어떤 상황에서도 감사를 선택할 수 있습니다.

기독교 신학자 매튜 헨리는 강도를 만나 돈을 빼앗겼을 때, 다음과 같이 감사 기도를 드렸다고 합니다.

첫째, 그들이 나의 생명을 빼앗지 않았음에 감사합니다.
둘째, 내가 가진 모든 것을 빼앗기지 않았음에 감사합니다.
셋째, 내가 강도를 당한 사람이었지, 강도가 아니었음에 감사합니다.

이처럼 감사는 우리의 태도를 바꾸고, 그 태도는 결국 우리의 인생을 변화시킵니다. 감사하는 순간, 우리는 하나님의 크고 놀라운 은혜를 경험하게 될 것입니다.

"감사는 천국의 창고를 여는 열쇠이다."
오늘도 그 열쇠를 손에 쥐고, 감사의 문을 여십시오.

🔲 오늘의 핵심 포인트

감사는 우리의 태도를 바꾸고, 그 태도는 결국 우리의 인생을 변화시킨다. 감사는 천국의 문을 여는 열쇠다.

🔲 오늘의 묵상 질문
- 나는 오늘 어떤 상황 속에서도 감사를 선택하고 있는가?
- 지금 내 삶에서 하나님의 선하심을 신뢰하며 감사할 수 있는 것은 무엇인가?

감사는 가장 아름다운 예배다

> 감사로 제사를 드리는 자가 나를 영화롭게 하나니 그의 행위를 옳게 하는 자에게 내가 하나님의 구원을 보이리라 (시 50:23).

감사는 하나님께서 가장 기뻐하시는 예배의 한 방법입니다. 진정한 감사란 내 삶 속에서 하나님의 현존을 인정하고, 내가 누리는 것이 하나님으로부터 왔음을 고백하는 것입니다. 감사는 단순한 감정이 아니라, 마음과 생각과 입술을 통해 드려지는 향기로운 제물이며, 삶으로 드리는 예배입니다.

19세기 영국의 유명한 설교자 찰스 스펄전은 이렇게 말했습니다.

> 촛불을 보고 감사하는 자에게는 별빛을 주시고, 별빛을 보고 감사하는 자에게는 달빛을 주시며, 달빛을 보고 감사하는 자에게는 햇빛을 주신다. 그리고 햇빛을 보고 감사하는 자에게는 마침내 하나님의 얼굴에서 흘러나오는 영광의 빛을 주신다.

감사는 작은 빛에서 시작되어 결국 하나님의 영광을 보는 길로 우리를 인도합니다.

우리는 종종 감사할 특별한 이유가 있어야 한다고 생각합니다. 큰 성공을 거두거나, 기적이 일어나야만 감사할 수 있다고 여깁니다. 그러나 감사는 비범한 사건에서만 비롯되는 것이 아닙니다. 오히려 감사는 우리의 일상에서 하나님이 행하시는 작은 섭리를 깨닫는 데서 시작됩니다.

하나님의 섭리를 더 깨닫기 원한다면 하루를 마무리하면서 감사할 다섯 가지를 적어 보세요. 처음에는 하루 동안 감사할 다섯 가지를 찾는 것이 쉽지 않을 수도 있습니다. 하지만, 조용히 하루를 돌아보면, 우리가 무심코 지나쳤던 순간들이 감사할 이유로 가득 차 있음을 깨닫게 됩니다.

누군가의 친절한 말 한마디, 예상치 못한 도움, 따뜻한 미소, 평범한 하루 속에서 베풀어진 하나님의 은혜를 발견하는 것이야말로 감사의 진정한 시작입니다.

미국의 신학자 매튜 헨리는 이렇게 말했습니다.

> 하나님께 감사하는 것은 은혜를 받는 것보다 더 큰 은혜이다.

즉, 감사할 일이 있어서 감사하는 것이 아니라, 감사하는 태도 자체가 우리의 삶을 풍성하게 만든다는 것입니다. 감사는 하나님을 향한 신뢰의 표현입니다. 상황이 좋아서 감사하는 것이 아니라, 모든 상황이 하나님의 손안에 있음을 믿기 때문에 감사할 수 있는 것입니다.

감사하는 마음은 모든 상황 속에서 하나님의 선하신 뜻을 신뢰하는 믿음에서 나옵니다. 불평하는 사람은 불행하고, 감사하는 사람은 행복합니다. 감사는 단순한 감정이 아니라 의지적인 선택이며, 신앙의 실천입니다.

디트리히 본회퍼는 이렇게 말했습니다.

> 감사는 우리가 받은 것들에 대한 기쁨을 표현하는 것이 아니라, 우리가 받은 것이 충분하다는 신앙의 표현이다.

감사를 실천하는 순간, 우리는 만족과 기쁨을 얻게 되며, 하나님과 더욱 친밀한 관계 속으로 나아가게 됩니다.

신앙은 습관입니다. 매일 감사하는 훈련을 하다 보면 어느새 우리는 하나님과 동행하는 삶을 살아가게 됩니다. 하루를 마무리하며 하나님께서 베푸신 은혜를 생각해 보십시오. 그리고 그 감사의 제목을 글로 적고 입으로 고백하십시오. "표현되지 않는 사랑은 사랑이 아니다"라는 말처럼, 감사도 표현될 때 비로소 신앙의 열매를 맺습니다.

오늘부터 작은 감사의 순간들을 찾아 기록해 보십시오. 감사를 삶의 습관으로 만들면, 우리의 마음은 기쁨과 평안으로 가득 차고, 결국 감사하는 삶을 사는 사람이 하늘을 누리는 사람이 될 것입니다.

🔲 오늘의 핵심 포인트

감사하는 것은 감정이 아니라, 하나님을 믿는 믿음을 통해 삶으로 드리는 것입니다.

🔲 오늘의 묵상 질문
- 나는 오늘 하나님께 어떤 감사의 인사를 드릴 수 있습니까?
- 감사가 어려운 순간에도 감사할 수 있는 이유가 무엇인가요?

눈물로 뿌린 씨앗, 기쁨으로 거두다

> 초상집에 가는 것이 잔칫집에 가는 것보다 나으니 모든 사람의 끝이 이와 같이 됨이라(전 7:2).

장례식은 슬픔이 지배하는 곳이지만, 동시에 천국의 소망이 공존하는 곳이기도 합니다.

전도서 7장 2절은 이렇게 말씀합니다.

> 초상집에 가는 것이 잔칫집에 가는 것보다 나으니 모든 사람의 끝이 이와 같이 됨이라(전 7:2).

죽음을 기억하는 것은 지혜롭게 사는 삶의 열쇠입니다. 인생을 잔칫집처럼 여기고 현재의 즐거움에만 집중하다 보면 우리가 반드시 직면해야 할 더 깊은 진리를 놓칠 수 있습니다.

눈물이 있는 곳에 참된 지혜가 있습니다. 잔칫집에는 웃음이 있지만, 초상집에는 눈물이 있습니다. 사람의 인생을 아름답게 만드는 세 가지 액체가 있습니다. 땀과 피와 눈물입니다. '땀'은 삶을 풍요롭게 하고, '피'는 희생을 통해 삶을 아름답게 합니다. 하지만, '눈물'은 인생을 영원과 연결합니다.

뉴욕 타임즈는 슬픔 속에서 흘리는 눈물에는 '라이소자임'이라는 성분이 포함되어 있어 해로운 박테리아를 죽이는 효과가 있다고 발표했습니다.

마찬가지로 하나님 앞에서 흘리는 회개의 눈물은 우리 영혼 속에 스며든 죄와 절망을 씻어 내고, 치유와 새로움의 시작이 됩니다.

삶의 완성은 믿음의 경주를 끝까지 달려가는 것입니다. 마지막 날 하나님의 심판대 앞에서 중요한 것은 인생이 얼마나 평탄했는지, 얼마나 많은 것을 성취했는지가 아닙니다. 광야 같은 인생길에서 우리를 인도하시는 예수님을 만나고, 그분과 함께 눈물로 인내하며 끝까지 믿음의 길을 걸어가는 것이 더 중요합니다.

사도 바울은 이렇게 고백했습니다.

> 나는 선한 싸움을 싸우고 나의 달려갈 길을 마치고 믿음을 지켰으니 이제 후로는 나를 위하여 의의 면류관이 예비되었으므로(딤후 4:7-8).

우리도 마지막 순간을 맞이할 때, 바울처럼 담대하게 믿음을 고백할 수 있기를 소망합니다. 장례식은 한 사람의 삶이 하나님을 어떻게 영화롭게 했는지를 보여 주는 최종 증언의 자리입니다.

신학자 C.S. 루이스는 이렇게 말했습니다.

> 당신이 태어났을 때 사람들은 웃고 당신은 울었습니다.
> 당신이 죽을 때는 당신이 웃고 사람들이 울도록 살아가십시오.

죽음의 순간에 천국을 보는 나는 웃고, 죽은 나를 보는 사람들은 슬픔의 눈물을 흘린다면, 그것이 내가 하나님의 뜻대로 살았음을 증명하는 것입니다. 우리의 삶이 하나님께 대한 믿음의 증거가 되고, 마지막 순간까지 주님을 영화롭게 하는 삶이 되기를 바랍니다.

"눈물로 씨를 뿌리는 자는 기쁨으로 단을 거둡니다."

지금 흘리는 믿음의 눈물이 헛되지 않도록, 주님을 위해 인내하며 끝까지 믿음의 경주를 완주하십시오. 하나님께서는 우리의 눈물과 기도를 기억하시고, 삼십 배, 육십 배, 백 배의 열매로 갚아 주실 것입니다.

▢ 오늘의 핵심 포인트

눈물로 뿌린 믿음의 씨앗은 결코 헛되지 않으며, 때가 되면 하나님께서 반드시 기쁨의 열매로 거두게 하신다.

▢ 오늘의 묵상 질문
- 나는 지금 어떤 눈물을 흘리고 있으며, 이 눈물이 믿음의 씨앗이 되어 열매 맺을 것을 신뢰하고 있는가?
- 나의 마지막 순간이 하나님을 영화롭게 하는 삶의 증거가 되려면, 지금 어떤 신앙의 태도를 가져야 할까?

은혜, 우리를 위한 종합 선물 세트다

> 그러므로 우리는 긍휼하심을 받고 때를 따라 돕는 은혜를 얻기 위하여 은혜의 보좌 앞에 담대히 나아갈 것이니라(히 4:16).

어린 시절, 가끔 집을 방문하는 손님이 종합 선물 세트를 들고 올 때가 있었습니다. 커다란 종이 상자를 손에 들고 찾아오는 손님을 보면, 저의 마음은 설렘으로 가득 차올랐습니다. 상자의 뚜껑을 열면, 그 안에는 맛있는 과자, 사탕, 장난감, 학용품 등 아이들이 좋아할 만한 것들이 가득 담겨 있었습니다. 하나님의 은혜도 이와 같습니다.

히브리서 기자는 이렇게 말씀합니다.

> 그러므로 우리는 긍휼하심을 받고 때를 따라 돕는 은혜를 얻기 위하여 은혜의 보좌 앞에 담대히 나아갈 것이니라(히 4:16).

"때를 따라 돕는 은혜"란 가장 필요한 순간에 가장 적절하게 주어지는 은혜를 의미합니다. 사람마다 극복해야 할 삶의 어려움은 저마다 다릅니다. 그러나 하나님의 보좌 앞으로 나아가면 하나님께서는 각자의 필요를 채우는 풍성한 은혜를 선물로 주십니다.

하나님의 은혜는 단지 특별한 순간에만 제공되는 선물이 아닙니다. 하나님의 은혜는 우리의 일상 속, 눈물의 골짜기와 평범한 아침 사이에서 "때를 따라 돕는" 정확한 타이밍으로 흘러옵니다.

18세기 목회자이자 〈Amazing Grace〉의 작사자로 잘 알려진 존 뉴턴은 이렇게 말했습니다.

> 하나님의 은혜는 시계처럼 정확하다. 당신이 그것을 필요로 할 때, 은혜는 결코 늦지 않고 정확하게 도착한다.

이 말은 우리의 삶 속에 임하는 하나님의 섬세한 공급을 잘 보여 줍니다. 은혜는 우리보다 우리를 더 잘 아시는 분의 타이밍에 맞춰 도착하며, 때로는 우리가 요청하기도 전에 이미 준비되어 있는 선물입니다.

또한, '설교의 황태자'라 불린 찰스 스펄전은 은혜를 이렇게 표현했습니다.

> 은혜는 하나님의 응급처치 상자이다.

그리고 이어서 이렇게 말했습니다.

> 하나님은 그분의 자녀가 고난 중에 있을 때, 그 상황에 맞는 맞춤형 은혜를 내려 주신다. 그 은혜는 정해진 순간, 꼭 필요한 만큼만 내려온다.

이처럼 하나님의 은혜는 단순한 감정적 위로를 넘어, 정확하고 실질적이며 생명력 있는 공급입니다. 마치 매일 아침 이슬처럼, 마르지 않고 날마다 새롭게 우리를 채워 줍니다.

그러나 하나님의 은혜와 종합 선물 세트에는 중요한 차이가 있습니다. 종합 선물 세트는 1년에 한두 번, 특별한 손님이 방문할 때 받을 수 있는 선물이었습니다. 손님이 아이들을 특별히 생각해야만 주어지는 것이었고, 때로는 빈손으로 오거나 어른들만을 위한 선물을 가져오는 경우도 많았습니다.

하지만, 하나님의 은혜는 다릅니다. 은혜의 보좌 앞에 나아가기만 하면, 매일 새롭게 채워지는 은혜가 기다리고 있습니다.

예수님은 마태복음 6장 11절에서 이렇게 가르치셨습니다.

> 오늘 우리에게 일용할 양식을 주옵시고(마 6:11).

은혜는 매일 공급되는 하나님의 선물입니다. 지혜, 사랑, 인내, 재정, 평안, 용기 등 그날 우리에게 필요한 은혜가 하늘 창고에 가득 준비되어 있습니다.

또한, 예수님은 누가복음 18장 17절에서 이렇게 말씀하셨습니다.

> 내가 진실로 너희에게 이르노니 누구든지 하나님의 나라를 어린아이와 같이 받아들이지 않는 자는 결단코 거기 들어가지 못하리라(눅 18:17).

하나님의 은혜를 받기 위해서는 어린아이 같은 겸손한 마음이 필요합니다. 하나님의 은혜는 우리를 기다리고 있습니다. 머뭇거릴 이유 없이 담대하게 하나님께 나아가십시오. 그분이 준비하신 하늘의 선물을 마음껏 누리십시오. 오늘도 은혜의 보좌 앞에 나아가, 하나님께서 예비하신 은혜의 종합 선물 세트를 기쁨으로 받아 누리시길 바랍니다.

> 이것들이 아침마다 새로우니 주의 성실하심이 크시도소이다(애 3:23).

🟥 오늘의 핵심 포인트

하나님의 은혜는 우리가 필요할 때마다 새롭게 채워지는 하늘의 종합 선물 세트이다.

🟥 오늘의 묵상 질문
- 나는 오늘 하나님의 은혜를 간절히 구하며 담대히 나아가고 있는가?
- 오늘 나에게 가장 필요한 "때를 따라 돕는 은혜"는 무엇이며, 그것을 하나님께 온전히 맡기고 있는가?

사람이 마음으로 자기의 길을 계획할지라도
그의 걸음을 인도하시는 여호와시니라 (잠 16:9)

제6장
일상, 평범한 순간에서 만나는 비범한 은혜

51. 신앙의 여정, 사계절을 닮다
52. 고난, 그 안에 숨겨진 선물
53. 고난이 만든 그늘, 사랑이 만든 눈물
54. 폭풍 속에서도 춤추라 : 감사가 가져오는 기적
55. 진짜 복은 '형통'이 아니라 '동행'이다
56. 근심에서 평안으로 가는 길
57. 일터를 소명으로 바꾸는 믿음
58. 끝없는 그리움, 그리고 집으로 가는 길
59. 인생의 보물찾기
60. 삶은 은혜, 죽음은 영광

신앙의 여정, 사계절을 닮다

> 범사에 기한이 있고, 천하 만사가 다 때가 있나니(전 3:1).

봄의 싱그러움이 지나고 어느덧 여름의 무더위가 다가오고 있습니다. 교회 앞 화려했던 벚꽃들이 모두 떨어진 것을 보며 인생의 사계절을 떠올려 봅니다. 자연의 계절이 순환하듯, 우리의 삶에도 봄, 여름, 가을, 겨울이 있습니다. 각 계절이 주는 의미를 묵상하며, 하나님과 동행하는 삶의 여정을 되새겨 봅니다.

겨울: 머무름과 인내의 계절

'겨울'이라는 단어는 옛말 '겻다' 혹은 '겨시다'에서 유래되었습니다. 한곳에 머물러 있음을 높여 말할 때 '겨시다'라는 표현을 씁니다. 늘 집에 머물러 있는 여성을 일러 '겨집'(계집)이라고 불렀습니다. 또한, 겨울은 추운 날씨를 피해 '겨우 울면서' 견디는 계절이라는 뜻도 있습니다. 인생을 살다 보면 매서운 겨울바람처럼 혹독한 시련을 만나기도 합니다. 그렇기 때문에 겨울은 인내로 하나님을 기억해야 하는 계절입니다.

C.S. 루이스는 이렇게 말했습니다.

> 하나님이 우리를 낮추실 때는 뿌리를 깊이 내리게 하시려는 것이다.

이처럼, 신앙의 겨울은 우리 영혼이 하나님을 더욱 붙드는 시간입니다. 앙상한 가지처럼 아무것도 남아 있지 않는 것 같은 순간에도 하나님의 품에 머물며 믿음으로 인내해야 합니다.

봄: 소망과 부활의 계절

봄은 '보다'의 명사형에서 유래했습니다. 생명이 움트고 만물이 새롭게 피어나는 봄을 바라보며, 우리는 하나님의 은혜를 묵상합니다. 따사로운 햇살처럼 우리의 삶을 감싸는, 하나님 은혜가 흐르는 계절입니다. 또한, 봄은 부활의 계절입니다. 추운 겨울, 모든 생명이 죽어버린 것 같은 시간을 통과하면, 어느덧 내 삶에 부활의 생명이 가져다준 싱그러움을 보게 됩니다. C.S. 루이스는 이렇게 말했습니다.

> 기독교는 죽음과 부활을 통해 참된 봄을 맞이하는 이야기다.

겨울을 견딘 사람만이 맞이할 수 있는 놀라운 소생의 순간, 그것이 하나님이 주시는 봄의 은혜입니다.

여름: 성숙과 개방의 계절

여름은 '열다'라는 어원에서 비롯되었습니다. 뜨거운 태양 아래 곡식이 무르익듯, 여름은 성숙의 계절입니다. 여름의 열기는 우리를 단련시키고 더 단단한 신앙으로 성장하게 합니다.

또한, 여름은 개방의 계절이기도 합니다. 더운 날씨에 문을 활짝 열듯, 우리 역시 마음의 문을 하나님과 이웃에게 열어야 합니다. 뜨거운 태양 아래에서 인생은 성숙해지고 하나님과 타인에게 기쁨을 주는 열매를 결실합니다. 그래서 여름은 개방과 성숙의 계절입니다. 하나님께 마음을 열고, 이웃에게 마음을 열 때, 우리의 인격 안에 성령의 열매가 익어갑니다.

가을: 추수와 나눔의 계절

가을은 '갓(끊)다'라는 말에서 유래되었습니다. 열매를 거두고 벼를 베어 추수하는 시기입니다. 옛날에는 '추수하다'를 '가실하다'라고 했습니다. '가실'이 '가슬'이 되어 '가을'이라는 단어가 되었습니다.

가을은 거둠과 감사의 계절입니다. 추수는 끊는 것으로부터 출발합니다. 내 것을 끊어 누군가의 손에 내어 주는 것이 추수입니다. 나만을 위한 삶이 아니라 하나님과 이웃을 위해 나의 것을 끊어 나누는 삶이 신앙의 열매입니다. 내가 받은 축복을 다른 이들과 나누며, 하나님의 사랑을 실천하는 것, 그것이야말로 진정한 가을의 의미입니다.

겨울을 인내하며 견디면, 봄에는 부활의 생명을 경험하게 됩니다. 여름의 태양 아래에서 성숙해지고, 가을에는 감사의 열매를 나누는 삶을 살아가게 됩니다. 우리 인생의 사계절이 아무리 변화해도, 그 여정 속에서 우리를 인도하시는 하나님은 변함없이 함께하십니다.

▢ 오늘의 핵심 포인트

신앙의 여정은 사계절과 같아, 겨울의 인내를 지나야 봄의 부활을 맞이하고, 여름의 성숙을 거쳐 가을의 열매를 나눌 수 있다.

▢ 오늘의 묵상 질문

- 나는 지금 신앙의 어떤 계절을 지나고 있는가, 그리고 그 계절 속에서 하나님께서 내게 가르치시는 것은 무엇인가?
- 겨울 같은 시련 속에서도 하나님을 신뢰하며 인내했던 경험이 있는가, 그 시간을 통해 나는 어떻게 성장했는가?

고난, 그 안에 숨겨진 선물

고난 당한 것이 내게 유익이라 이로 말미암아 내가 주의 율례들을 배우게 되었나이다(시 119:71).

고난은 인간이 피할 수 없는 현실입니다. 하지만, 그 고난을 어떻게 해석하느냐에 따라 삶은 전혀 다른 방향으로 흘러갑니다. 동양 철학에서는 '인과응보'라는 개념이 깊이 뿌리박혀 있습니다. 현재의 고통은 과거의 잘못이 낳은 결과이며, 인간은 자기 업보에서 벗어날 수 없다는 생각입니다. 그러나 기독교적 관점에서 볼 때, 고난은 단순한 벌이 아닙니다. 그것은 하나님의 뜻을 담고 찾아오는 신비입니다.

예수님 당시에도 사람들은 불행한 사건을 죄에 대한 하나님의 심판으로 이해했습니다. 실로암 망대가 무너져 18명이 사망했을 때, 유대인들은 이 비극이 희생자들의 죄 때문이며, 하나님이 그들을 심판한 결과라고 생각했습니다. 그러나 예수님은 단호하게 말씀하셨습니다.

또 실로암에서 망대가 무너져 치어 죽은 열여덟 사람이 예루살렘에 거한 다른 모든 사람보다 죄가 더 있는 줄 아느냐?(눅 13:4).

예수님은 고난을 단순한 '죄의 결과'로만 해석하는 사고방식을 반대하셨습니다. 존 파이퍼(John Piper) 목사는 이렇게 말했습니다.

> 고난의 목적은 죄에 대한 단순한 보응이 아니라 우리가 하나님을 더욱 갈망하도록 만드는데 있다.

고난은 하나님께 더 가까이 나아갈 수 있는 계기가 되며, 그것을 통해 우리의 신앙은 더욱 깊어질 수 있습니다.

우리는 좋은 환경은 복이고, 어려운 환경은 불행이라고 생각합니다. 그러나 성경은 고난 속에서도 하나님의 은혜가 임할 수 있음을 가르칩니다. 예수님께서는 팔복을 통해 역설적인 진리를 선포하셨습니다.

> 의를 위하여 박해를 받는 자는 복이 있나니 천국이 그들의 것임이라 (마 5:10).

결국, 복과 화를 결정하는 것은 환경이 아니라 그 환경 속에서 하나님을 어떻게 바라보느냐에 달려 있습니다.

다윗과 솔로몬을 보십시오. 그들은 하나님의 은혜로 성공의 정점에 올랐지만, 가장 번영할 때 가장 큰 죄를 지었습니다. 반면, 다윗은 고난의 시기에 하나님을 더 깊이 의지하며 기도했습니다.

> 고난 당한 것이 내게 유익이라 이로 말미암아 내가 주의 율례를 배우게 되었나이 (시 119:71).

고난 속에서 하나님을 찾는 자는 그 고난을 통해 성장합니다. 그러나 번영 속에서 하나님을 잊는 자는 번영으로 인해 타락합니다.

그러므로 기독교인은 고난을 피하려 하기보다 그 고난 속에서 하나님의 섭리를 찾아야 합니다.

사도 바울은 이렇게 고백했습니다.

> 우리가 환난 중에도 즐거워하나니 이는 환난은 인내를, 인내는 연단을, 연단은 소망을 이루는 줄 앎이로다(롬 5:3-4).

기독교 신앙의 핵심은 환경에 흔들리지 않는 것입니다.
시련 속에서도 감사할 수 있는가?
절망 속에서도 하나님을 신뢰할 수 있는가?
이것이 신앙과 불신앙을 구분하는 시험대입니다.

> 범사에 감사하라 이것이 그리스도 예수 안에서 너희를 향하신 하나님의 뜻이니라 (살전 5:18).

□ 오늘의 핵심 포인트

고난은 단순한 고통이 아니라, 하나님의 손에 들린 은혜의 도구로서 우리를 더 깊은 믿음과 성숙으로 이끄는 선물이다.

□ 오늘의 묵상 질문
- 지금 내가 겪고 있는 고난 속에서 하나님은 어떤 성품을 가르치시고 계신가?
- 과거의 고난 중 하나를 돌아볼 때, 그 고난을 통해 얻게 된 유익이나 변화는 무엇이었는가?

고난이 만든 그늘, 사랑이 만든 눈물

> 우리의 모든 환난 중에서 우리를 위로하사 우리로 하여금 하나님께 받은 위로로 써 모든 환난 중에 있는 자들을 능히 위로하게 하시는 이시로다(고후 1:4).

지난 주 시집 한 권을 선물로 받았습니다. 정호승 시인의 『외로우니까 사람이다』라는 제목의 시집이었습니다. 우연히 책을 펼쳐 첫 번째 시를 읽고, 이어 두 번째 시를 읽는 순간 제 마음 깊은 곳에서 울림이 전해졌습니다.

> 나는 그늘이 없는 사람을 사랑하지 않는다.
> 나는 그늘을 사랑하지 않는 사람을 사랑하지 않는다.
> 나는 한 그루 나무의 그늘이 된 사람을 사랑한다.
> 햇빛도 그늘이 있어야 맑고 눈이 부시다.
> 나무 그늘에 앉아,
> 나뭇잎 사이로 반짝이는 햇살을 바라보면,
> 세상은 그 얼마나 아름다운가.
>
> 나는 눈물이 없는 사람을 사랑하지 않는다.
> 나는 눈물을 사랑하지 않는 사람을 사랑하지 않는다.

> 나는 한 방울 눈물이 된 사람을 사랑한다.
> 기쁨도 눈물이 없으면 기쁨이 아니다.
> 사랑도 눈물 없는 사랑이 어디 있는가.
> 나무 그늘에 앉아,
> 다른 사람의 눈물을 닦아 주는 사람의 모습은,
> 그 얼마나 고요한 아름다움인가.

이 시를 읽으며, 그리스도인의 삶을 깊이 묵상하게 되었습니다. 그늘과 눈물은 인생의 시련 속에서 찾아온 생채기입니다. 하지만, 그늘이 있기에 햇빛은 더욱 찬란하고, 눈물이 있기에 사랑도 깊어집니다. 그리스도인은 자신의 아픔과 고난이 단지 내면의 어두운 그늘로만 남지 않도록 해야 합니다. 오히려 그 그늘을 타인을 위한 쉼터로 만들 수 있어야 합니다.

그늘이 깊은 나무가 더 넓은 그늘을 드리우듯, 우리의 고난도 누군가를 위로하는 힘이 될 수 있습니다. 우리의 상처가 다른 이에게 공감과 희망을 줄 수 있습니다.

> 우리의 모든 환난 중에서 우리를 위로하사 우리로 하여금 하나님께 받은 위로로써 모든 환난 중에 있는 자들을 능히 위로하게 하시는 이시로다(고후 1:4).

그리스도인은 기도 속에서 흘린 자신의 눈물이 목마른 영혼을 적시는 생수가 될 수 있음을 믿는 사람입니다. 우리는 나무 그늘에 앉아, 다른 사람의 눈물을 닦아 주는 사람이어야 합니다. 그것이 예수님을 닮아 가는 길이며, 이 땅에서 우리가 감당해야 할 소명입니다.

우리의 고난은 단순히 개인적인 아픔으로 끝나는 것이 아닙니다. 그것은 타인의 그늘을 이해하고 그들의 눈물을 닦아줄 수 있는 깊은 공감 능력으로 이어집니다. 시인의 표현처럼, 우리의 삶에 드리워진 고난의 그늘이 없다면, 다른 이의 아픔을 진정으로 품어줄 수 있는 사랑의 깊이도 부족할 수 있습니다. 상처 입은 치유자로서, 우리는 이제 우리를 위로하시는 하나님의 그 사랑으로 다른 이들을 위로하는 자로 서야 합니다. 우리의 몫은 그늘에 앉아 자신의 슬픔에만 머무르는 것이 아니라, 고통받는 이들을 위한 쉼터가 되어주는 것입니다. 우리가 흘린 눈물방울 하나가 누군가의 상한 마음을 적시는 작은 샘물이 되기를 소망합니다.

🔲 오늘의 핵심 포인트

고난이 만든 그늘은 누군가에게 쉼이 되고, 사랑이 만든 눈물은 목마른 영혼을 적시는 생수가 된다.

🔲 오늘의 묵상 질문

- 내가 겪은 고난과 눈물이 다른 사람을 위로하는 그늘이 될 수 있도록, 하나님께서 내게 원하시는 것은 무엇일까?
- 나는 지금까지 나의 아픔을 어떻게 받아들이고 있었는가, 그것이 하나님 안에서 회복과 위로의 도구가 될 수 있을까?

폭풍 속에서도 춤추라 : 감사가 가져오는 기적

> 범사에 감사하라 이것이 그리스도 예수 안에서 너희를 향하신 하나님의 뜻이니라
> (살전 5:18).

'외상 후 스트레스 증후군'이라는 질병이 있습니다. 과거의 충격적인 사건에서 비롯된 심리적 상처와 그 상처가 주는 부정적인 영향력을 말합니다. 하지만, 모든 상처가 반드시 삶을 파괴하는 것은 아닙니다. '외상 후 성장'이라는 말도 있습니다. 어떤 사람의 내면은 과거의 상처로 인해 더 강하고 단단해집니다.

혹시 낙상매라고 들어 보셨나요?

조선 시대, 사냥에서 가장 가치 있는 매는 '낙상매'였습니다. 낙상매란 어릴 때 둥지에서 떨어져 상처를 입은 매를 뜻합니다.

왜 낙상매가 더 높은 가치를 가질까요?

낙상매는 한 번의 추락을 경험했기 때문에 더 강해집니다. 다시는 다치지 않기 위해 더욱 날카로운 본능과 강인한 정신을 갖습니다. 상처가 오히려 뛰어난 사냥 본능을 형성합니다.

우리의 인생도 그렇습니다. 상처가 반드시 약함의 원인으로만 작용하지 않습니다. 때로는 한 사람의 내면을 성장시키는 동력이 되기도 합니다.

그렇다면 우리는 어떻게 고난 속에서 성장할 수 있을까요?

이런 문장을 본 적이 있습니다.

> 인생이란 폭풍우가 지나가기를 기다리는 것이 아니라 빗속에서도 춤추는 법을 배우는 것이다.

인생을 살다 보면, 폭풍우가 몰아치고, 슬픔이 차올라 마음의 둑이 무너질 것 같은 때가 있습니다. 그럴 때 비가 그치기만을 기다리지 말고 그 빗속에서 춤추라는 말입니다. 고난을 피할 수 없다면, 그 속에서 새로운 길을 찾아야 합니다.

어떻게 고난이라는 폭우의 한가운데서도 춤을 출 수 있을까요?

그 답은 '감사'입니다.

인생은 감사할 때 춤추기 시작합니다. 『칭찬은 고래도 춤추게 한다』라는 책이 있습니다. 감사는 하나님을 춤추게 합니다. 감사는 하나님을 향한 최고의 신뢰이고 최고의 예배이기 때문입니다.

> 우리가 감사함으로 그 앞에 나아가며 시를 지어 즐거이 그를 노래하자(시 95:2).

감사는 우리의 시선을 고난에서 하나님께로 돌려 놓습니다. 감사는 삶의 무게를 덜어내고, 하나님의 은혜를 받아들이는 통로가 됩니다. 감사하면 내 인생에 막혀 있던 하나님의 은혜가 흘러 들어옵니다. 감사는 하늘의 치료제이며 상처를 치유하는 강력한 능력입니다. 감사가 넘치는 순간, 우리의 내면은 하나님이 주시는 기쁨으로 가득 찹니다.

폭풍 속에서 감사하는 일은 결코 쉽지 않습니다. 그러나 성경은 '범사에 감사하라'라고 명령합니다.

> 범사에 감사하라 이것이 그리스도 예수 안에서 너희를 향하신 하나님의 뜻이니라
> (살전 5:18).

고난 속에서 감사하는 것이 가능한가요?

예수님은 십자가를 앞두고도 감사하셨습니다. 바울은 감옥에서도 감사하며 찬양했습니다. 감사는 단순한 감정이 아닙니다. 감사는 믿음의 선택이며 신앙의 태도입니다.

> 당신의 인생에서 지금 폭풍우가 몰아치고 있습니까?
> 그 폭풍이 지나가기를 기다리고 있습니까?
> 아니면 그 빗속에서 춤추는 법을 배우시겠습니까?

지금, 감사의 춤을 추십시오!
폭풍 속에서도, 당신은 춤출 수 있습니다.

🟪 오늘의 핵심 포인트

감사는 폭풍을 잠잠하게 하지는 않지만, 그 속에서도 춤추게 하는 믿음의 힘이다.

🟪 오늘의 묵상 질문

- 현재 나의 삶 속에서 가장 힘든 순간에도 감사할 수 있는 이유는 무엇인가?
- 나는 어려움 속에서 하나님께 감사하기보다 원망하거나 낙심한 적은 없었는가?

진짜 복은 '형통'이 아니라 '동행'이다

> 그는 시냇가에 심은 나무가 철을 따라 열매를 맺으며 그 잎사귀가 마르지 아니함 같으니 그가 하는 모든 일이 다 형통하리로다 (시 1:3).

세상이 말하는 '복'과 성경이 말하는 '복'은 다릅니다. 그리스도인이 하늘의 '복'이 아닌 땅의 '복'만을 추구하는 것을 '기복주의 신앙'이라고 합니다. 성경은 분명 하나님께서 믿는 성도에게 복을 주신다고 약속합니다. 신앙생활을 잘하는 사람이 하나님의 크신 복을 누리는 것은 당연한 일입니다. 그러나 세상이 이해하는 복과 성경이 말하는 복의 차이점을 분명히 구별해야 합니다.

세상은 '환경의 형통'을 복이라 여기지만, 성경은 '존재의 형통'을 복으로 말합니다. 환경의 형통을 추구하는 세상은 성공, 재물, 건강, 안정된 삶이라는 외적 조건 안에서만 복을 생각합니다. 반면, 존재의 형통을 구하는 그리스도인은 하나님과의 관계에 막힘이 없는 것을 가장 큰 복으로 여깁니다. 하나님의 임재 안에 살면, 환경을 초월하는 평안을 누리기 때문입니다.

성경적 복을 가장 확실하게 보여 주는 인물이 요셉입니다. 요셉은 애굽에서 노예였고 죄수였습니다. 그러나 성경은 이렇게 말씀합니다.

> 여호와께서 요셉과 함께 하시므로 그가 형통한 자가 되어 (창 39:2).

요셉은 하나님과 동행했기에, 형통하지 않은 환경 속에서도 형통의 복을 누렸습니다. C. S. 루이스는 이렇게 말했습니다.

> 당신이 하나님을 모시면, 나머지는 다 따라온다. 그러나 나머지를 먼저 추구하면 아무것도 얻지 못한다.

'복'을 뜻하는 히브리어 '베라카'는 '바른 길로 인도한다'는 뜻입니다. 하나님의 복을 받는 삶은 매 순간 하나님의 인도하심을 받는 삶입니다. 시편 1편 1절이 말하는 "악인의 꾀, 죄인의 길, 오만한 자의 자리에 앉는 것"은 모두 환경의 형통을 좇아서 사는 사람의 특징입니다. 욕망의 이끌림 속에서 길을 잃은 사람들입니다.

그러나 시편 1편 2절은 복 있는 사람에 대해 이렇게 말씀합니다.

> 여호와의 율법을 즐거워하여 그 율법을 주야로 묵상하는 자(시 1:2).

모두가 환경의 형통을 좇아 방황하는 세상 속에서 복 있는 사람은 진리를 붙들고 걷는 것입니다.

하나님과의 관계 안에서 복을 생각하는 사람은 '사명' 안에서 복을 찾습니다. 다시 말해서 소유의 방식으로 인생을 살지 않고 나눔의 방식으로 인생을 살아갑니다.

> 또 주 예수께서 친히 말씀하신 바 주는 것이 받는 것보다 복이 있다 하심을 기억하여야 할지니라(행 20:35).

왜냐하면, 실천적 사랑만이 우리의 존재 안에 머무시는 그분의 현존을 더욱 생생하게 느끼게 하기 때문입니다. 예수님의 공생애를 떠올려 보십시오.

그분의 삶은 인간적인 시각으로 보면, 불행처럼 보였습니다. 그러나 윤동주 시인의 말처럼 예수님은 '가장 행복했던 사나이'로 사셨습니다. 그 이유는, 예수님께서 십자가라는 실천적 사랑 안에서 하나님의 현존을 가장 깊이 경험하셨기 때문입니다.

우리는 날마다 세상의 복에서, 성경의 복으로 한 걸음씩 나아가야 합니다. 소유에서 존재로, 환경에서 관계로, 탐욕에서 나눔으로 변화되어야 합니다.

토마스 아 켐피스(Thomas à Kempis)는 그의 저서 『그리스도를 본받아』(*De imitatione Christi*)에서 이렇게 말했습니다.

> 인간은 자기 자신을 비울 때, 비로소 온전한 행복을 발견한다.

진정한 복은 하나님께서 나를 온전한 길로 인도하신다는 확신 속에서 옵니다. 그것이 바로 신앙의 길이며, 우리가 추구해야 할 참된 복입니다. 오늘도, 나의 삶 속에서 '세상의 복'이 아니라 '하나님의 복'을 선택하는 하루가 되기를 바랍니다. 복은 '무언가를 받는 것'이 아니라 '하나님과 함께 살아가는 삶 그 자체'입니다.

▣ 오늘의 핵심 포인트

진짜 복은 환경의 형통이 아니라, 하나님과 동행하는 삶 그 자체이다.

▣ 오늘의 묵상 질문

- 나는 '복'의 개념을 세상의 기준으로 이해하고 있지는 않은가, 하나님과의 관계안에서 누리는 참된 복이 무엇인지 깊이 묵상해 보자.
- 나는 삶에서 형통함을 구할 때가 더 많은가, 아니면 하나님과의 동행을 구할 때가 더 많은가?

근심에서 평안으로 가는 길

> 아무 것도 염려하지 말고 다만 모든 일에 기도와 간구로 너희 구할 것을 감사함으로 아뢰라 그리하면 모든 지각에 뛰어나신 하나님의 평강이 그리스도 예수 안에서 너희 마음과 생각을 지키시리라(빌 4:6-7).

세상에서 가장 무서운 질병은 무엇일까요?
다음 세 가지 조건에 해당하는 질병입니다.

첫째, 인간에게 가장 치명적인 병입니다.
둘째, 단 한 명의 예외도 없이 누구나 걸리는 병입니다.
셋째, 의학 기술이 아무리 발전해도 결코 고칠 수 없는 병입니다.

이 병은 바로 '근심'입니다. 세상에 근심이 없는 사람은 한 명도 없습니다. '근심'에 해당하는 영어 단어 'worry'는 앵글로색슨어에서 유래한 말로, '물어뜯는다'라는 뜻을 가지고 있습니다. 근심은 우리의 영혼과 몸을 황폐하게 합니다.
잠언 17장 22절은 이렇게 말씀합니다.

> 마음의 즐거움은 양약이라도 심령의 근심은 뼈를 마르게 하느니라(잠 17:22).

그런 점에서 근심은 안개와 같습니다. 실제로 도시 전체를 뒤덮는 안개에 포함된 물의 양은 한 컵도 되지 않는다고 합니다. 그러나 이 작은 물방울들이 도시 전체를 가득 메우면 앞이 보이지 않게 되고 교통사고와 같은 수많은 문제를 일으킵니다.

근심도 마찬가지입니다. 우리의 걱정은 종종 현실보다 훨씬 과장된 형태로 다가옵니다. 근심이 마음에 스며드는 순간, 인생의 시야를 흐리게 하고 불안과 두려움을 증폭시킵니다. 어느 심리학자는 근심을 '느린 형태의 자살'이라고 표현했습니다. 근심의 파괴성을 아시는 예수님은 이렇게 말씀하셨습니다.

> 그러므로 내일 일을 위하여 염려하지 말라 내일은 내일이 염려할 것이요 한 날의 괴로움은 그 날로 족하니라(마 6:34).

한 여인이 있었습니다. 그녀는 밤이 되면 도둑에 대한 근심으로 몇 년째 잠을 제대로 이루지 못했습니다. 작은 소리에도 불안해하며 밤마다 곤히 자는 남편을 깨워 도둑이 들었는지 확인하게 했습니다. 그러던 어느 날, 집에서 이상한 소리가 들렸습니다. 남편이 아래층으로 내려가 보니 정말 도둑이 들어와 있었습니다. 그런데 남편은 도둑을 보자 반가운 얼굴로 말했습니다.

> "정말 잘 오셨습니다!
> 위층에 올라가 제 아내를 만나 주세요!
> 벌써 20년째 당신이 오기만을 기다리고 있습니다!"

이 유머는 아직 일어나지도 않은 일 때문에 20년 동안 잠을 설치며 근심하는 인간의 어리석음을 꼬집고 있습니다. 우리가 걱정하는 대부분의 일은 실제로 일어나지 않습니다.

성경은 우리에게 염려 대신 기도하라고 권면합니다.

> 아무 것도 염려하지 말고 다만 모든 일에 기도와 간구로 너희 구할 것을 감사함으로 아뢰라 그리하면 모든 지각에 뛰어나신 하나님의 평강이 그리스도 예수 안에서 너희 마음과 생각을 지키시리라(빌 4:6-7).

인생을 살 때 염려 모드를 기도 모드로 바꾸어야 합니다. 염려거리를 기도 제목으로 전환해야 합니다. 기도의 응답은 환경의 변화가 아니라 마음의 변화입니다. 하나님의 평강이 어떤 상황 속에서도 근심하지 않는 견고한 마음을 만들어 내는 것입니다. 근심이 찾아올 때 즉각적으로 근심을 가지고 하나님 앞으로 나아가 기도하십시오. 근심이 변하여 소망이 되고, 불안은 평안으로 바뀔 것입니다.

🔲 오늘의 핵심 포인트

근심은 우리를 갉아먹지만, 기도는 하나님의 평강으로 우리의 마음을 지킨다.

🔲 오늘의 묵상 질문

- 내가 반복해서 걱정하는 문제는 무엇인가, 그 문제를 하나님께 맡기며 기도로 나아가고 있는가?
- 염려가 밀려올 때, 나는 그것을 스스로 해결하려고 하는가, 아니면 하나님께 맡기고 평안을 구하는가?

일터를 소명으로 바꾸는 믿음

> 무슨 일을 하든지 마음을 다하여 주께 하듯 하고 사람에게 하듯 하지 말라 (골 3:23).

경제가 어려워지면서 성도들은 직장에서 크고 작은 도전에 직면합니다. 일터는 단순한 생계의 현장이 아니라, 생존을 위한 치열한 싸움터가 되었습니다. 그런 현실 속에서도 믿음을 지키며 묵묵히 하루를 살아 내는 성도들의 모습에 숙연한 마음이 듭니다.

우리는 종종 일과 신앙을 분리된 영역으로 생각합니다. 그러나 '직업'을 의미하는 영어 단어 'vocation'은 '부르심'(calling)이라는 뜻도 있습니다. 이는 우리의 일터가 단순한 생계의 수단이 아니라, 하나님의 부르심이 있는 자리임을 의미합니다.

신학자 오스 기니스(Os Guinness)는 그의 저서 『소명』(*The Call*)에서 이렇게 말했습니다.

> 소명은 단순한 직업이 아니다. 그것은 하나님께서 우리를 특정한 목적을 위해 세상 속으로 보내신 그분의 부르심이다.

즉, 우리의 일터는 단순히 돈을 벌기 위한 공간이 아니라, 하나님께서 우리를 통해 그분의 뜻을 이루고자 하시는 거룩한 자리입니다.

어느 일터에서 작은 액자에 새겨진 말씀을 보았습니다.

너의 행사를 여호와께 맡기라 그리하면 네가 경영하는 것이 이루어지리라(잠 16:3).

여기서 '너의 행사'란 영어 성경에서 'your work'로 번역됩니다. 우리가 매일 같이 반복하는 노동, 손길 하나하나에도 하나님을 의식할 때, 그것이 곧 예배가 됩니다. 같은 일을 하더라도 어떤 마음으로 하느냐에 따라 그 일이 무의미한 노동이 될 수도, 하나님 나라를 세우는 거룩한 사역이 될 수도 있습니다.

앤절라 더크워스(Angela Duckworth)의 저서 『그릿』(Grit)에 나오는 이야기입니다.

세 명의 벽돌공이 있었습니다.

첫 번째 벽돌공에게 물었습니다.

"당신은 무엇을 하고 있습니까?"

그는 이렇게 대답했습니다.

"나는 벽돌을 쌓고 있습니다."

그에게 일은 단순한 노동이었습니다.

두 번째 벽돌공에게 같은 질문을 했습니다.

"나는 교회를 짓고 있습니다."

그에게 일은 직업이었습니다.

마지막으로 세 번째 벽돌공에게 물었습니다.

"나는 하나님의 성전을 세우고 있습니다."

그에게 일은 천직이자 소명이었습니다.

똑같은 벽돌을 쌓아도, 그것을 어떤 마음으로 하느냐에 따라 일의 의미가 완전히 달라집니다.

C. S. 루이스는 이렇게 말했습니다.

> 모든 일상은 하나님의 현존을 담을 수 있는 그릇이다.

일터는 신앙과 동떨어진 공간이 아닙니다. 우리의 손과 발이 움직이는 곳곳에서 하나님을 발견할 수 있습니다. 우리가 정직과 성실로 일할 때, 하나님께서는 그 자리에서 우리의 삶을 형통하게 하십니다. 그러므로 우리가 일상의 매 순간 하나님을 초대할 때, 그분을 향한 마음으로 일터를 대할 때, 우리의 직업은 그저 생계를 위한 수단이 아니라, 하나님께서 주신 소명의 자리가 됩니다.

많은 사람이 일터에서 크고 작은 어려움을 겪습니다. 경제가 흔들리고, 경쟁이 치열하며, 때로는 인정받지 못하는 순간도 있습니다. 그러나 하나님은 우리의 일터에서도 우리와 함께하시며, 고난 속에서도 선한 길로 인도하십니다.

독일 신학자 디트리히 본회퍼는 이렇게 말했습니다.

> 그리스도인은 어디서나 하나님의 손에 붙들린 도구이다. 우리의 직업은 하나님께서 세상 속에서 역사하시는 방법이다.

어려운 시기를 지나고 있는 성도님들께, 주님께서 주시는 힘과 능력 안에서 현실을 잘 이겨내시고, 말씀 안에서 진정한 승리를 누리시기를 기도합니다.

📕 오늘의 핵심 포인트

일터는 단순한 생계의 공간이 아니라, 하나님의 부르심을 이루는 거룩한 자리이다.

📕 오늘의 묵상 질문

- 나는 지금의 일터를 단순한 생계의 수단으로 여기고 있는가, 아니면 하나님께서 나를 부르신 소명의 자리로 받아들이고 있는가?
- 일터에서 하나님의 뜻을 이루기 위해 오늘부터 실천할 수 있는 작은 변화는 무엇인가?

끝없는 그리움, 그리고 집으로 가는 길

> 만일 땅에 있는 우리의 장막 집이 무너지면 하나님께서 지으신 집 곧 손으로 지은 것이 아니요, 하늘에 있는 영원한 집이 우리에게 있는 줄 아느니라(고후 5:1).

사람은 참 이상합니다. 일상에 갇혀 있으면 자유를 갈망하고, 자유를 누리는 순간에는 다시 일상이 그리워집니다. 바쁜 삶 속에서 여행을 꿈꾸지만, 막상 여행을 떠나면 또 집으로 돌아가고 싶어집니다. 설렘 가득한 준비를 마치고 새로운 세상으로 떠날 때 가슴이 뛰지만, 여행의 순간들은 결국 또 하나의 현실이 됩니다. 어느새 피곤이 쌓이고, 집이 주는 안락함과 익숙한 일상이 간절해집니다. 그래서 우리는 여행을 마칠 때마다 이렇게 말합니다.

"집이 최고야!"

왜 우리는 늘 이렇게 느낄까요?

이 세상 어디에도 진짜 '우리집'이 없기 때문입니다. 성경은 인생을 본향을 향하는 순례의 길로 묘사합니다. 우리는 잠시 머무는 나그네일 뿐, 진정한 집은 하나님 아버지께서 예비하신 천국입니다.

C. S. 루이스는 그의 저서 『순전한 기독교』(Mere Christianity)에서 이렇게 말했습니다.

> 내 안에 이 세상 그 무엇으로도 충족될 수 없는 갈망이 존재한다면, 그것은 내가 다른 세상을 위해 창조되었다는 가장 확실한 증거다.

우리 안의 영원한 갈망은 단순한 향수(nostalgia)가 아닙니다. 우리가 애써 채우려 해도 채워지지 않는 공허함은, 본향을 향한 깊은 그리움 때문입니다.

어거스틴은 『고백록』(Confessiones)에서 이렇게 말했습니다.

> 주께서 우리를 당신을 향하도록 지으셨으므로 우리의 마음이 주 안에서 안식하기까지는 참된 평안을 찾을 수 없습니다.

하지만, 이 순례의 길에서 우리는 종종 천국의 그림자를 만납니다. 찬란한 일출을 보며, 바람에 흔들리는 나무의 속삭임을 들으며, 깊은 산속에서 맑은 계곡물을 마시며, 사랑하는 사람과 따뜻한 식사를 나누며, 우리는 하늘의 기쁨을 살짝 맛봅니다. 여행이 우리에게 주는 영광스러운 순간들처럼, 인생의 순례길에서도 하나님은 우리에게 작은 은혜의 신호들을 보내십니다.

"너는 혼자가 아니다. 나는 너와 함께 걸어가고 있다."

성경은 성도의 삶을 나그네의 삶으로 표현합니다.

> 이 사람들은 다 믿음을 따라 죽었으며 … 그들이 이제는 더 나은 본향을 사모하니 곧 하늘에 있는 것이라 이러므로 하나님이 그들의 하나님이라 일컬음 받으심을 부끄러워하지 아니하시고 그들을 위하여 한 성을 예비하셨느니라 (히 11:13-16).

우리는 광야를 지나가는 순례자입니다. 이 세상에서 도망치지도, 완전히 정착하지도 않습니다.

오늘 하루, 하나님께서 우리에게 보여 주시는 작은 은혜의 순간들을 마음에 담아보십시오. 그리고 기억하십시오. 우리가 돌아갈 진짜 집이 있음을.

🟪 오늘의 핵심 포인트

우리의 끝없는 그리움은 이 땅이 아닌, 하나님께서 예비하신 영원한 본향을 향한 갈망이다.

🟪 오늘의 묵상 질문
- 나는 지금 내 삶을 영원한 본향을 향한 순례자의 시선으로 바라보고 있는가?
- 이 땅에서 나그네로 살아가면서도 하나님이 주신 기쁨과 평안을 누리기 위해 나는 어떻게 살아가야 할까?

인생의 보물찾기

> 천국은 마치 밭에 감추인 보화와 같으니 사람이 이를 발견한 후 숨겨 두고 기뻐하며 돌아가서 자기의 소유를 다 팔아 그 밭을 사느니라 (마 13:44).

어린 시절, 교회 소풍에서 가장 기대되는 순간은 단연 보물 찾기 시간이었습니다. 보물 쪽지를 발견하는 순간 느껴지는 짜릿한 기쁨은 그 무엇과도 바꿀 수 없었지요. 그런데 저는 유독 보물 쪽지를 찾지 못했습니다. 시력이 나빠서가 아니라 제 생각이 틀렸기 때문입니다. 저는 선생님들이 보물 쪽지를 찾기 어려운 곳에 감추셨을 것이라 생각했습니다. 그래서 친구들이 쉽게 지나치는 곳은 쳐다보지도 않고, 한참을 헤매며 엉뚱한 장소만 뒤졌습니다. 하지만, 뒤늦게 깨달은 사실이 있었습니다.

선생님들은 아이들이 결코 찾지 못하도록 보물을 숨기신 것이 아니라, 누구나 발견할 수 있는 가까운 곳에 감추신다는 사실입니다. 보물 쪽지는 제가 생각한 것보다 훨씬 쉬운 곳에 그리고 눈에 잘 띄는 곳에 있었습니다.

하나님도 그러하십니다. 그분은 우리가 진정한 보물을 발견하기를 원하십니다. 그러나 우리는 종종 엉뚱한 곳에서 보물을 찾으려 합니다. 마태복음 13장 44절에서 예수님은 이렇게 말씀하셨습니다.

> 천국은 마치 밭에 감추인 보화와 같으니 … (마 13:44).

밭은 우리가 날마다 밟고 지나가는 일상의 자리입니다. 하나님께서 우리에게 주시는 보화는 저 멀리 있는 것이 아니라, 우리 가까이에 감추어져 있습니다.

C. S. 루이스는 그의 저서 『순전한 기독교』에서 이렇게 말했습니다.

> 우리는 진정한 기쁨을 찾으려 하지만, 종종 세상의 모래성을 쌓으며 만족하려 합니다. 그러나 하나님께서 주시는 기쁨은 우리가 기대하는 것보다 훨씬 가까운 곳에 있습니다.

우리가 보물을 발견하지 못하는 이유는 그것이 너무 멀리 있어서가 아니라, 우리가 그것을 볼 눈을 갖지 못했기 때문일지 모릅니다. 하나님이 우리에게 주신 가장 귀한 보화는 바로 예수 그리스도입니다.

> 그 안에는 지혜와 지식의 모든 보화가 감추어져 있느니라(골 2:3).

예수님을 발견한 사람은, 마치 보물을 발견한 것처럼 자신의 모든 것을 투자해도 아깝지 않은 삶을 살게 됩니다.

어거스틴은 『고백록』에서 이렇게 말했습니다.

> 주님, 당신을 늦게야 사랑하였습니다. 당신은 내 안에 계셨으나, 나는 당신 밖에서 헛된 것들을 찾고 있었습니다.

우리도 때때로 참된 가치를 멀리서 찾으려 하지만, 정작 예수님은 우리의 삶 가까이에 계십니다. 그리고 우리가 찾아야 할 또 다른 보물이 있습니다. 잃어버린 한 영혼입니다.

예수님은 마태복음 16장 26절에서 이렇게 말씀하셨습니다.

> 사람이 만일 온 천하를 얻고도 제 목숨을 잃으면 무엇이 유익하리요 사람이 무엇을 주고 제 목숨과 바꾸겠느냐 (마 16:26).

우리가 삶 속에서 발견해야 할 가장 귀한 보화는 믿지 않는 이웃들의 영혼입니다.

디트리히 본회퍼는 『나를 따르라』(The Cost of Discipleship)에서 이렇게 말했습니다.

> 제자는 세상을 떠나는 사람이 아니라, 세상 한가운데서 잃어버린 영혼을 찾는 사람이다.

신앙은 단순한 깨달음이 아닙니다. 하나님께서 내 삶에 두신 보물을 찾고, 그 가치를 전하는 일입니다.

지금 우리는 어디서 보물을 찾고 있습니까?

예수님은 마태복음 7장 7절에서 이렇게 말씀하셨습니다.

> 구하라 그러면 너희에게 주실 것이요, 찾으라 그러면 찾아낼 것이요 … (마 7:7).

보물은 멀리 있지 않습니다. 내 삶 속에 두신 하나님의 은혜, 그리고 하나님이 보내 주신 한 영혼을 찾으십시오. 보물 찾기를 하던 아이의 설렘으로 주변을 바라보면, 하나님께서 여러분 가까이에 감추어 두신 보화들이 보일 것입니다.

일상의 작은 순간들 속에서 예수님의 사랑을 발견하고, 우리 주변에 있는 한 영혼의 소중함을 깨닫는 것이야말로 진정한 보물 찾기입니다. 그 보물을 발견하고, 그 가치를 세상에 전하는 삶이야말로 하나님이 우리에게 주신 가장 큰 기쁨입니다. 오늘도 우리에게 가장 귀한 보물, 예수님과

한 영혼을 찾는 삶을 살아가길 바랍니다. 이 세상의 헛된 것을 좇아 헤매지 않고, 가장 가까운 곳에 있는 하나님의 은혜를 발견하는 눈을 가질 때 우리의 삶은 진정으로 풍요로워질 것입니다. 그분께서 감추어 두신 보물을 찾으려는 설렘으로 매일을 살아갈 때, 우리는 주님 안에서 참된 가치와 행복을 경험하게 될 것입니다.

🔲 오늘의 핵심 포인트

진정한 보물은 멀리 있는 것이 아니라, 우리의 일상 속에 감추어진 예수 그리스도와 잃어버린 한 영혼이다.

🔲 오늘의 묵상 질문
- 내가 삶 속에서 발견해야 할 하나님의 보화는 무엇인가?
- 하나님께서 내 주변에 감추어 두신 '한 영혼'을 찾고, 그에게 복음을 전하기 위해 무엇을 할 수 있을까?

60

삶은 은혜, 죽음은 영광

사망아 너의 승리가 어디 있느냐 사망아 네가 쏘는 것이 어디 있느냐(고전 15:55).

아버지의 장례식을 은혜 가운데 마치고 돌아왔습니다. 호스피스 병동에 계시던 아버지께서 곧 주님의 부르심을 받을 것 같은 마음이 들어 급히 강릉으로 달려갔습니다. 아버지 곁에서 지키시던 어머님을 대신하여 그날 밤은 제가 곁을 지켰습니다. 그리고 그 밤이 아버지와 함께한 마지막 밤이 되었습니다. 다음 날 아침 10시 20분, 아버지께서는 평안히 하나님의 품으로 돌아가셨습니다.

모든 것이 하나님의 은혜였습니다. 이민 교회에서 한국 교회로 청빙을 받아 한국으로 돌아오게 된 것도, 어쩌면 아버지와의 마지막 시간을 보내도록 배려하신 하나님의 선물이었습니다. 한국에 와서 부모님과 함께했던 4개월은 제 인생에서 가장 소중한 시간이었습니다.

그리고 천국으로 떠나시는 마지막 밤, 아버지가 외롭지 않도록 그 손을 잡아드릴 수 있었던 것도 말할 수 없는 은혜였습니다. 그날 밤, 저는 평생 단 한 번도 아버지께 말하지 못했던 제 마음을 표현했습니다.

"아버지, 사랑합니다. 저는 아버지를 세상에서 가장 존경합니다. 아버지는 누구보다 아름다운 삶을 사셨고, 훌륭한 목사님이셨습니다.

저는 아버지만큼 훌륭한 목사가 될 자신은 없지만, 아버지께서 걸어가신 길을 조금이라도 따를 수 있도록 최선을 다하겠습니다.
아버지, 정말 잘 사셨습니다."

순간순간 눈을 뜨시는 아버지를 위해 유튜브의 천국 찬송을 틀어 드렸습니다. 찬송이 흐르는 가운데, 아버지의 입가에 엷은 미소가 번지는 것을 보았습니다. 곧 천국에 가실 아버지를 생각하니 하염없이 눈물이 흘렀습니다. 그때, 아버지는 제 손을 꽉 잡아 주셨습니다. 마치 말없이 이렇게 말씀하시는 듯했습니다.

"아들아, 염려하지 마라!
내가 하늘에서 너를 위해 기도해 줄게."

다음 날 장례식에 많은 성도님이 함께 오셔서 위로해 주셨습니다. 말씀을 전해 주신 목사님과 기도로 섬겨 주신 장로님, 그리고 슬픔을 함께 나누어 주신 성도님들이 계셔서 큰 위로가 있었습니다. 셋째 형님의 추모사를 들으며 아버지께서 정말 승리하셨음을 깨닫게 되었습니다.

소천하시기 이틀 전, 셋째 형님이 아버지 곁을 지켰습니다. 그리고 아버지께 이렇게 여쭈었습니다.

"마지막으로 남기고 싶은 말씀이 있으세요?"

아버지는 힘겹게 마지막 말씀을 남기셨다고 합니다.

> "하나님 만세!
> 예수님 만세!
> 성령님 만세!"

그 순간, 우리는 깨달았습니다. 아버지께서 세상을 떠나신 것이 아니라, 마침내 영광스러운 승리를 이루셨다는 것을.

> 사망아 너의 승리가 어디 있느냐 사망아 네가 쏘는 것이 어디 있느냐(고전 15:55).

성도란 살아온 세월을 되돌아볼 때, 모든 것이 하나님의 은혜였음을 고백하는 사람들입니다. 이 땅에서의 마지막 순간까지도 "하나님 만세, 예수님 만세, 성령님 만세"를 외치며 달려간 믿음의 선배를 따라, 우리도 믿음의 길을 걸어갑시다. 오늘 하루, 우리에게 허락된 시간과 만남 속에서 하나님을 더욱 사랑하며 감사하는 하루가 되기를 소망합니다.

▣ 오늘의 핵심 포인트

삶은 하나님의 은혜요, 죽음은 영광의 승리이며, 믿음의 길을 끝까지 걸어가는 것이 성도의 참된 소망이다.

▣ 오늘의 묵상 질문
- 내 삶의 마지막 순간, 나는 어떤 믿음의 고백을 남길 것인가?
- 죽음을 두려움이 아니라 '영광의 완성'으로 바라보며, 천국 소망을 품고 살아가기 위해 오늘 무엇을 결단할 것인가?

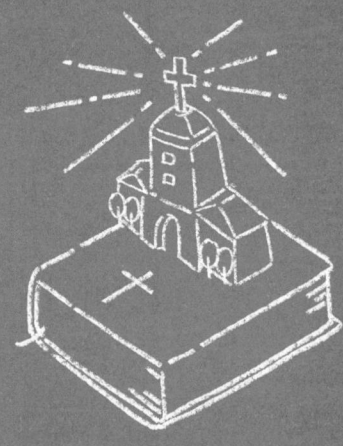

내가 이 반석위에 내 교회를 세우리니 음부의
권세가 이기지 못하리라 (마태복음 16:18)

제7장
교회, 서로가 함께 하늘 집을 지어 가다

61. 소그룹에 참여해야 할 열 가지 이유
62. 가로등처럼 빛나는 교회: 세상을 밝히는 우리의 사명
63. 신앙이 깊어지려면, 함께 걸어가십시오
64. 교회, 영원히 이어지는 하늘 가족
65. 소그룹, 믿음의 여정을 함께 하는 공동체
66. 한 사람을 세우는 제자 공동체
67. 좋은 설교와 위대한 설교의 차이
68. 제자로 사는 길, 본질을 붙들다
69. 공간을 넘어, 사명을 담는 교회
70. 기도의 불꽃이 타오르는 교회

소그룹에 참여해야 할 열 가지 이유

> 서로 돌아보아 사랑과 선행을 격려하며, 모이기를 폐하지 말고 오직 권하여 그 날이 가까움을 볼수록 더욱 그리하자(히 10:24-25).

"두 날개로 비상하는 교회"라는 말이 있습니다. 새가 하늘을 날려면 두 날개가 균형을 이루어야 하듯 건강한 신앙생활을 위해서는 '주일 예배'와 '소그룹 예배'가 균형을 이루어야 합니다. 그러므로 주일 예배 참석만큼이나 목장에 참여하는 것이 중요합니다.

다음은 목장에 꼭 참여해야 하는 열 가지 이유입니다.

첫째, 목장은 교회의 본질입니다. 교회는 그리스도의 몸입니다. 그리스도의 몸에 소속된다는 것은 곧 공동체에 속하는 것을 의미합니다. 신약성경에서 교회는 '우리'와 '서로'라는 단어로 표현될 때가 많습니다. 즉, 그리스도인의 신앙은 혼자서 이루어지는 것이 아니라, 인격적인 관계 속에서 형성됩니다.

> 너희는 그리스도의 몸이요, 지체의 각 부분이라(고전 12:27).

목장은 단순한 모임이 아니라, 신앙공동체로서 교회의 본질을 실현하는 자리입니다.

둘째, 목장은 영적 성장을 위한 토양입니다. 신앙이 성장하는 토양이 소그룹입니다. 그리스도인이 서로 연결되지 않고 성장하는 것은 불가능합니다. 영적 성숙을 강조하는 성경의 모든 가르침에는 '우리'와 '서로'라는 단어가 반복됩니다. 목장은 신앙의 유익을 함께 나누고, 서로 격려하며, 함께 성장합니다.

셋째, 목장은 하늘 가족을 이루는 곳입니다. 거듭난 모든 성도는 하나님의 가족입니다. 목장 안에서 우리는 '영적 부모'와 '영적 형제·자매'를 만나게 됩니다.

> 그러므로 이제부터 너희는 외인도 아니요, 나그네도 아니요, 오직 성도들과 동일한 시민이요 하나님의 권속이라(엡 2:19).

목장은 단순한 친교 모임이 아니라, 하나님이 주신 영적 가족을 경험하는 자리입니다.

넷째, 목장에서 신앙의 균형을 잡을 수 있습니다. 신앙에는 홀로 하나님 앞에 서는 '수직적 관계'와 더불어, 지체들과 함께하는 '수평적 관계'가 균형을 이루어야 합니다. 목장은 수직적 신앙(기도, 묵상)과 수평적 신앙(교제, 섬김)이 조화를 이루는 자리입니다.

> 두세 사람이 내 이름으로 모인 곳에는 나도 그들 중에 있느니라(마 18:20).

목장에서 우리는 하나님을 예배할 뿐만 아니라 서로를 사랑하는 법을 배웁니다.

다섯째, 목장은 하나님이 주신 은사를 사용할 수 있는 자리입니다. 하나님은 모든 성도에게 교회를 세우기 위한 은사를 주셨습니다. 목장은 그 은사를 실천하는 자리입니다.

> 각각 은사를 받은 대로 하나님의 여러 가지 은혜를 맡은 선한 청지기 같이 서로 봉사하라(벧전 4:10).

목장은 자신의 은사를 발견하고 그것을 하나님과 이웃을 위해 사용할 수 있도록 돕는 공간입니다.

여섯째, 목장은 제자의 삶을 훈련하는 곳입니다. 예수님은 섬김을 받기 위해 오신 것이 아니라, 섬기기 위해 오셨습니다. 신앙은 이론이 아니라, 실제 삶 속에서 실천될 때 더욱 강해집니다. 목장은 '말씀을 듣는 자리'가 아니라, '말씀을 실천하는 훈련의 자리'입니다.

> 너희가 서로 사랑하면 이로써 모든 사람이 너희가 내 제자인 줄 알리라(요 13:35).

따라서 목장은 단순한 모임이 아니라 예수님을 닮아가는 삶을 훈련하는 공간입니다.

일곱째, 목장에 속할 때 진정한 교회의 일원이 됩니다. 교회는 단순히 주일에 예배하는 공간이 아닙니다. 교회는 공동체이며 그 공동체 안에서 우리는 더 깊은 신앙의 삶을 경험할 수 있습니다.

> 만일 한 지체가 고통을 받으면 모든 지체가 함께 고통을 받고, 한 지체가 영광을 얻으면 모든 지체가 함께 즐거워하느니라(고전 12:26).

목장에 참여할 때, 우리는 교회의 진정한 일원이 됩니다.

여덟째, 목장은 성도들을 돌보는 중요한 통로입니다. 교회의 모든 행정적 돌봄과 지원은 목장을 통해 이루어집니다. 교회는 단순한 건물이 아니라, 성도들이 서로를 돌보는 공동체입니다. 목장에 속할 때, 더 깊이 돌봄을 받고, 또 다른 이들을 돌볼 수 있는 기회를 얻게 됩니다.

아홉째, 목장은 교회의 리더십을 훈련하는 자리입니다. 목장에서 신앙적으로 성숙한 사람들은 자연스럽게 교회의 중직자로 세움을 받게 됩니다. 리더십은 이론으로 배우는 것이 아니라 실제 경험을 통해 성장합니다. 목장은 섬김의 리더십을 훈련하는 실제적인 공간입니다.

열째, 목장은 전도를 위한 최적의 환경입니다. 목장은 전도를 위한 최고의 도구입니다. 믿지 않는 이웃과 가족을 초대하여 자연스럽게 신앙을 소개할 수 있습니다.

> 그러므로 너희는 가서 모든 민족을 제자로 삼아 아버지와 아들과 성령의 이름으로 세례를 베풀고(마 28:19).

목장은 '예배, 교제, 선교'라는 세 가지 목적을 이루는 공간입니다.

목장은 믿지 않는 자들을 초청하여 복음을 전할 수 있는 가장 효과적인 자리입니다. 신앙은 혼자서 성장하지 않습니다. 목장은 '신앙을 배우고, 실천하고, 전하는 자리'입니다.

지금, 당신의 신앙을 더 깊이 성장시키고 싶다면 목장에 참여하십시오. 목장에서 신앙의 새로운 차원을 경험하십시오.

🔲 오늘의 핵심 포인트

목장은 단순한 모임이 아니라, 신앙을 배우고 실천하며 성장하는 공동체로서, 성도들이 함께 하나님 나라를 이루어 가는 자리이다.

🔲 오늘의 묵상 질문
- 나는 신앙을 혼자서 지키려 하지는 않는가, 공동체 안에서 더 깊이 성장하기 위해 무엇을 결단해야 할까?
- 내가 속한 소그룹(목장)에서 더 적극적으로 섬기고 사랑을 실천하기 위해 할 수 있는 일은 무엇인가?

가로등처럼 빛나는 교회: 세상을 밝히는 우리의 사명

> 너희는 세상의 빛이라. 산 위에 있는 동네가 숨겨지지 못할 것이요(마 5:14).

길을 걷다 보면 고장 난 가로등을 발견할 때가 있습니다. 깜빡거리거나 꺼진 채로 어둠 속에 방치된 가로등을 보기도 합니다. 평소에는 가로등을 잘 인식하지 못하지만, 가로등이 빛을 잃을 때 비로소 우리는 가로등의 역할을 깨닫습니다. 그때 사람들은 어두움을 탓하지 않고, 빛을 잃어버린 가로등을 탓합니다.

교회도 마찬가지입니다. 교회가 영적으로 고장 나서 빛을 내지 못하면, 사람들은 세상의 어둠을 탓하는 것이 아니라 빛을 잃은 교회를 탓합니다. 세상이 어둠에 휩싸이는 이유는 세상의 책임이 아닙니다. 세상의 빛인 교회가 자기 역할을 감당하지 못했기 때문입니다.

우리는 평소 가로등의 존재를 크게 인식하지 않습니다. 그러나 가로등 덕분에 우리는 밤길을 안전하게 걷고 운전할 수 있습니다.

그렇다면 가로등 같은 교회란 어떤 교회일까요?

화려한 외양으로 자신의 존재감을 드러내는 교회가 아닙니다. 사람들이 어디에 교회가 있는지 몰라도, 가로등처럼 은은한 빛을 발하여 어둠 속에 살아가는 이들에게 없어서는 안 될 영향력을 끼치는 교회입니다.

> 이같이 너희 빛이 사람 앞에 비치게 하여 그들로 너희 착한 행실을 보고 하늘에 계신 너희 아버지께 영광을 돌리게 하라(마 5:16).

교회는 화려한 건물이 아니라 은혜의 빛을 밝히는 공동체가 되어야 합니다. 가로등은 모두가 잠든 깊은 새벽에도 홀로 깨어 빛을 냅니다. 주어진 자리에서 묵묵히 사명을 다하며 빛을 밝힙니다. 교회도 이와 같아야 합니다. 어둠이 짙을수록 더욱 깨어 홀로 빛나는 교회, 세상이 잠들어 있을 때에도 홀로 깨어 기도하는 교회, 하나님이 보내신 그곳에서 묵묵히 사명을 감당하는 교회가 되어야 합니다.

> 모든 일을 원망과 시비가 없이 하라. 이는 너희가 흠이 없고 순전하여 어그러지고 거스르는 세대 가운데서 하나님의 흠 없는 자녀로 세상에서 그들 가운데 빛들로 나타내며(빌 2:14-15).

세상이 아무리 어두워도 교회가 빛을 잃지 않는다면 희망이 있습니다.
가로등 아래에서 사람들은 안전을 느낍니다. 그 빛 덕분에 두려움이 아닌 사랑이 싹트고 대화의 꽃이 피어납니다. 가로등 덕분에 어둠이 세상을 덮지 못합니다.
교회도 마찬가지입니다. 교회가 있는 곳에는 두려움 대신 평안이 있습니다. 교회가 비추는 빛 아래에서 사랑이 피어납니다. 교회는 가로등처럼 세상 속에서 사람들에게 평안과 안식을 주는 공동체가 되어야 합니다.
가로등이 빛을 내려면, 전기가 계속 공급되어야 합니다. 전원이 공급되지 않으면 가로등은 어둠 속에서 방치될 뿐입니다. 교회도 마찬가지입니다. 성령의 능력이 공급되지 않으면 교회는 본래의 역할을 감당할 수 없습니다. 하나님의 은혜가 흘러 들어올 때, 교회는 빛을 내어 세상을 변화시킵니다.

> 오직 성령이 너희에게 임하시면 너희가 권능을 받고 예루살렘과 온 유대와 사마리아와 땅끝까지 이르러 내 증인이 되리라(행 1:8).

교회는 가로등 같은 존재가 되어야 합니다. 어둠이 짙을수록, 더욱 밝게 빛나야 합니다. 밤이 깊을수록 깨어 있어야 합니다.

당신의 교회는 빛을 내고 있습니까?

당신은 가로등 같은 성도로 살아가고 있습니까?

> 너희가 전에는 어둠이더니 이제는 주 안에서 빛이라 빛의 자녀들처럼 행하라(엡 5:8).

빛을 잃지 않는 교회, 빛을 잃지 않는 성도가 됩시다!

◻ 오늘의 핵심 포인트

교회는 가로등처럼 어둠 속에서도 깨어 빛을 비추며, 성령의 능력 안에서 세상에 평안과 희망을 전하는 공동체가 되어야 한다.

◻ 오늘의 묵상 질문

- 나는 지금 있는 자리에서 세상을 밝히는 '가로등 같은 성도'로 살아가고 있는가?
- 교회가 세상의 빛으로서 역할을 감당하기 위해 내가 실천할 수 있는 작은 행동은 무엇인가?

신앙이 깊어지려면, 함께 걸어가십시오

> 오직 사랑 안에서 참된 것을 하여 범사에 그에게까지 자랄지라 그는 머리니 곧 그리스도라 그에게서 온 몸이 각 마디를 통하여 도움을 받음으로 연결되고 결합되어 각 지체의 분량대로 역사하여 그 몸을 자라게 하며 사랑 안에서 스스로 세우느니라(엡 4:15-16).

세상은 받는 것, 소유하는 것, 쌓는 것을 복이라고 생각합니다. 그러나 참된 복은 세상의 원리와는 반대로 사는 것입니다. 돈은 독점하는 것보다 나눌 때 더 큰 복이 됩니다. 신앙생활에서도 이 원리가 적용됩니다. 말씀을 듣기만 하는 성도와 타인을 말씀으로 양육하는 성도는 그 신앙의 깊이가 같을 수 없습니다.

건강한 육체를 유지하려면 음식(입력)과 운동(출력)의 균형이 중요합니다. 좋은 음식을 먹기만 하고 움직이지 않으면 체내에 지방과 독소가 쌓입니다. 적절한 유산소 운동과 근력 운동을 해야 건강한 몸을 유지할 수 있습니다. 신앙생활도 마찬가지입니다. 매일 말씀을 먹지만 영적으로 움직이지 않는다면 '영적 비만'이 됩니다. 그 결과, 신앙이 무기력해지고 온갖 종류의 영적 부작용을 경험합니다.

영적 근력을 키우려면 '받는 자리'에서 '섬기는 자리'로 나아가야 합니다. 누군가를 위해 기도하고, 말씀으로 격려하며, 사랑으로 섬길 때, 우리의 영혼에도 근육이 붙고 신앙의 지구력이 생깁니다.

운전석 옆에 앉은 사람과 운전대를 잡은 사람은 길을 기억하는 능력에서 현저한 차이를 보입니다. 조수석에 앉으면 편하긴 하지만, 길을 배우지 못합니다. 반면, 운전대를 잡는 사람은 모든 상황을 직접 판단하고 길을 기억하게 됩니다.

신앙도 마찬가지입니다. 말씀을 듣기만 하는 성도는 하나님의 길과 현존을 명확히 보지 못합니다. 그러나 직접 섬기고 양육하는 성도는 하나님의 역사하심을 더욱 선명하게 경험합니다. 타인을 섬기기 시작할 때, 신앙의 길이 더 명확해지고 영적 리더십이 형성됩니다.

성도는 소그룹 안에서 섬기는 영적 활동을 반드시 해야 합니다. 신앙이 살아 움직이는 경험을 하고 싶다면, 마음을 활짝 열어 공동체와 연결되십시오. 공동체 안에서 하나님께서 각자에게 주신 은사를 활용하여 서로를 섬기십시오. 그리스도의 몸 안에서 우리는 함께 자라게 되어 있습니다. 혼자가 아니라 함께 신앙생활을 할 때 하나님의 은혜가 흘러 들어오는 것을 경험합니다. 이것이 영적 생활의 가장 중요한 신비입니다.

에베소서 4장 15-16절은 교회의 신비를 이렇게 설명합니다.

> 오직 사랑 안에서 참된 것을 하여 범사에 그에게까지 자랄지라 그는 머리니 곧 그리스도라 그에게서 온 몸이 각 마디를 통하여 도움을 받음으로 연결되고 결합되어 각 지체의 분량대로 역사하여 그 몸을 자라게 하며 사랑 안에서 스스로 세우느니라 (엡 4:15-16).

소그룹 안에서 말씀을 나누고 기도하며 함께 성장하는 것이 신앙의 핵심입니다.

영적 근력을 키우는 가장 확실한 방법은 바로 공동체 안에서 서로를 섬기는 일입니다. 단순히 예배당에 앉아 말씀을 듣는 것을 넘어, 이제는 조수석의 편안함을 버리고 운전대를 잡는 용기를 내십시오. 당신의 은사를 사용하여 누군가를 격려하고, 사랑으로 섬길 때 비로소 신앙은 깊어집니다. 혼자서는 결코 자라날 수 없습니다. 각 지체가 연결되어 서로를 돕고 세울 때, 그리스도의 몸인 교회는 사랑 안에서 스스로 굳건히 서게 됩니다. 더 이상 영적 비만에 머물지 말고, 공동체 안에서 섬김의 근육을 키워 그리스도 안에서 함께 자라가는 진정한 성도의 삶을 살아가십시오.

◻ **오늘의 핵심 포인트**

신앙은 혼자가 아니라 함께 걸어갈 때 깊어지며, 공동체 안에서 섬기고 나눌 때 더욱 성장한다.

◻ **오늘의 묵상 질문**
- 나는 신앙을 혼자서만 키우려 하고 있지는 않은가, 함께 성장하는 공동체 안에서 나누고 섬기는 삶을 살고 있는가?
- 내 신앙이 더욱 깊어지기 위해 지금 내가 섬길 수 있는 사람이나 공동체는 어디인가?

64

교회, 영원히 이어지는 하늘 가족

즐거워하는 자들과 함께 즐거워하고, 우는 자들과 함께 울라(롬 12:15).

소그룹은 하늘 가족입니다. 식구(食口)라는 단어는 밥 '식'(食)과 입 '구'(口)로 함께 모여 '밥을 먹는 입'을 의미합니다. 가족은 함께 식탁을 나눌 때 더욱 서로 가까워지고, 정을 나눌 때 서로의 삶이 연결됩니다. 함께 밥을 먹어야 식구입니다.

교회는 하늘 가족이 함께 모인 하늘 공동체이며, 성찬식은 예수님과 함께할 미래의 하늘 식탁을 상징합니다. 우리는 성찬을 통해 하나님의 은혜를 이 땅에서 미리 맛보며, 하늘 가족의 삶을 경험합니다.

교회에서 성찬을 통해 하늘 잔치를 상징적으로 누린다면 소그룹에서는 함께 밥을 먹으면서 하늘 공동체의 삶을 실질적으로 경험합니다. 사랑하는 가족을 위해 정성껏 식탁을 차리듯, 소그룹의 성도들은 함께 음식을 나누고 삶을 공유하며 하늘 가족으로 세워져 갑니다.

소그룹은 하늘 가족입니다. 가족은 서로의 허물을 드러내지 않고 덮어 줍니다. 때로는 부족하고 연약한 모습이 보일지라도, 가족이기에 감싸 주고 가려 줍니다.

베드로전서 4장 8절은 이렇게 말씀합니다.

> 사랑은 허다한 죄를 덮느니라(벧전 4:8).

이 말씀처럼, 소그룹이 진정한 하늘 가족이 되려면 서로의 허물을 덮어주고 용납하는 마음이 필요합니다.

가족은 결코 갈라서지 않습니다. 때로는 다투고 갈등을 겪어도 다시 화해하는 것이 가족입니다. 소그룹이 가족이 되려면 서로를 용서하고 화해해야 합니다. '피는 물보다 진하다'라는 말이 있지만, '믿음'으로 맺어진 하늘 가족은 '피'로 맺어진 땅의 가족보다 더 진한 관계입니다. 혈연으로 맺어진 가족 관계는 이 세상에서 끝나지만, 믿음으로 맺어진 하늘 가족은 영원까지 이어지는 관계입니다.

소그룹이 하늘 가족이 되려면 서로 용서하고 화해하는 마음을 가져야 합니다. 한때 서운했던 감정을 품고 멀어지는 것이 아니라, 하나님 안에서 다시 손을 잡고 사랑으로 하나 되는 것이 소그룹의 본질입니다.

사촌이 밭을 사면 배가 아프지만 가족이 밭을 사면 함께 기뻐합니다. 진정한 가족은 서로의 기쁨을 진심으로 축하하고 서로의 아픔을 함께 짊어집니다. 소그룹도 마찬가지입니다. 함께 기뻐하고, 함께 슬퍼하며, 함께 성장하는 공동체가 되어야 합니다.

로마서 12장 15절은 이렇게 말씀합니다.

> 즐거워하는 자들과 함께 즐거워하고, 우는 자들과 함께 울라(롬 12:15).

이 말씀처럼 소그룹은 서로의 삶에 동행하는 신앙공동체입니다.

우리는 하늘 가족의 따뜻함을 품고 믿음의 순례길에서 서로에게 힘과 위로가 되는 공동체가 되어야 합니다. 소그룹 안에서 우리는 혼자가 아닙니다. 서로를 돌보고, 기쁨과 슬픔을 나누며, 함께 자라나는 신앙의 여정을 걸어갑시다.

우리는 세상에서 얻을 수 없는 깊은 안정감과 소속감을 바로 이 하늘 가족 안에서 발견할 수 있습니다. 혼자 감당하기 어려운 삶의 무게를 함께 짊어지고, 작은 성공도 진심으로 축하해 주는 공동체, 그것이 바로 하나님께서 우리에게 주신 가장 큰 선물입니다. 이처럼 서로의 삶에 깊이 연결되어 기쁨과 슬픔을 함께 나누고, 서로를 위해 기도하는 관계 속에서 우리는 믿음의 순례길을 끝까지 걸어갈 힘을 얻게 될 것입니다.

▣ 오늘의 핵심 포인트

소그룹은 이 땅에서 경험하는 하늘 가족이며, 사랑과 용서로 하나 되어 영원히 이어지는 신앙공동체이다.

▣ 오늘의 묵상 질문

- 내가 속한 신앙공동체 안에서 진정한 하늘 가족의 따뜻함을 경험하고 있는가?
- 혹시 서운한 감정이나 갈등으로 인해 멀어진 신앙공동체 안의 누군가가 있다면, 내가 먼저 화해와 용서의 손을 내밀 수 있을까?

소그룹, 믿음의 여정을 함께 하는 공동체

> 서로 돌아보아 사랑과 선행을 격려하며, 모이기를 폐하는 어떤 사람들의 습관과 같이 하지 말고, 오직 권하여 그 날이 가까움을 볼수록 더욱 그리하자 (히 10:24-25).

철새들은 이동할 때 'V'자 대형을 이루며 날아갑니다. 이러한 비행 방식은 그들이 멀고도 고된 여정을 떠나고 있다는 뜻입니다. 연구에 따르면, 새들은 혼자 날 때보다 V자형으로 날아갈 때 약 70퍼센트 더 먼 거리를 비행할 수 있다고 합니다. 함께 날 때 더 큰 힘을 얻고 더 멀리 갈 수 있습니다.

가장 앞에서 날아가는 새가 리더입니다. 리더의 자리는 바람의 저항을 많이 받기 때문에 가장 힘든 자리입니다. 그래서 무리 중에 약하고 지친 개체는 뒤쪽에 배치되고, 가장 강한 새가 앞에서 방향을 잡고 날아갑니다.

만약 리더 새가 지치면 뒤따르던 새가 앞으로 나와 리더의 자리를 대신합니다. 그리고 뒤따르는 새들은 계속 소리를 내며 응원합니다. 이처럼, 서로의 희생과 협력이 놀라운 상승 작용을 일으켜 힘든 여정도 끝까지 완주할 수 있습니다. 공동체가 걸어가는 신앙의 여정도 이와 같습니다.

험난하고 기나긴 믿음의 여정을 완주하기 위해서는 반드시 공동체 안에서 함께 걸어가야 합니다. 누군가는 리더가 되어 앞에서 방향을 제시하고 뒤에서는 그 리더를 응원하고 격려해야 합니다. 또한, 영적으로 연약한 지체들을 배려하며 침체에 빠진 이들이 낙오되지 않도록 도와야 합니다.
존 칼빈은 이렇게 말했습니다.

> 교회는 그리스도인의 어머니이다.

즉, 하나님께서 공동체를 통해 그리스도인들을 돌보고 양육하신다는 뜻입니다. 신앙의 성장은 결코 혼자서 이룰 수 없습니다. 혼자서 영적으로 성장하겠다는 생각은 마치 갓난아이가 어머니 없이 자랄 수 있다는 말과 같습니다. 하나님은 소그룹 공동체를 통해 갓난아이와 같은 신앙인을 돌보고 성장하도록 도우십니다. 그러므로 한 사람이 영적으로 성장하기 위해서는 반드시 공동체 안에서 인격적인 관계를 맺고 서로 돕고, 기도하며, 신앙을 함께 세워 가는 과정이 필요합니다.

주일 회중 예배만큼이나 중요한 것이 소그룹 예배입니다. 소그룹 공동체 안에서 서로의 신앙을 나누고, 함께 성장할 수 있습니다. 함께 모이기를 힘쓰십시오. 믿음의 여정은 혼자 가는 길이 아닙니다. 소그룹 공동체 안에서 신앙의 힘을 얻고, 서로를 격려하며, 함께 하나님 나라를 향해 나아갑시다.

▢ 오늘의 핵심 포인트

신앙의 여정은 혼자가 아니라 공동체와 함께 걸어갈 때 더욱 강해지고 끝까지 완주할 수 있다.

▢ 오늘의 묵상 질문

- 나는 신앙의 길을 혼자 가려 하지는 않는가? 함께 격려하고 성장할 수 있는 신앙공동체 안에 머물고 있는가?
- 혹시 신앙의 여정에서 낙오되어 힘들어하는 이웃이 있다면, 내가 어떻게 도울 수 있을까?

한 사람을 세우는 제자 공동체

> 그가 어떤 사람은 사도로, 어떤 사람은 선지자로, 어떤 사람은 복음 전하는 자로, 어떤 사람은 목사와 교사로 삼으셨으니 이는 성도를 온전하게 하여 봉사의 일을 하게 하며 그리스도의 몸을 세우려 하심이라(엡 4:11-13).

교회의 사명은 무엇일까요?

교인들을 많이 등록시키는 것이 아니라, 예수님을 닮은 '제자'를 세우는 것입니다. 예수님께서 승천하시기 직전 제자들에게 남기신 마지막 명령은 분명했습니다.

> 그러므로 너희는 가서 모든 민족을 제자로 삼아 아버지와 아들과 성령의 이름으로 세례를 베풀고, 내가 너희에게 분부한 모든 것을 가르쳐 지키게 하라(마 28:19-20).

이 명령 속에는 교회의 가장 중요한 사명이 담겨 있습니다. 교회는 단순한 종교 기관이 아닙니다. 교회는 예수님을 따르는 사람들이 함께 모여 하나님 나라를 확장해 가는 공동체입니다. 우리는 단순히 '교회를 다니는 사람'이 아니라, '교회가 되어 살아가는 사람'이 되어야 합니다.

"교회를 다니지 말고 교회가 되라."

이 말은 오늘날 기독교가 깊이 새겨야 할 도전입니다. 교회는 건물이 아닙니다. 교회는 예수님을 주로 고백하고, 세상 속에서 그분을 증거하는 '사람들'입니다. 신앙생활의 목적은 단지 주일마다 특정한 장소를 방문하는 것이 아니라, 우리의 삶 자체가 '살아 있는 교회'가 되는 것입니다.

디트리히 본회퍼는 그의 저서 『나를 따르라』에서 이렇게 말했습니다.

> 은혜는 값싼 것이 아니다. 값비싼 은혜는 예수 그리스도를 따르는 삶을 요구하며, 제자의 길을 걷게 한다.

제자가 된다는 것은 단순히 예수님의 가르침을 듣는 것이 아니라, 그 가르침을 따라 사는 것입니다. 그러므로 교회는 단순한 종교 조직이 아니라, 삶을 통해 예수님의 사랑과 복음을 실천하는 '제자 공동체'가 되어야 합니다. 예수님께서 말씀하신 하나님 나라는 "밭에 심긴 겨자씨"(마 13:31-32)와 같습니다. 겨자씨는 작지만 자라서 큰 나무가 되고, 많은 새가 그 가지에 깃듭니다. 또한, 하나님 나라는 "서 말 가루에 넣은 누룩"(마 13:33)과 같습니다. 누룩은 작지만 밀가루 반죽 전체를 변화시킵니다.

교회도 이와 같습니다. 예수님을 따르는 사람들이 세상 속으로 들어가 하나님의 사랑을 드러낼 때, 하나님 나라는 확장됩니다. 교회는 세상을 등지고 고립된 장소가 되어서는 안 됩니다. 오히려 세상의 한가운데로 나아가야 합니다. 교회가 존재하는 곳에는 어둠이 사라지고, 희망과 생명의 빛을 비추어야 합니다.

오늘날 교회들은 '양적 성장'에 집중합니다. 하지만, 진정한 부흥은 '질적 성장'에서 시작됩니다. 우리가 집중해야 할 것은 숫자가 아니라 '한 사람을 예수님의 온전한 제자로 세우는 것'입니다. 예수님은 많은 무리가 따르는 것을 원하지 않으셨습니다. 오히려 그분은 제자들에게 이렇게 말씀하셨습니다.

> 아무든지 나를 따라오려거든 자기를 부인하고 자기 십자가를 지고 나를 따를 것이니라(마 16:24).

예수님을 따르는 것은 희생을 의미합니다. 제자도는 단순한 교리적 지식이 아니라, 삶의 방식입니다. 한 사람이 변화될 때, 가정이 변화되고, 사회가 변화되며, 궁극적으로 하나님 나라가 이 땅에 확장됩니다. 우리의 삶 속에서 가장 중요한 것은 '한 사람'을 위한 섬김입니다. 초대 교회는 거대한 운동이 아니라, '한 사람'의 변화로 시작되었습니다. 예수님은 군중을 상대하기보다 한 사람 한 사람을 만나 주셨습니다.

교회는 세상을 변화시키는 힘입니다. 하지만, 그 변화는 거대한 구조에서 시작되지 않습니다. 한 사람의 변화에서 시작됩니다. 하나님 나라의 확장은 단순한 프로그램이 아니라, 한 명 한 명이 예수님의 참된 제자로 세워질 때 이루어집니다.

🔲 오늘의 핵심 포인트

교회는 숫자에 집중하지 말고 한 사람 한 사람을 예수님의 온전한 제자로 세우는 공동체가 되어야 한다.

🔲 오늘의 묵상 질문

- 나는 단순한 교인이 아니라, 예수님의 참된 제자로 살아가고 있는가?
- 내 신앙이 교회 안에 머물러 있지는 않는가, 세상 속에서 하나님 나라를 확장하는 삶을 살고 있는가?

좋은 설교와 위대한 설교의 차이

> 내 말과 내 전도함이 설득력 있는 지혜의 말로 하지 아니하고 다만 성령의 나타나심과 능력으로 하여(고전 2:4).

목사로서 가장 큰 짐이 설교입니다. 설교는 하면 할수록 어렵습니다. 다양한 분야의 '달인'을 소개하는 TV 프로그램이 있습니다. 한 가지 일을 몇 년 혹은 몇십 년을 반복하면 그 분야의 달인이 됩니다. 남들이 흉내조차 낼 수 없는 경지에 도달한 사람들이 '달인'입니다.

설교에는 '달인'이 없습니다. 365일 매일같이 설교해도 설교는 인간의 능력이나 기교에 의해 완전한 경지에 도달할 수 있는 기술이 아니기 때문입니다.

물론, 좋은 설교는 인간이 가진 능력에 의해 결정됩니다. 목소리, 표현력, 표정, 예화, 성경 분석과 같은 것들을 얼마나 탁월하게 해내느냐가 좋은 설교를 결정합니다. 하지만, 거기까지입니다. 좋은 설교와 위대한 설교를 구분하는 기준점은 성령의 기름 부으심이 있느냐에 달려 있습니다.

찰스 스펄전은 이렇게 말했습니다.

> 설교는 학문일 수도 있고 예술일 수도 있습니다. 그러나 무엇보다도 설교는 성령의 능력이 임할 때 살아 있는 하나님의 말씀이 됩니다.

이것이 설교의 신비입니다. 아무리 화려한 언변과 탄탄한 논리가 뒷받침된 설교라 해도, 성령의 역사 없이는 청중의 마음을 변화시키지 못합니다. 설교자는 자신의 지식과 능력을 의지하는 것이 아니라, 철저히 하나님의 은혜를 의지해야 합니다. 설교자의 가장 무서운 적은 익숙함과 자만감입니다.

조나단 에드워즈는 이렇게 경고했습니다.

> 설교자는 언제나 떨리는 마음으로 하나님의 말씀 앞에 서야 합니다. 익숙함은 신앙의 적이며, 자만은 성령의 역사를 가로막습니다.

성령의 능력과 은혜 없이 익숙한 방식으로 설교 사역을 반복하게 되면, 설교 안에 역사하던 영적 생명이 사라지기 시작합니다. 겉으로는 세련된 설교일 수 있어도, 성령의 능력이 느껴지지 않는 것입니다. 설교자인 저 역시, 늘 빠질 수 있는 위험이기도 합니다.

설교를 통해 하나님의 마음을 전달하기 위해서는 주님의 은혜가 절실히 필요합니다. 한 편의 설교가 이루어 낼 수 있는 위대한 일들을 기대하면서 오늘이 마지막 설교라는 심정으로 강단에 서야 합니다.

무엇보다 설교자가 드러나는 설교가 아니라 오직 그리스도만 드러나는 설교가 되도록 기도해야 합니다. 설교를 통해 우리의 삶 속에 걸어 들어오시는 예수님의 현존이 강력하게 나타나는 설교여야 합니다.

세례 요한은 요한복음 3장 30절에서 이렇게 고백했습니다.

> 그는 흥하여야 하겠고 나는 쇠하여야 하리라 (요 3:30).

이 세례 요한의 고백이 저의 고백이 되기를 간절히 기도합니다. 한 편의 설교가 이루어 낼 수 있는 위대한 일들을 기대하며, 오늘도 강단에 섭니다. 오늘이 마지막 설교라는 마음으로 말씀을 준비합니다. 인간의 유창함이 아니라 하나님의 은혜가 흐르는 설교가 되도록, 오직 그분의 영광이 선포되는 시간이 되도록, 늘 깨어 기도할 것입니다.

설교자를 위해 기도해 주십시오. 강단 위에서 하나님의 말씀을 온전히 선포할 수 있도록, 익숙함과 자만을 경계하며 성령의 인도하심을 따를 수 있도록, 무엇보다도 인간의 말이 아니라 하나님의 말씀이 증거되는 설교가 되도록 기도해 주십시오. 그럴 때, 우리는 '말씀이 육신이 되어 우리 가운데 거하시는' 예수 그리스도의 임재를 더욱 깊이 경험하게 될 것입니다.

◻ 오늘의 핵심 포인트

좋은 설교는 인간의 노력으로 만들어지지만, 위대한 설교는 성령의 기름 부으심 속에서 탄생한다.

◻ 오늘의 묵상 질문
- 나는 말씀을 들을 때, 단순한 지식이 아니라 하나님의 임재와 능력을 경험하려는 갈망이 있는가?
- 나는 설교자가 성령의 인도하심을 따라 말씀을 선포할 수 있도록 기도로 중보하고 있는가, 설교를 듣고 끝나는 것이 아니라, 내 삶에서 그 말씀을 실천하고 있는가?

제자로 사는 길, 본질을 붙들다

> 또 네가 많은 증인 앞에서 내게 들은 바를 충성된 사람들에게 부탁하라. 그들이 또 다른 사람들을 가르칠 수 있으리라(딤후 2:2).

신앙생활에서 가장 중요한 태도는 본질을 붙드는 마음입니다.

'기독교인으로 산다는 것은 무엇인가?'
'교회생활의 목적은 무엇인가?'
'하나님께서 내게 주신 소명은 무엇인가?'

이러한 질문들을 계속 던지며 신앙의 방향을 점검해야 합니다. 신앙은 단순한 종교적 습관이 아니라, 예수 그리스도의 제자로 살아가는 삶이기 때문입니다.

그리스도인이란 예수님의 제자로 부름을 받은 사람입니다. 제자는 단순히 예수님을 믿는 사람이 아니라, 그분의 성품을 닮고 그분의 사명을 이루며 살아가는 사람입니다. 예수님께서는 승천하시기 전, 우리에게 분명한 사명을 맡기셨습니다.

> 그러므로 너희는 가서 모든 민족을 제자로 삼아 아버지와 아들과 성령의 이름으로 세례를 베풀고, 내가 너희에게 명령한 모든 것을 가르쳐 지키게 하라 (마 28:19-20).

이 말씀에서 우리는 제자의 두 가지 핵심 요소를 발견할 수 있습니다.

첫째, 내가 먼저 예수님을 따르는 삶을 살아야 합니다.
둘째, 다른 사람을 회심으로 이끌어 예수님을 따르도록 돕는 것입니다. 제자는 단순한 신앙인이 아니라, 복음을 전하여 또 다른 제자를 세우는 사람입니다.

교회의 가장 중요한 사명은 복음을 전하여 영혼을 회심으로 이끄는 것입니다.
디트리히 본회퍼는 그의 저서 『나를 따르라』에서 이렇게 말했습니다.

> 제자는 단순히 예수를 따라 걷는 사람이 아니다. 그는 예수의 십자가를 지고, 또 다른 제자를 세우는 삶을 살아야 한다.

교회가 존재하는 이유는 영혼을 구원하고, 그들이 예수님의 가르침을 배우며 성장하도록 돕는 데 있습니다. 모든 신앙인은 세상 속에서 이웃과 진실한 관계를 맺고, 삶과 말로 복음을 증언해야 합니다. 그 결과, 한 영혼이 회심하고, 예수님을 따르는 제자가 되는 일이 교회 안에서 계속해서 일어나야 합니다.

복음 전도는 단순히 한 사람을 교회로 인도하는 것으로 끝나지 않습니다. 회심한 영혼이 예수님의 제자로 성장하도록 돕는 것이 중요합니다. 리처드 포스터는 그의 책 『영적 훈련의 길』(*Celebration of Discipline*)에서 이렇게 강조했습니다.

> 신앙의 성숙은 우연히 이루어지지 않는다. 그것은 의도적인 훈련과 공동체 안에서의 양육을 통해 이루어진다.

제자는 말씀을 배우고, 기도하며, 공동체 안에서 섬기는 삶을 살아야 합니다. 신앙은 단순한 감정적 체험이 아니라, 지속적인 훈련과 성장의 과정입니다. 성경은 이러한 훈련의 중요성을 분명하게 강조합니다.

> 또 네가 많은 증인 앞에서 내게 들은 바를 충성된 사람들에게 부탁하라. 그들이 또 다른 사람들을 가르칠 수 있으리라(딤후 2:2).

이 말씀은 신앙이 단절되지 않고 계속해서 이어져야 함을 보여 줍니다. 내가 배운 복음을 또 다른 사람에게 전수하고, 그들이 또 다른 제자를 세우는 선순환이 이루어질 때, 교회는 건강하게 성장할 수 있습니다.

교회는 단순한 건물이나 조직이 아닙니다. 그것은 살아 있는 영적 공동체입니다. 예수님께서 꿈꾸셨던 교회는 프로그램이나 행사 중심이 아니라, 제자들이 모여 하나님 나라를 확장하는 영적 공동체입니다. 교회의 중직자들은 단순한 행정적 역할을 맡는 것이 아니라, 영적 아비가 되어 영혼을 돌보고 양육하는 사명에 헌신해야 합니다.

하나님께서는 우리를 부르셔서 단순한 신앙인이 아니라, 제자로 살도록 하셨습니다. 제자의 삶은 쉬운 길이 아닙니다. 하지만, 예수님은 다음과 같이 말씀하십니다.

> 수고하고 무거운 짐 진 자들아 다 내게로 오라. 내가 너희를 쉬게 하리라(마 11:28).

우리가 예수님의 제자로서 영혼을 돌보는 삶을 살아갈 때, 하나님께서 우리와 함께 하십니다.

오늘, 여러분의 삶 속에서 하나님께서 맡기신 '한 영혼'을 찾고, 그들을 사랑과 복음으로 품어 보시기를 바랍니다. 그것이 우리가 받은 가장 큰 부르심이며, 신앙의 본질입니다.

📙 오늘의 핵심 포인트

신앙의 본질은 예수님의 제자로 살아가는 것이며, 또 다른 제자를 세우는 것이 우리의 가장 큰 사명이다

📙 오늘의 묵상 질문
- 나는 단순한 신앙인이 아니라, 예수님의 참된 제자로서 살아가고 있는가?
- 내 삶 속에서 한 사람을 주님께 인도하기 위해 내가 할 수 있는 실천은 무엇인가?

공간을 넘어, 사명을 담는 교회

> 너희는 세상의 빛이라 산 위에 있는 동네가 숨겨지지 못할 것이요 (마 5:14).

교회 건물은 단순한 예배 공간을 넘어, 하나님의 사랑을 나누고 세상과 소통하는 공간이 되어야 합니다. 많은 교회가 아름다운 성전을 세우는 일에는 집중하지만, 그 공간을 어떻게 활용할 것인가에 대한 고민은 상대적으로 부족합니다. 그러나 교회는 하나님의 뜻을 실현하는 곳이 되어야 합니다.

성도들은 교회를 '거룩한 성전'으로 여기며, 그 공간을 신성한 곳으로만 생각하는 경향이 있습니다. 그러나 신약성경을 보면, 예수님께서는 성전 중심의 신앙에서 벗어나, 하나님을 예배하는 새로운 방식을 가르치셨습니다. 사도 바울은 이렇게 말했습니다.

> 너희는 너희가 하나님의 성전인 것과 하나님의 성령이 너희 안에 거하시는 것을 알지 못하느냐 (고전 3:16).

즉, 참된 성전은 건물이 아니라 예수 그리스도를 따르는 인격적 공동체입니다. 따라서 교회의 공간은 단지 예배만을 위한 장소가 아니라, 하나님 나라의 가치를 실현하는 도구로 쓰여야 합니다. 건물이 비어 있는 시간 동안 적극적으로 활용되지 않는다면, 그것은 하나님께서 주신 자원을 충분히 활용하지 못하는 것입니다. 교회 건물은 크게 세 가지 방향으로 활용될 수 있습니다. 곧 사귐의 공간, 문화의 공간, 섬김의 공간입니다.

첫째, 사귐의 공간입니다. 교회는 하나님과 성도들이 만나는 공간이며, 동시에 성도들이 모여 진실한 교제를 나누는 장소입니다. 성도들이 함께 모여 예배하고, 삶을 나누고, 서로를 위로하는 장이 되어야 합니다. 이를 위해 교회의 공간을 적극적으로 개방해야 합니다. 교회들이 소그룹 모임을 가정에서 진행하지만, 형편상 어려운 성도들을 위해 교회 공간이 언제든 열려 있어야 합니다.

둘째, 문화의 공간입니다. 현대 사회에서 교회는 더 이상 단순한 신앙 공동체에 머물러서는 안 됩니다. 지역 사회와 연결되는 접점을 만들어야 하며, 그 접점은 종종 '문화'라는 매개체를 통해 형성됩니다. 교회가 지역 주민들에게 열린 문화 공간이 된다면, 자연스럽게 사람들이 교회를 찾게 될 것입니다. 예를 들어, 작은 도서관을 운영하거나, 음악·미술·글쓰기와 같은 다양한 문화 강좌를 개설할 수도 있습니다. 이러한 프로그램은 교회가 복음을 전할 수 있는 접점을 마련해 줍니다.

셋째, 섬김의 공간입니다. 교회의 궁극적인 사명은 '섬김'입니다. 예수님께서는 이렇게 말씀하셨습니다.

> 인자가 온 것은 섬김을 받으려 함이 아니라 도리어 섬기려 하고 … (막 10:45).

교회는 지역 사회의 필요를 채우는 섬김의 공동체가 되어야 합니다. 소외된 이웃을 돌보고, 청소년과 청년들이 머물 수 있는 따뜻한 공간을 제공하며, 도움이 필요한 이들에게 실질적인 지원을 해야 합니다.

예를 들어, 365일 열려 있는 카페와 작은 도서관을 운영할 수 있습니다. 카페는 단순히 커피를 마시는 공간이 아니라, 청소년과 청년들, 성도들과 지역 주민들이 자유롭게 드나들며 대화하고, 삶의 쉼을 얻는 공간이 되어야 합니다. 또한, 기존의 낙후된 공간을 새롭게 리모델링하여 지역 주민들에게 열린 공간으로 제공하고, 다양한 문화 강좌를 통해 자연스럽게 교회와 연결될 수 있습니다.

교회 공간은 단순히 예배를 위한 공간으로만 머물러서는 안 됩니다. 우리가 이 땅에 존재하는 이유는 예수님께서 가르쳐 주신 사랑과 섬김을 실천하는 공동체가 되기 위함입니다. 어거스틴은 이렇게 말했습니다.

> 사랑하는 만큼 교회다.

교회가 사랑을 실천하고, 세상을 품을 때, 우리는 진정한 교회가 될 수 있습니다.

> 너희는 세상의 빛이라 산 위에 있는 동네가 숨겨지지 못할 것이요 (마 5:14).

🔲 오늘의 핵심 포인트

교회는 단순한 예배 공간이 아니라, 사귐과 문화, 섬김을 통해 하나님의 사랑을 실천하는 공동체가 되어야 한다.

🔲 오늘의 묵상 질문

- 나는 교회를 단순한 예배 공간으로만 여기고 있지는 않은가, 아니면 교회를 통해 세상을 섬기는 사명을 실천하고 있는가?
- 내가 속한 교회가 지역 사회를 섬기기 위해 실천할 수 있는 구체적인 사역은 무엇이 있을까?

기도의 불꽃이 타오르는 교회

> 빌기를 다하매 모인 곳이 진동하더니, 무리가 다 성령이 충만하여 담대히 하나님의 말씀을 전하니라(행 4:31).

교회의 힘은 어디에서 나올까요?

건물의 크기나 성도의 수, 혹은 조직의 탄탄함일까요?

아닙니다. 교회의 진정한 힘은 '기도'에서 나옵니다. 기도는 교회의 엔진과 같습니다. 아무리 좋은 자동차라도 엔진이 고장 나면 앞으로 나아갈 수 없습니다. 마찬가지로 교회가 진정한 영적 능력을 발휘하려면 그 중심에 기도의 불꽃이 활활 타올라야 합니다.

그러나 현실적으로 교회 공동체 안에서 기도의 열기가 식어 가는 경우가 많습니다. 예배와 말씀은 중요하게 여기면서도, 기도의 자리에 적극적으로 나아가는 것은 쉽지 않습니다.

어떻게 하면 기도의 불꽃을 다시 타오르게 할 수 있을까요?

기도의 공동체가 되기 위한 몇 가지 방향을 함께 고민해 보려 합니다.

첫째, 기도의 첫걸음은 기도의 자리에 나아가는 것입니다. 새벽 기도, 수요 기도회와 같은 공동체 기도에 참석하는 것은 혼자 하는 기도보다 더욱 강력한 힘을 발휘합니다. 혼자 타는 불꽃은 쉽게 꺼질 수 있지만, 함께 모여 드리는 기도는 더욱 강력하고 오래갑니다.

출애굽기 17장에서 이스라엘 백성이 아말렉과 전투할 때, 모세는 홀로 기도하지 않았습니다. 아론과 훌이 함께 모세의 손을 들어 올려 주었고, 그 결과 이스라엘이 승리할 수 있었습니다. 공동체 기도의 힘이 바로 여기에 있습니다. 기도가 약하다고 느껴진다면, 기도하는 사람들 곁에 앉아 보십시오. 기도의 열정과 영성이 전염될 것입니다.

둘째, 기도는 소리내어 선포하는 것입니다. 기도의 방식은 사람마다 다릅니다. 어떤 사람은 묵상하며 조용히 기도하고, 어떤 사람은 간절히 울부짖으며 기도합니다. 중요한 것은 공동체 기도에서는 자신의 기도 소리가 자신의 귀에 들릴 정도로 기도하는 것입니다. 소리가 크다고 해서 영적으로 더 깊은 것은 아니지만, 입술로 기도를 선포할 때 우리의 마음이 더 깨어나고 집중할 수 있습니다.

때로는 옆 사람의 기도 소리가 방해가 될 수도 있습니다. 그러나 사실 방해가 되는 것은 환경이 아니라, 기도에 몰입하지 못하는 우리의 내면일 가능성이 큽니다. 기도의 볼륨을 조금씩 높이며 집중할 때, 어느 순간 성령 안에서 깊은 기도의 자리로 나아갈 수 있습니다.

셋째, 기도는 구체적으로 하십시오. 막연한 기도보다 구체적인 기도가 응답을 받습니다. 성경에서 하나님의 사람들이 기도할 때, 그들의 기도는 명확하고 구체적이었습니다. 엘리야는 갈멜산에서 하나님께 불을 내려 응답해 달라고 구체적으로 기도했습니다(왕상 18:36-38). 히스기야 왕은 생명을 연장해 달라고 하나님께 간절히 호소했고, 15년을 더 살았습니다(사 38:1-5). 바울은 자신의 사명을 위해 담대함을 구하며 복음의 문이 열리기를 구체적으로 기도했습니다(골 4:3).

기도할 때 막연하게 "하나님, 도와주세요"라고 말하기보다, "주님, 이번 주 수요 기도회에서 성령의 임재를 경험하게 해주세요"라고 더욱 구체적으로 기도하십시오. 구체적인 기도가 구체적인 응답을 가져옵니다.

넷째, 기도는 노동입니다. 기도는 단순한 형식이 아닙니다. 그것은 영적인 노동이며, 하나님의 임재 안으로 깊이 들어가는 수고로운 과정입니다. 종종 기도는 우리의 감정과 상황에 따라 쉬운 일처럼 느껴지기도 하지만, 깊은 기도 안으로 들어가려면 인내와 헌신이 필요합니다. 더 깊은 영적 세계로 나아가기 위해서는 기도의 자리에 오래 머물며, 하나님의 뜻과 마음을 구하는 연습이 필요합니다.

오늘날에도 교회의 부흥은 기도에서 시작됩니다. 기도의 불꽃이 살아 있는 교회는 어떤 위기 속에서도 흔들리지 않습니다. 기도의 자리에 나아가십시오. 소리 내어 기도하십시오, 구체적으로 기도하고, 인내하며 하나님께 나아갈 때, 우리는 더욱 강력한 영적 능력을 얻게 될 것입니다. 기도의 불꽃이 다시 타오를 때, 교회는 더욱 강해질 것입니다.

▫ 오늘의 핵심 포인트

교회의 진정한 힘은 기도에서 나오며, 함께 모여 뜨겁게 기도할 때 성령의 역사와 부흥이 일어난다.

▫ 오늘의 묵상 질문
- 나는 기도를 신앙생활의 중심에 두고 있는가, 혹은 기도의 자리를 얼마나 소중히 여기고 있는가?
- 내가 속한 공동체에서 기도의 불꽃을 다시 타오르게 하기 위해 어떤 실천을 할 수 있을까, 지금 내 삶에서 더욱 구체적으로 기도해야 할 기도 제목은 무엇인가?

너희는 먼저 그의 나라와 그의 의를
구하라 (마태복음 6:33)

제8장
사명, 세상 속에서 그리스도의 편지로 살다

71. 번아웃과 무기력 사이, 신앙인은 어디로?
72. 복음은 장벽을 허문다: 'ㄱ'자 교회가 들려주는 신앙 이야기
73. 휴지에서 배우는 섬김의 본질
74. 복음의 변사, 당신의 입을 열라
75. 십자가, 가장 혁명적인 사랑
76. 잎새에 이는 바람과 영적 전쟁
77. 혼자 성장하는 신앙은 없다
78. 떡을 탐하는 인생에서, 떡이 되어주는 인생으로
79. 그리스도인과 술, 어디까지 허용될 수 있을까?
80. 얼굴이 가장 좋은 전도지입니다

번아웃과 무기력 사이, 신앙인은 어디로?

> 푯대를 향하여 그리스도 예수 안에서 하나님이 위에서 부르신 부름의 상을 위하여 달려가노라(빌 3:14).

2016년 프랑스의 한 대기업 직원이 회사를 상대로 소송을 제기했습니다. 그는 "회사로부터 정신적 고통을 받았다"라고 주장했는데, 그 고통의 원인은 과중한(burn-out) 업무가 아니라, 지나치게 적은 업무(bore-out)였습니다. 회사가 그에게 의미 있는 일을 맡기지 않아, 그는 수년 동안 책상만 지키며 무기력을 경험했다고 합니다. 4년간의 법정 싸움 끝에, 법원은 그 직원의 손을 들어주었습니다.

우리는 흔히 과로가 우리의 삶을 파괴한다고 생각합니다. 그러나 목표 없는 지루한 삶 역시 영혼을 소진시킵니다. 과도한 업무로 몸과 마음이 완전히 지치는 상태를 번아웃(burn-out)이라고 합니다. 반면, 단조로운 일상과 반복적인 업무 속에서 삶의 의욕을 잃어 가는 상태를 보어아웃(bore-out)이라고 합니다.

최근 한 설문조사에서는 응답자의 41퍼센트가 '보어아웃'을 경험했다고 답했습니다. 반복된 업무와 단조로운 일상이 매너리즘과 무기력의 원인이 되는 것입니다. 사람은 쉼이 없어서 지치기도 하지만 목표가 없어서 지치기도 합니다.

행동경제학자 댄 애리얼리(Dan Ariely)는 동기 부여가 노동에 미치는 영향을 실험했습니다. 실험 참가들에게 블록 장난감으로 로봇을 조립하도록 했습니다. 두 그룹으로 나누어, 첫째 그룹은 매번 다른 종류의 로봇을, 둘째 그룹은 똑같은 종류의 로봇을 조립하도록 했습니다.

어떤 그룹이 더 많은 로봇을 만들었을까요?

똑같은 작업을 한 '반복 그룹'이 아니라 '새로운 도전을 한 그룹'이 더 높은 생산성을 보였습니다. 사람은 단순한 보상이 아니라 새로운 목표와 의미를 찾을 때 삶의 동기를 얻습니다. 그리스도인이 충만한 삶을 누리기 위해서는 날마다 하나님이 주신 목표를 향해 달려가야 합니다.

> 푯대를 향하여 그리스도 예수 안에서 하나님이 위에서 부르신 부름의 상을 위하여 달려가노라(빌 3:14).

우리는 의미 없는 반복 속에서 허덕이는 삶이 아니라 목표를 향해 전진하는 삶을 살아야 합니다. 우리는 종종 '편안함'을 '평안함'으로 착각합니다. '재미'를 '기쁨'으로 오해합니다. '편안함'은 아무런 도전과 갈등 없는 상태가 지속되는 것이라면, '평안함'은 어려움과 도전을 극복하는 과정에서 얻는 깊은 만족입니다. '재미'가 외부 자극으로 인해 생기는 일시적 즐거움이라면, '기쁨'은 내면 깊은 곳에서 샘솟는 본질적 만족감입니다.

하나님이 우리에게 주시고자 하는 삶은 '편안하고 재미있는 삶'이 아닙니다. '평안과 기쁨이 있는 삶'입니다. 편안함은 가만히 있어도 주어지지만, 평안함은 반드시 투쟁의 과정이 필요합니다. 재미는 쉽게 사라지지만, 기쁨은 깊이 남아 삶을 지탱합니다.

> 내가 이것을 너희에게 이름은 내 기쁨이 너희 안에 있어 너희 기쁨을 충만하게 하려 함이라(요 15:11).

신앙인은 편안함이 아니라 평안함을 추구해야 합니다. 일시적인 재미가 아니라 지속적인 기쁨을 추구해야 합니다.

위대한 설교자 조지 휫필드는 마지막 순간에 이렇게 말했습니다.

> 나는 녹슬어 죽을 바에는 차라리 닳아서 없어지겠다.

그리스도인은 무의미함으로 소진되는 삶과 분주함으로 탈진하는 삶, 양 극단이 아닌 사명감으로 불타오르는 삶을 선택해야 합니다.

> 너희는 그의 나라와 그의 의를 구하라(마 6:33).

당신의 삶은 지금, 번아웃과 보어아웃 중 어디에 있습니까?
그리고 하나님께서 부르신 그 푯대를 향해 달려가고 있습니까?
하나님이 주신 사명을 붙들고 주님 부르시는 그날까지 열정을 다해 달려가십시오.

▣ 오늘의 핵심 포인트

그리스도인은 번아웃과 무기력 사이에서 방황하는 것이 아니라, 하나님이 주신 푯대를 향해 열정적으로 달려가는 사람이다.

▣ 오늘의 묵상 질문

- 나는 지금 하나님이 주신 사명을 따라 달려가고 있는가, 아니면 번아웃이나 무기력 속에 머물러 있는가?
- 하나님이 내게 맡기신 사명과 목표를 다시 새롭게 붙들기 위해 오늘부터 무엇을 실천할 수 있을까?

복음은 장벽을 허문다: 'ㄱ'자 교회가 들려주는 신앙 이야기

> 너희는 유대인이나 헬라인이나 종이나 자유인이나 남자나 여자나 다 그리스도 예수 안에서 하나이니라(갈 3:28).

김제 금산교회를 방문했습니다. 이 교회는 한국 초대 교회의 모습을 그대로 보전하고 있는 'ㄱ'자 교회로 유명합니다.

그렇다면 왜 'ㄱ'자 형태의 교회일까요?

유교 문화가 강했던 1900년대 초, 당시 한국 교회는 남녀 회중을 철저히 구분하기 위해 'ㄱ'자 형태의 예배당을 지었습니다. 'ㄱ'자의 꼭짓점에 강단을 세우고, 양쪽으로 남녀의 좌석을 분리한 구조였습니다. 설교자의 강대상은 남성 회중을 향해 있었고, 여성들은 커튼에 가려 설교자의 모습을 볼 수 없었습니다. 여성들은 음성으로만 예배를 드려야 했던 시대였습니다. 120년 전 조선이 얼마나 폐쇄적이었는지를 단적으로 보여 주는 장면입니다.

그런데 이런 암울한 시대를 변화시키는 복음의 능력이 금산교회의 이야기 안에서 전해지고 있었습니다. 금산교회는 한국 교회 역사에 큰 영향을 미친 두 인물, 조덕삼과 이자익을 배출한 교회입니다. 1904년, 테이트 선교사가 전주에서 정읍으로 가던 중, 금산리를 지나며 복음을 전하기 시작했습니다. 그곳에서 금산 지역의 지주였던 조덕삼, 그리고 그의 하인이었던 이자익이 복음을 듣고 회심했습니다. 조덕삼의 사랑채에서 금산교회가 시작되었고, 두 사람은 신앙의 동역자가 되었습니다. 그러나 이후, 교회 내에서 예상치 못한 일이 벌어졌습니다.

교회가 성장하면서, 장로 선출을 위한 투표가 진행되었습니다. 후보자는 두 사람이었습니다. 금산 지역에서 가장 부유한 지주였던 조덕삼과 그의 하인 출신으로 나이도 조덕삼보다 15살 어린 이자익이었습니다. 투표 결과는 놀라웠습니다. 교인들은 하인이었던 이자익을 장로로 선출했습니다. 낙선한 조덕삼은 선교사에게 발언권을 얻어 이렇게 말했습니다.

"우리 금산교회 교인들은 참으로 훌륭한 일을 해냈습니다. 저희 집에서 일하고 있는 이자익은 저보다 신앙의 열의가 대단합니다. 참으로 감사합니다. 나는 하나님의 뜻을 따라 이자익 장로를 잘 받들고 더욱 교회를 잘 섬기겠습니다."

조덕삼은 결과를 받아들이는 것에서 멈추지 않았습니다. 이후 장로가 된 조덕삼은 이자익이 신학 공부를 할 수 있도록 평양신학교 학비를 전액 지원했습니다. 그리고 신학교를 졸업한 이자익을 금산교회의 담임목사로 초빙했습니다. 하인이었던 이자익이 주인의 지원을 받아 목사가 되어 그의 신앙을 이끌게 된 것입니다. 이자익은 후에 한국 기독교 총회장을 세 차례나 역임하며 한국 교회의 기틀을 세우는 중요한 역할을 감당했습니다.

금산교회의 'ㄱ'자 구조는 시대의 문화에 따라 남녀를 구분하고 있었지만, 그 안에 흐르는 복음은 시대의 장벽과 신분의 한계를 뛰어넘었습니다.

> 너희는 유대인이나 헬라인이나 종이나 자유인이나 남자나 여자나 다 그리스도 예수 안에서 하나이니라(갈 3:28).

조선의 유교 사회는 신분을 구분했지만 복음은 그 장벽을 허물었습니다. 당시 교회 건축물은 남녀를 가로막았지만 복음은 남녀를 하나로 만들었습니다. 그 시대의 가치관은 사람을 차별했지만 복음은 사람을 동등하게 세웠습니다. 이것이 복음의 능력입니다.

> 우리는 'ㄱ'자 교회를 바라보며, 그 안에서 어떤 메시지를 들어야 할까요?
> 오늘날 우리는 여전히 보이지 않는 장벽을 만들고 있지는 않나요?
> 신앙이 단순한 전통에 머무르지 않고, 사람을 진정으로 변화시키는 능력이 되기 위해서는 어떻게 해야 할까요?

너희가 서로 사랑하면 이로써 모든 사람이 너희가 내 제자인 줄 알리라 (요 13:35).

진정한 신앙공동체는 신분과 배경을 초월한 '하나님 나라'를 이루어야 합니다. 우리의 신앙이 'ㄱ'자로 막힌 공간이 아니라 열린 복음의 장이 되기를 소망합니다. 이제, 그 장벽을 허물도록 복음의 능력을 삶에서 실천합시다.

🔲 오늘의 핵심 포인트

복음은 모든 장벽을 허물고, 신분과 차별을 넘어 하나님 나라를 이루는 능력이다.

🔲 오늘의 묵상 질문
- 복음이 내 삶에서 사회적 편견이나 차별을 뛰어넘는 힘이 되고 있는가?
- 내가 속한 신앙공동체에서 '복음의 평등'을 실천하기 위해 할 수 있는 작은 행동은 무엇인가?

휴지에서 배우는 섬김의 본질

> 인자가 온 것은 섬김을 받으려 함이 아니라 도리어 섬기려 하고 자기 목숨을 많은 사람의 대속물로 주려 함이니라(막 10:45).

'휴지'라는 단어는 부정적인 의미로 사용될 때가 많습니다. "휴지 조각이 되었다"라는 말은 어떤 것이 가치를 잃고 쓸모없게 되었다는 뜻입니다. "휴지통 취급하지 마"라는 표현은 온갖 부정적인 감정과 상처를 받아 내야 하는, 상처 입은 인격을 가리킬 때 쓰이곤 합니다. 그러나 이러한 인식은 '휴지'를 부정적으로만 바라보는 시각입니다. 사실 '휴지'는 기독교적 희생과 사랑을 완벽하게 보여 주는 상징 중 하나입니다.

40미터 길이의 두루마리 휴지를 만들려면 펄프 125그램이 필요하고 펄프 1톤을 생산하려면 30년생 나무 20그루가 베어져야 합니다. 우리나라에서는 1년 동안 사용하는 화장지를 만들기 위해 매년 523만 그루의 나무가 쓰러집니다. 그렇게 베어진 나무들은 누군가의 삶 곁에서 휴지가 되어 묵묵히 섬기다가 이름도 없이 휴지통으로 버려집니다. 그런 점에서 휴지는 예수님의 생애를 보여 주는 하나의 상징입니다. 예수님 또한 높은 하늘 보좌에서 내려오셔서 인간을 섬기고, 결국 십자가에서 버려지셨습니다.

'휴지'는 현대인의 필수품이지만, 부정적인 이미지를 갖는 이유는 섬김의 가치를 잃어버린 현대인의 편견 때문입니다.

안도현 시인의 〈너에게 묻는다〉라는 시가 떠오릅니다.

> 연탄재 함부로 발로 차지 마라. 너는 누구에게 한 번이라도 뜨거운 사람이었느냐.

시인은 다 타버린 연탄재를 보고 타인을 위해 뜨겁게 소진되는 삶의 위대함을 발견했습니다.

'휴지'는 그런 점에서 기독교적 가치를 닮고 있는 가장 멋진 은유입니다. '휴지'는 자신을 온전히 희생하면서 세상의 더러움을 닦아 냅니다. 무엇보다 인간의 고통을 상징하는 땀과 눈물과 피를 닦아 주면서 인간을 치유합니다. 예수님은 마치 하늘의 휴지처럼 이 땅에 오셔서 우리의 죄를 닦아 주셨을 뿐만 아니라 지금도 살아 있는 영혼의 휴지가 되어 우리의 눈물과 땀과 피를 닦아 주십니다. 그러므로 그리스도인은 '휴지' 같은 인생이 되는 것을 부끄럽게 생각하지 말아야 합니다.

책상 위의 갑티슈를 봅니다. 맨 위에 솟아 있는 한 장의 휴지가 마치 이렇게 외치는 듯합니다.

"나를 사용해 주세요. 나는 당신을 위해 온전히 내 자신을 드릴 준비가 되어 있습니다."

그리스도인은 이 한 장의 휴지처럼 하나님 앞에 서 있어야 합니다.

그러나 예수님의 인생은 '휴지'와 다른 단 하나의 차이가 있습니다. 휴지는 한 번 사용되면 다시 재사용할 수 없지만, 예수님은 섬김과 희생을 끝으로 소멸되지 않으셨습니다. 오히려 부활하셔서 영광 가운데 다시 살아나셨습니다.

주님을 위해 기꺼이 소진된 인생은 결코 사라지지 않습니다. 오히려 하나님의 영광 가운데 다시 일어나 가장 위대한 거목으로 우뚝 서게 될 것입니다.

🟪 오늘의 핵심 포인트

진정한 섬김은 자신을 온전히 내어 주는 것이며, 하나님을 위해 기꺼이 소진된 삶은 결코 헛되지 않는다.

🟪 오늘의 묵상 질문

- 나는 오늘 내 삶에서 예수님처럼 '휴지 같은 섬김'을 실천하고 있는가?
- 희생과 소진을 두려워하는 마음이 있다면, 그것을 극복하기 위해 어떤 결단을 내릴 수 있을까?

복음의 변사, 당신의 입을 열라

> 그런즉 그들이 믿지 아니하는 이를 어찌 부르리요 듣지도 못한 이를 어찌 믿으리요 전파하는 자가 없이 어찌 들으리요 보내심을 받지 아니하였으면 어찌 전파하리요 기록된 바 아름답도다 좋은 소식을 전하는 자들의 발이여 함과 같으니라
> (롬 10:14-15).

한국 사회에 영화가 처음 등장했을 때, 오디오 기술이 발달하지 않아 배우들의 행동만 스크린에 보이는 무성영화 시대가 있었습니다. 그 시절 관객들은 오직 배우들의 표정과 몸짓을 통해 영화의 행간을 읽어야 했습니다. 무성영화의 황제라 불리는 찰리 채플린의 작품들이 대표적입니다.

그런데 당시 한국의 영화관에는 특별한 직업이 생겨났습니다. 변사입니다.

변사를 기억하시나요?

1900년대 무성영화가 상영되던 시절, 변사는 영화관에서 절대적인 위치를 차지하고 있었습니다. 변사의 역할은 단순한 해설을 넘어섰습니다. 영화의 시작을 알리고, 줄거리를 요약해 주며, 필름 교체 시간 동안 유머와 입담으로 관객들을 즐겁게 했습니다. 또한, 서양 영화에 등장하는 신문물을 소개하는 역할도 했습니다.

그러나 변사의 가장 중요한 임무는 영화 속 인물들의 목소리를 생생하게 구현하여 관객들에게 이야기를 현실처럼 전달하는 일이었습니다. 변사의 연기력과 구사력에 따라 같은 영화라도 전혀 다른 감동을 주었습니다. 당대 유명한 변사들이 있었고, 사람들은 영화의 내용보다도 누가 변사인가를 보고 영화관을 선택하곤 했습니다. 그러나 1940년대 유성영화가 등장하면서 배우들의 실제 목소리를 들을 수 있게 되었고, 변사는 점차 역사의 뒤안길로 사라졌습니다.

하지만, 영적인 세계에서는 변사가 결코 사라질 수 없습니다. 성경은 인류 역사상 가장 위대한 이야기를 담고 있지만, 이 이야기는 누구에게나 들리는 것이 아닙니다. 성경은 마치 무성영화처럼, 영적인 귀가 열린 사람만이 그 메시지를 온전히 들을 수 있습니다. 그렇기에 성경의 이야기를 자신의 삶으로 내면화하고, 이를 자신의 목소리와 행동으로 전달하는 영적 변사가 필요합니다.

성경은 이러한 사람들을 '증인'이라고 부릅니다. 성도는 이 시대 복음의 변사입니다. 세상은 여전히 들리지 않는 성경의 소리를 자신의 삶으로 선포해 줄 사람이 필요합니다. 무성영화 시대의 변사가 수십 번 같은 영화를 보며 중심 메시지를 익히고, 배우들의 감정을 온몸으로 체득한 후 관객들에게 생생하게 전달했듯이, 성도 역시 말씀의 세계로 깊이 들어가 하나님을 만나고, 그 감동을 세상에 전하는 역할을 감당해야 합니다.

이를 위해 먼저 말씀을 가까이하십시오. 단순히 읽는 것이 아니라 말씀 속에서 살아 역사하시는 하나님을 경험하고, 그 은혜를 삶으로 증거하십시오.

우리는 복음의 변사입니다. 우리가 들은 하나님의 말씀을 세상에 선포할 때, 성경의 메시지는 더 이상 '무성영화'가 아니라 사람들의 영혼을 울리는 '생명의 이야기'가 될 것입니다.

우리 삶의 고백과 행동이 복음의 목소리가 되어야 합니다. 두려움과 망설임을 떨쳐내고, 우리의 입술을 열어 하나님의 사랑과 구원의 이야기를 담대히 선포합시다. 말로만 전하는 것이 아니라, 우리의 삶 자체가 복음을 증언하는 변사의 역할을 감당하게 될 때, 수많은 영혼이 성경 속 무성영화의 감동을 깨닫고 주님께 돌아오는 기적이 일어날 것입니다.

"아름답도다, 복음을 전하는 당신의 발걸음과 목소리여."

오늘의 핵심 포인트

성도는 복음의 변사로 부름받았으며, 하나님의 말씀을 삶으로 증거할 때 세상은 그분의 음성을 듣게 된다.

오늘의 묵상 질문

- 나는 복음의 변사로서 하나님의 말씀을 세상에 전하고 있는가?
- 내 언어와 행동으로 복음을 증거하기 위해 어떤 노력을 할 수 있을까?

십자가, 가장 혁명적인 사랑

> 이에 예수께서 제자들에게 이르시되 누구든지 나를 따라오려거든 자기를 부인하고 자기 십자가를 지고 나를 따를 것이니라(마 16:24).

세상에는 많은 혁명적 사상과 운동이 존재하지만, 그중에서도 십자가는 가장 급진적입니다. 고대 로마 시대의 십자가는 극악한 범죄자에게만 주어지는 형벌이었으며, 그 고통과 수치는 상상을 초월하는 것이었습니다. 그런데 예수님께서는 자신을 따르려는 제자들에게 이렇게 명령하셨습니다.

> … 자기 십자가를 지고 나를 따르라(마 16:24).

이러한 부르심은 단순한 상징이 아니라, 자기 죽음에 기반한 급진적 헌신을 요구하는 혁명적인 부르심이었습니다. 하지만, 오늘날 많은 사람은 십자가를 단순한 장신구로 여기거나, 종교적 상징으로만 받아들이고 있습니다. 십자가가 '죽음'이 아닌 '아름다움'의 상징으로 변질되었을 때, 십자가가 지닌 급진적 능력도 함께 사라지고 말았습니다.

디트리히 본회퍼는 그의 저서 『나를 따르라』에서 이렇게 말했습니다.

> 값싼 은혜는 우리가 십자가 없이 그리스도를 따르려는 것이다. 그러나 제자가 되려면 그리스도를 따르기 전에 먼저 자기를 부인해야 한다.

십자가를 지는 것은 단순한 고난이 아니라, 자기 죽음의 선언입니다. 우리는 변화된 환경이나 더 나은 세상을 원하지만, 기독교 신앙에서 가장 강력한 변화의 원동력은 자기 부인과 희생에서 나옵니다. 십자가 위에서 자기 욕망과 자아를 내려놓을 때, 우리는 진정한 자유를 경험하게 되고, 부활의 능력이 역사하기 시작합니다.

C. S. 루이스 역시 이렇게 말했습니다.

> 나를 내려놓으면 내려놓을수록, 더 온전한 내가 된다.

이것이 십자가의 역설입니다. 세상은 자신의 힘으로 살아가라 하지만, 기독교 신앙은 내가 죽을 때 오히려 내 존재 안으로부터 참된 생명이 시작된다고 가르칩니다.

오늘날 많은 사람이 십자가 없는 기독교를 추구합니다. 신앙을 성공적 삶을 위한 도구로 삼고, 자기 유익을 위한 신앙생활을 하려 합니다. 하지만, 십자가 없는 기독교는 결국 변질된 신앙이 될 수밖에 없습니다. 예수님께서 가신 길 외에 승리의 길은 없습니다.

십자가는 피할 수 있는 것이 아닙니다. 우리는 십자가를 피하든지, 그 위에서 죽든지 둘 중 하나만을 선택해야 합니다. 그러나 십자가를 거부하면, 신앙은 단순한 종교적 형식으로 전락할 것이고, 그리스도의 부활의 능력도 경험할 수 없습니다. 십자가는 부활로 가는 유일한 길입니다.

톨스토이(Leo Tolstoy)는 이렇게 말했습니다.

> 인생에서 가장 중요한 두 가지 질문이 있다.

첫째, 나는 무엇을 위해 살 것인가?
둘째, 나는 무엇을 위해 죽을 것인가?

우리는 이 질문을 깊이 묵상해야 합니다. 그리스도인에게 있어 참된 생명은 십자가를 통해서만 가능합니다. 예수님께서 십자가를 지고 골고다 언덕을 오르셨던 것처럼, 우리도 십자가를 지고 그분을 따를 때 비로소 부활의 생명과 능력이 우리의 삶 속에서 역사하게 됩니다. 그러므로 오늘, 십자가 앞에서 우리의 신앙을 다시 점검해 보아야 합니다.

우리는 십자가를 피해 가려 하는 신앙을 갖고 있지는 않은가요?

아니면, 그 위에서 죽고 부활하는 삶을 살아가고 있나요?

십자가를 지는 삶을 선택하십시오. 그 길 끝에는 영광의 부활과 참된 생명이 기다리고 있습니다.

🟪 오늘의 핵심 포인트

십자가는 단순한 상징이 아니라, 자아를 내려놓고 부활의 생명을 경험하는 혁명적인 부르심이다.

🟪 오늘의 묵상 질문

- 나는 신앙의 여정에서 십자가를 피하려 하고 있는가, 아니면 기꺼이 지고 따르고 있는가?
- 십자가를 진다는 것이 오늘 나의 일상과 관계에서 어떤 의미를 가질 수 있을까?

76

잎새에 이는 바람과 영적 전쟁

> 너희는 이 세대를 본받지 말고, 오직 마음을 새롭게 함으로 변화를 받아 하나님의 선하시고 기뻐하시고 온전하신 뜻이 무엇인지 분별하도록 하라(롬 12:2).

한국인이 가장 사랑하는 시는 윤동주의 〈서시〉입니다. 윤동주의 시에는 맑은 영성에서 우러나는 성경적 세계관이 녹아 있습니다.

〈서시〉의 첫 구절은 이렇습니다.

> 하늘을 우러러 한 점 부끄러움이 없기를 잎새에 이는 바람에도 나는 괴로워했다.

이 문장 안에는 윤동주의 영적 투쟁이 그려져 있습니다. 시인은 잎새에 부는 바람이 아니라 잎새에 이는 바람 때문에 괴로워합니다. 잎새에 부는 바람은 누구나 감지할 수 있는 바람이지만 잎새에 이는 바람은 살짝 내려앉은 미세한 바람입니다. 잎새에 이는 바람은 영적으로 민감한 사람만이 느끼는 내면의 깊은 갈등을 상징합니다.

우리는 그리스도인이 되면 이전의 갈등과 혼란이 사라질 것이라 기대합니다. 그러나 그리스도인이 된다는 것은 전혀 다른 차원의 투쟁 속으로 들어가는 것을 의미합니다. 은혜 밖에 살 때 우리의 싸움은 주로 외부와의 싸움이었습니다. 그러나 그리스도인이 되는 순간, 인생의 싸움이 더 근원적인 곳에 자리 잡고 있다는 사실을 깨닫게 됩니다. 자신과의 싸움입니다.

그리스도인과 비그리스도인의 결정적인 차이가 바로 여기에 있습니다. 그리스도인은 죄를 안 짓는 사람이 아니라 죄에 저항하는 사람입니다. 그러나 거듭나지 않은 사람은 결코 죄에 저항할 수 없습니다. 죄에 저항할 영적 항체 자체가 없기 때문입니다. 세상에 속한 사람들은 세상에 어떻게 저항할 것인가보다 어떻게 적응할 것인가를 고민합니다

로마서 12장 2절은 이렇게 말씀합니다.

> 너희는 이 세대를 본받지 말고 오직 마음을 새롭게 함으로 변화를 받아 하나님의 선하시고 기뻐하시고 온전하신 뜻이 무엇인지 분별하도록 하라(롬 12:2).

'본받는다'라는 단어는 영어로 'conform'입니다. 'conform'이라는 단어는 '함께'라는 뜻을 가진 접두사 'con'과 '모양'이라는 뜻을 가진 'form'의 합성어로, 모양을 함께한다는 의미입니다. 세상에 순응하고자 하는 경향성은 인간의 타고난 본성에 자리 잡고 있습니다.

그런데 예수님을 믿고 거듭나면 세상의 흐름에 대항하는 새로운 경향성이 생겨납니다. 세상에 'conform'하는 것이 아니라 세상을 'transform'합니다. 영적으로 성숙하다는 것은 이 싸움의 실체를 점점 더 깊이 인식하고 인간의 무력함을 더 절실히 깨닫는 것입니다.

그리고 우리는 그 과정에서 이 싸움의 진정한 주체가 '내'가 아니라 '내 안에 계신 주님'이라는 사실을 깨닫습니다. 예수님께서 사망 권세를 깨뜨리시고 죽음에서 부활하셔서 첫 열매가 되셨던 것처럼, 우리 안에 있는 새로운 생명이 마침내 죽음을 정복하는 날이 올 것임을 기억하고 믿음으로 오늘도 선한 싸움을 싸워야 합니다.

존 오웬은 영적 전쟁을 이렇게 설명했습니다.

> 죄를 죽이지 않으면, 죄가 너를 죽일 것이다.

우리는 신앙을 통해 점점 더 깊이 죄와의 싸움이 얼마나 치열한지 깨닫게 됩니다. 그러나 동시에 이 싸움의 진정한 주체는 내가 아니라, 내 안에 계신 주님임을 알게 됩니다.

십자가에서 예수님께서 최후의 승리를 거두셨듯이, 우리가 싸우는 영적 전투도 결국 그분의 승리 안에서 완성될 것입니다. 그러므로 우리는 자신의 무력함을 인정하면서도, 주님을 신뢰하며 이 싸움을 끝까지 견뎌야 합니다.

어거스틴은 이렇게 말했습니다.

> 내 안에서 선한 싸움을 싸우시는 분은 내가 아니라, 내 안에 계신 그리스도이시다.

우리의 믿음은 한 번의 결심으로 끝나는 것이 아닙니다. 끊임없는 내면의 투쟁을 통해 성숙해 가는 과정입니다. 오늘도 잎새에 이는 바람을 느끼고, 내 안에서 역사하시는 하나님의 손길을 신뢰하며 믿음의 경주를 끝까지 완주하십시오.

오늘의 핵심 포인트

신앙은 외적 평온이 아니라, 내면 깊은 곳에서 죄와 싸우며 변화되는 영적 전쟁이다.

오늘의 묵상 질문

- 나는 신앙의 여정에서 세상의 흐름에 순응하고 있는가, 아니면 하나님의 뜻에 따라 변화되려고 노력하고 있는가?
- 내가 영적 전쟁을 싸울 때, 하나님을 얼마나 신뢰하며 의지하고 있는가?

혼자 성장하는 신앙은 없다

> 또 네가 많은 증인 앞에서 내게 들은 바를 충성된 사람들에게 부탁하라 그들이 또 다른 사람들을 가르칠 수 있으리라(딤후 2:2).

이솝우화 〈까마귀와 물병〉에는 지혜로운 까마귀가 등장합니다. 목이 마른 까마귀가 물병을 발견했지만, 물병이 너무 깊어 부리가 닿지 않습니다. 그러자 까마귀는 작은 돌멩이를 하나씩 물어다 물병에 넣었고, 결국 수위가 올라가 물을 마실 수 있었습니다.

2014년, 케임브리지대학교 연구팀은 실제로 까마귀가 도구를 사용할 수 있는지 실험을 진행했습니다. 연구진은 물을 반쯤 채운 시험관과 모래를 반쯤 채운 다른 시험관을 각각 준비하고, 그 안에 까마귀가 좋아하는 먹이를 넣어 두었습니다. 그리고 주변에는 작은 돌멩이들을 놓아 두었습니다. 까마귀는 망설임 없이 돌을 물어 와 물이 담긴 시험관에 떨어뜨려 수위를 올렸고, 곧 먹이를 꺼내 먹었습니다.

이솝우화가 사실로 입증된 순간이었습니다. 더욱 놀라운 점은, 까마귀는 단단한 물체를 넣으면 수위가 올라간다는 사실을 이해하고 있었다는 것입니다. 이처럼 문제를 해결하는 능력이 뛰어난 까마귀는 '깃털 달린 영장류'라고 불립니다.

그렇다면 까마귀는 어떻게 뛰어난 문제 해결 능력을 갖게 되었을까요?

2020년, 독일 막스플랑크연구소(Max Planck Institute)는 까마귀와 수천 종의 조류를 비교 연구하며 그 비결을 밝혀냈습니다. 대부분의 새들은 부화 후 평균 13일 만에 둥지를 떠나지만, 까마귀는 29일 동안 머뭅니다. 그리고 둥지를 떠난 후에도 부모의 돌봄을 받는 시간이 300일 이상 지속되며, 뉴칼레도니아 까마귀의 경우에는 무려 4년 동안 어미와 함께 지낸다고 합니다.

즉, 어미 까마귀는 새끼 곁에 오래 머물면서 문제 해결 방법을 보여 주고, 반복 학습을 통해 도구 사용법을 전수합니다. 까마귀가 도구를 사용할 수 있는 이유는 단순한 본능이 아니라, 부모의 돌봄 속에서 이루어지는 학습 과정의 결과입니다. 이 원리는 영적인 세계에서도 동일하게 적용됩니다.

그리스도인은 영적 돌봄을 통해 성장합니다. 신앙은 혼자서 터득하는 것이 아닙니다. 갓 태어난 어린아이가 부모의 돌봄 없이 살아갈 수 없듯이, 영적으로 태어난 그리스도인도 곁에서 가르쳐 주고, 신앙을 삶으로 보여 주는 영적 부모와 가족이 필요합니다.

디트리히 본회퍼는 『신도의 공동생활』(*Gemeinsames Leben*)에서 이렇게 말했습니다.

> 그리스도인은 홀로 있을 때보다 공동체 안에 있을 때 더 강하다. 신앙은 혼자서 만들어 가는 것이 아니라, 서로를 돌보고 격려하는 가운데 성장하는 것이다.

바울은 고린도전서 11장 1절에서 이렇게 말했습니다.

> 내가 그리스도를 본받는 자 된 것 같이 너희는 나를 본받는 자가 되라(고전 11:1).

믿음의 선배들은 신앙의 삶이 무엇인지 직접 보여 주며 후배들을 양육하는 역할을 합니다. 까마귀가 어미의 지도를 받으며 도구 사용을 익히듯, 그리스도인도 믿음의 공동체 안에서 말씀이라는 영적 도구를 통해 삶의 문제를 해결하는 법을 배웁니다.

히브리서 10장 24-25절은 이렇게 말씀합니다.

> 서로 돌아보아 사랑과 선행을 격려하며, 모이기를 폐하는 어떤 사람들의 습관과 같이 하지 말고 오직 권하여 그 날이 가까움을 볼수록 더욱 그리하자(히 10:24-25).

우리는 혼자 살아갈 수 없는 존재입니다. 신앙도 마찬가지입니다. 내가 영적으로 성장하기 위해서는 믿음의 선배가 필요하고, 누군가를 돌보며 성장하도록 돕는 것 또한 우리의 사명입니다. 오늘 나의 신앙을 돌아보며, 나에게 영적 돌봄이 되어준 사람이 누구였는지 떠올려 보십시오. 그리고 이제는 내가 돌봄과 사랑을 전해야 할 사람이 누구인지 생각해 보십시오. 하나님께서는 우리의 돌봄과 사랑을 통해 또 다른 영혼들을 세우고 계십니다.

▢ 오늘의 핵심 포인트

신앙은 혼자 성장하는 것이 아니라, 믿음의 공동체 속에서 서로를 돌보고 가르치는 과정 속에서 자라난다.

▢ 오늘의 묵상 질문

- 나는 신앙의 여정에서 누구에게 영적 돌봄을 받고 있으며, 또 누구를 신앙으로 양육하고 있는가?
- 나에게 신앙적으로 가장 큰 영향을 준 사람은 누구이며, 어떤 가르침을 받았는가?

떡을 탐하는 인생에서, 떡이 되어 주는 인생으로

> 예수께서 이르시되 나는 생명의 떡이니 내게 오는 자는 결코 주리지 아니할 터이요 나를 믿는 자는 영원히 목마르지 아니하리라(요 6:35).

성경에서 '떡'이라는 단어는 심오한 진리를 가진 영적 상징입니다. 인간은 본래 떡을 탐하는 존재로 살아갑니다. 배고픔을 해결하기 위해 떡을 구하고, 욕망을 위해 더 많은 떡을 가지려 합니다. 그러나 예수님을 믿는 순간, 우리의 삶은 근본적으로 변화됩니다. 하늘의 떡이신 예수님께서 우리의 생명이 되실 때, 우리는 타인의 떡을 탐하는 존재가 아니라 타인을 위해 '떡이 되어 주는' 존재로 변화됩니다.

어떻게 이러한 변화가 가능할까요?

하늘의 떡이신 예수님으로 날마다 채워지기 때문입니다. 예수님께서는 산상수훈에서 오른뺨을 때리면 왼뺨을 내어 주고, 오 리를 가자 하면 십 리를 가며, 속옷을 달라 하면 겉옷까지 주라 하셨습니다. 이런 삶이 가능한 이유는 더 이상 세상의 떡으로 배부름을 찾는 인생이 아니기 때문입니다. 하늘의 떡으로 만족함을 누릴 때, 내 손에 쥔 떡을 나눌 수 있는 여유가 생깁니다.

요한복음 6장에 등장하는 보리떡 다섯 개와 물고기 두 마리는 단순한 기적의 재료가 아닙니다. 그것은 예수님 자신을 상징합니다. 성경은 예수님께서 그 떡을 '들어'(Taken), '축사하시고'(Blessed), '떼어'(Broken), '나누어 주셨다'(Given)라고 기록합니다. 이 네 가지 동사는 단순한 기적의 과정이 아니라, 예수님과 그리스도인의 인생을 정확하게 묘사하는 표현입니다.

- **Taken (들림받음):** 예수님께서는 하나님의 손에 붙들려 이 땅에 보내심을 받으셨습니다.
- **Blessed (축복받음):** 성령으로 기름 부음을 받으셨습니다.
- **Broken (찢김을 당함):** 십자가에서 찢기셔서 우리의 죄를 대신하셨습니다.
- **Given (나누어 주심):** 성령과 성찬을 통해 자신의 몸과 피를 나누어 주십니다.

네 가지 동사의 패턴은 예수님의 생애이자, 동시에 예수님을 따르는 성도의 삶이기도 합니다. 그리스도인은 예수님처럼 하나님의 손에 들려지고, 하늘의 복을 받으며, 세상을 위해 찢기고, 타인을 위해 나누어지는 삶으로 부르심을 받았습니다.

성찬의 신학적 의미는 크게 '채워짐'과 '나누어짐'으로 요약할 수 있습니다. 성찬을 통해 우리는 하늘의 떡이신 예수님으로 채워집니다. 우리는 세상의 떡으로 만족할 수 없는 존재이기에, 성찬을 통해 하늘의 떡으로 채워지는 은혜를 누립니다. 또한, 성찬을 통해 우리는 나누는 삶을 결단합니다. 예수님께서 성찬에서 자신을 나누어 주신 것처럼, 우리도 타인을 위해 '떡'이 되는 삶을 살아야 합니다. 성도의 삶은 주님의 손에 들린 떡이며, 이 떡은 반드시 찢겨 나누어져야 합니다.

위대한 신학자 디트리히 본회퍼는 그의 책 『나를 따르라』에서 이렇게 말했습니다.

> 그리스도를 따르는 길은 값싼 은혜가 아니다. 값비싼 은혜이다. 은혜가 값비싼 이유는 그것이 예수 그리스도의 생명을 대가로 치렀기 때문이다. 값싼 은혜는 회개 없는 용서이며, 십자가 없는 은혜다. 그러나 참된 은혜는 우리를 부르셔서 주님과 함께 십자가를 지게 하신다.

예수님께서 자신을 떡으로 찢어 나누어 주셨던 것처럼, 우리 역시 이웃을 위해 자신의 삶을 나누는 제자가 되어야 합니다. 세상은 더 많은 떡을 탐하는 인생을 성공이라 말합니다. 그러나 하늘의 떡을 맛본 사람은 탐하는 인생이 아니라 주는 인생으로 살아갑니다.

··· 너희가 거저 받았으니 거저 주라(마 10:8).

◻ 오늘의 핵심 포인트

예수님께서 하늘의 떡이 되어 우리를 위해 찢기셨듯이, 우리도 타인을 위해 나누어지는 삶을 살아야 한다.

◻ 오늘의 묵상 질문
- 나는 지금까지 '떡을 탐하는 삶'을 살아왔는가, 아니면 '떡이 되어 주는 삶'을 실천하고 있는가?
- 내 삶이 하나님의 손에 들려지고, 축복받고, 나누어지도록 하기 위해 오늘 내가 결단해야 할 것은 무엇인가?

79

그리스도인과 술, 어디까지 허용될 수 있을까?

> 술 취하지 말라 이는 방탕한 것이니 오직 성령으로 충만함을 받으라(엡 5:18).

그리스도인들 사이에서 술에 대한 견해가 엇갈리는 경우가 많습니다.
"술을 마셔도 되는가?"
"술을 마시는 것이 죄인가?"
이와 같은 질문들이 종종 논쟁을 불러일으킵니다. 그러나 우리는 '술'을 논하기에 앞서, 먼저 기독교 윤리의 본질이 무엇인지 생각해 보아야 합니다.

세상의 윤리는 일반적으로 규정 중심입니다. 법과 규칙을 따라야 하고, 정해진 도덕적 기준을 충족해야 합니다. 그러나 기독교 윤리는 단순히 규정을 지키는 것이 아니라, 양심과 직관을 통해 말씀하시는 성령님의 인도하심을 따라야 합니다.

물론, 성경에도 지켜야 할 규정들이 존재합니다. 하지만, 그 규정들은 문자적 의미에 국한되지 않고, 더 깊은 의미를 내포하고 있습니다. 예를 들어, 십계명의 "살인하지 말라"(출 20:13)는 단순히 물리적인 살인을 금지하는 것이 아닙니다. 예수님께서는 이 계명의 본질을 더 깊이 설명하시며, 이렇게 말씀하셨습니다.

> 형제를 미워하는 자도 이미 살인한 것과 같다(마 5:21-22).

이는 윤리적 행위를 단순한 행위 규정으로 보지 않고, 마음의 동기를 포함한 하나님과의 관계 문제로 이해해야 함을 의미합니다.

많은 사람이 '그리스도인이 되려면 술과 담배를 끊어야 한다'라고 생각합니다. 그러나 기독교 윤리는 외적인 규칙을 먼저 강요하는 것이 아니라, 하나님과의 관계 회복을 최우선으로 둡니다. 즉, 신앙생활의 핵심은 '하나님을 사랑하고, 하나님을 기쁘시게 하는 삶을 살아가는 것'입니다.

그리고 그 사랑이 깊어질수록, 하나님께서 각자의 신앙 수준에 맞게 윤리적 결단을 요구하십니다. 술을 포기하는 것은 율법적 강요가 아니라, 하나님을 더욱 사랑하고 기쁘시게 하려는 성령의 감동 안에서 자연스럽게 이루어지는 과정이어야 합니다.

C. S. 루이스는 그의 저서 『순전한 기독교』에서 이렇게 말했습니다.

> 하나님은 우리의 억지 순종이 아니라, 자발적인 사랑을 원하신다.

마찬가지로 술을 마시지 않는 것 역시 외부의 강요가 아니라, 하나님과의 관계 안에서 자발적으로 이루어져야 하는 신앙적 결단입니다.

성경은 술을 무조건적으로 금하지 않습니다. 예수님께서 가나의 혼인 잔치에서 물을 포도주로 바꾸신 사건(요 2:1-11)이나, 바울이 디모데에게 "위장과 자주 나는 병을 위해 포도주를 조금씩 쓰라"(딤전 5:23)라고 말한 내용을 보면, 술 자체가 절대적으로 금지된 것은 아닙니다.

그러나 성경은 술 취함을 강력하게 경고합니다.

> 포도주는 거만하게 하는 것이요 독주는 떠들게 하는 것이라 이에 미혹되는 자마다 지혜가 없느니라(잠 20:1).

> 술 취하지 말라 이는 방탕한 것이니 오직 성령으로 충만함을 받으라(엡 5:18).

술을 마시는 것이 본질적으로 죄는 아니지만, 술로 인해 절제력을 잃고 죄에 빠지는 것은 분명한 문제입니다. 따라서 그리스도인의 삶에서 술을 대하는 태도는 단순히 '허용되느냐, 금지되느냐'의 문제가 아니라, 내 삶 속에서 하나님을 영화롭게 할 수 있는가의 문제로 접근해야 합니다.

율법적으로 '술을 마셔도 된다, 안 된다'의 차원이 아니라, 하나님과의 관계 안에서 성령의 인도하심을 받는 것이 더 중요합니다. 예를 들어, 어떤 사람이 술을 마시지 않는 이유가 교회에서 정죄받을까 봐 두려워서라면, 그것은 율법주의입니다. 그러나 술을 마시지 않는 것이 '하나님을 더 사랑하는 길'이라는 확신에서 비롯된 선택이라면, 그것은 신앙적 결단입니다.

디트리히 본회퍼는 이렇게 말했습니다.

> 값싼 은혜는 회개 없는 용서이며, 값비싼 은혜는 예수 그리스도를 따르기 위해 모든 것을 내려놓는 것이다.

우리는 값비싼 은혜를 받은 자들입니다. 그리고 그리스도를 따르기 위해서는 기꺼이 세상의 즐거움을 포기하는 신앙적 성숙이 필요합니다.

만약 술 문제로 고민하는 사람이 있다면, 율법적으로 "술을 마시지 말라"라고 강요하기보다는, "하나님을 더 사랑하는 길은 무엇일까", "내 삶이 하나님을 기쁘시게 하는 삶인가"라는 질문을 던질 수 있도록 도와주는 것이 필요합니다. 그 사람이 하나님을 더 사랑할 수 있도록, 성령께서 그 마음에 감동을 주시도록 기도해야 합니다.

율법이 행동을 묶는 족쇄라면, 성령은 우리를 참된 자유로 인도하시는 분입니다. 술 취함이 절제력을 잃고 방탕에 이르는 길이라면, 성령 충만은 삶을 거룩하고 의미 있게 만드는 길입니다. 우리의 삶이 율법의 강요가 아닌, 성령의 감동으로 채워져 하나님을 기쁘시게 하는 방향으로 나아가도록 항상 자신에게 질문하고 기도해야 합니다.

🟪 오늘의 핵심 포인트

술을 마시는 것이 중요한 것이 아니라, 내 삶이 하나님을 더욱 사랑하고 영화롭게 하는 방향으로 가고 있는지가 중요하다.

🟪 오늘의 묵상 질문

- 술을 대하는 나의 태도가 하나님을 더 사랑하고 기쁘시게 하는 방향으로 가고 있는가?
- 하나님과의 관계를 더욱 깊게 하기 위해 내가 내려놓아야 할 것이 있다면 무엇인가?

얼굴이 가장 좋은 전도지입니다

> 누구든지 목마르거든 내게로 와서 마시라. 나를 믿는 자는 성경에 이름과 같이 그 배에서 생수의 강이 흘러나오리라(요 7:37-38).

예수님을 믿으면 우리의 내면 깊숙한 곳에서부터 새로운 변화가 시작됩니다. 세상이 줄 수 없는 기쁨, 평안, 확신, 용기가 우리의 존재 안에서 흘러나오기 시작합니다. 믿음이란 단순히 어떤 교리를 받아들이는 것이 아니라, 삶 전체가 새롭게 변화되는 경험입니다.

우리는 종종 세상의 기쁨과 하나님이 주시는 기쁨을 혼동할 때가 있습니다. 어느 장례식장에서 시체 세 구가 똑같이 웃는 표정을 짓고 있었습니다. 사람들은 그 이유가 궁금했습니다.

첫 번째 사람은 로또 복권에 당첨되어 기뻐하다가 심장마비로 죽었고, 두 번째 사람은 아들이 삼수 끝에 명문대에 합격하여 너무 기쁜 나머지 심장마비로 세상을 떠났습니다. 세 번째 사람은 벼락을 맞았는데, 번쩍하는 순간 사진을 찍는 줄 알고 '치즈'라고 외치다가 생을 마감했습니다.

이 이야기는 허무 개그 같지만, 한 가지 중요한 진리를 내포하고 있습니다. 세상의 기쁨은 죽음 앞에서 무력하다는 사실입니다.

하지만, 신앙이 주는 기쁨은 다릅니다. 그것은 단순한 감정이 아니라, 하나님과의 관계 속에서 흘러나오는 내면의 생수입니다. 세상이 주지 못하고, 빼앗을 수도 없는 기쁨입니다.

> 주 안에서 항상 기뻐하라. 내가 다시 말하노니 기뻐하라(빌 4:4).

바울의 이 고백처럼, 신앙의 기쁨은 환경에 좌우되지 않고 영원히 지속됩니다.

한 미국인이 여행 중 주일이 되어 예배를 드릴 교회를 찾았습니다. 그는 지나가던 경찰에게 가장 가까운 교회를 물었고, 경찰은 멀리 떨어진 교회를 추천했습니다. 여행자는 의아한 표정으로 물었습니다.

"가까운 교회도 있을 텐데 왜 그렇게 멀리 있는 교회를 추천하시나요?"

경찰이 대답했습니다.

"그 교회를 다니는 신자들의 표정 때문입니다. 예배를 마치고 나오는 신자들의 얼굴을 보면, 이 근처 어떤 교회의 신자들보다 훨씬 행복해 보였습니다. 나는 비록 신앙이 없지만, 그 교회가 가장 좋은 교회인 것 같아서 추천합니다."

이 이야기는 중요한 사실을 일깨워 줍니다. 기쁨이 전도입니다. 우리의 얼굴은 우리의 신앙을 그대로 반영하는 '살아 있는 전도지'입니다.

신학자 존 스토트(John Stott)는 이렇게 말했습니다.

> 복음은 말로만 전해지는 것이 아니다. 그리스도를 믿는 사람의 삶을 통해서도 선포된다.

믿는 자의 얼굴에 기쁨이 없다면, 어떻게 세상이 하나님이 주시는 참된 기쁨을 알 수 있을까요?

우리말에서 '얼굴'은 '얼'(영혼, 마음)과 '꼴'(형태)의 합성어입니다. 즉, 얼굴은 마음의 상태를 그대로 반영하는 거울과 같습니다. 신앙이 주는 기쁨은 우리의 표정과 태도에서 자연스럽게 드러나야 합니다.

"하나님은 살아 계십니다."

"하나님은 당신을 사랑하십니다."

이렇게 말하기 전에, 우리의 얼굴이 먼저 살아 계신 하나님을 보여 주어야 합니다. 기쁨을 표현하는 것은 신앙의 중요한 실천입니다.

마틴 루터는 이렇게 말했습니다.

> 기독교인은 근심하는 얼굴로 다녀서는 안 된다. 주 안에서 기뻐하는 삶 자체가 가장 강력한 간증이기 때문이다.

우리의 얼굴이 복음의 살아 있는 전도지가 되기를 원한다면, 먼저 우리의 내면이 기쁨으로 충만해야 합니다. 기쁨은 자연스럽게 흘러나오는 것이 아니라, 하나님과의 깊은 관계 속에서 성장하는 것입니다.

하나님께서 주시는 생수의 강이 우리 안에서 흘러넘칠 때, 세상은 우리의 얼굴을 보고 하나님을 경험하게 될 것입니다. 최고의 전도지는 기쁨으로 가득 찬 우리의 얼굴입니다.

오늘의 핵심 포인트

복음은 말로만 전해지는 것이 아니라, 기쁨으로 충만한 우리의 얼굴을 통해서도 선포된다.

오늘의 묵상 질문

- 내 얼굴은 하나님의 은혜와 기쁨을 반영하는 전도지가 되고 있는가?
- 내 표정을 통해 주변 사람들이 하나님을 경험할 수 있도록 어떻게 변화해야 할까?

하나님의 뜻이 하늘에서 이루어진 것 같이
땅에서도 이루어지이다 (마태복음 6:20)

제9장
세상, 광장 한복판에서 그리스도인으로 살아가기

81. 하나님 나라와 세상 정치, 그리스도인의 역할은?
82. 빛의 자녀로 사는 종말론적 신앙
83. 마지막 순간, 아버지가 남긴 세 가지 질문
84. 킬링필드에서 하나님 나라를 보다
85. 복음은 머물지 않는다
86. 선한 싸움을 끝까지 싸우다
87. 동성애를 바라보는 그리스도인의 시각
88. 탄소를 줄이는 믿음, 세상을 치유하는 신앙
89. 말씀을 삶으로, 교회를 세상으로
90. 분단의 철조망을 넘어, 복음으로 하나 되리

하나님 나라와 세상 정치, 그리스도인의 역할은?

> 사람아 주께서 선한 것이 무엇임을 네게 보이셨나니 여호와께서 네게 구하시는 것은 오직 정의를 행하며 인자를 사랑하며 겸손하게 네 하나님과 함께 행하는 것이 아니냐(미 6:8).

성경적 정치의식을 정립하는 것은 이 땅에 하나님 나라의 사명을 감당하는 그리스도인들에게 매우 중요한 문제입니다. 그리스도인이 피해야 할 두 가지 정치적 태도가 있습니다.

첫째, 정치적 무관심입니다. 일부 그리스도인들은 기독교 신앙이 영적인 세계만을 위한 것이지 현실 세계와는 별 상관이 없다고 생각합니다. 특히, 그리스도인들이 정치에 참여하는 것은 비성경적이라고 비판합니다. 그러나 이러한 생각은 기독교 신앙을 역사·현실과 분리하는 오해에서 비롯됩니다. 현실 세계는 결코 영적 세계보다 열등한 것이 아닙니다. 하나님께서는 이 땅과 역사를 창조하셨고 죄로 인해 깨어진 세상을 완성하기 위해 지금도 일하고 계십니다. 그리스도인은 정치와 역사를 외면해서는 안 됩니다.

둘째, 정치 과몰입입니다. 정치가 신앙을 삼켜 버리는 경우입니다. 성경적 정치관이 결여된 상태에서 세상의 정치 이념만을 받아들이면, 그리스도인은 특정 정치 이념을 숭배하는 우를 범할 수 있습니다. 세상의 정치 신념이 신앙 의식을 대체해 버리는 것입니다. 정치적 열정이 하나님 나라보다 앞설 때, 우리는 세상의 정치 운동에 더 열광하게 되고, 그 결과 예수님의 하나님 나라 운동을 외면하게 됩니다.

그렇다면 그리스도인의 올바른 정치적 태도란 무엇일까요?
기독교인은 '정파적'이 아니라 '정치적'이어야 합니다. 역사와 현실을 외면하지 않으면서도 세상의 정치 논리에 휘둘리지 말아야 합니다. '정치적이어야 한다'라는 뜻은 특정 정당을 지지하거나 정치 활동에 참여하라는 의미가 아닙니다. 적극적으로 역사에 참여하는 태도를 견지하면서 현실을 변화시키는 행동을 실천하라는 의미입니다.

성경은 하나님께서 온 세상을 다스리시는 창조주이심을 선포합니다. 예수 그리스도는 온 땅의 왕이시며 만물을 충만하게 하시는 분이십니다. 따라서 건강한 기독교 신앙은 영적인 동시에 현실적이며, 역사적입니다.

그리스도인은 현실의 정치에 무관심해서는 안 됩니다. 적극적으로 참여해야 합니다. 사회 정의와 공공선을 위해 하나님께서 세우신 권력을 감시하고 발전시키는 일은 중요한 신앙의 실천입니다. 위대한 신학자이며, 네덜란드의 총리를 역임했던 아브라함 카이퍼는 이렇게 말했습니다.

> 진정한 기독교인은 세상에 속하지 않으면서도 세상을 변화시키는 사람이다.

우리가 꿈꾸는 하나님 나라는 좌파나 우파의 정치적 이념으로 이루어지는 나라가 아닙니다. 그것은 오직 예수 그리스도의 복음으로 세워지는 하나님 나라입니다. 따라서 우리는 세상의 모든 정치 운동을 복음의 시각에서 비판적으로 바라보아야 합니다. 세상의 정치가 이룩한 선한 가치들은 감사하며 더욱 발전시키되, 왜곡된 정치적 욕망과 부패에는 단호히 저항해야 합니다. 이것이 그리스도인의 건강한 정치의식입니다. 그리스도인의 정치적 태도에서 반드시 붙잡아야 할 두 가지 원칙이 있습니다.

첫째, 기도 없는 행동은 무력하다.
둘째, 행동 없는 기도는 공허하다.

19세기 영국의 복음주의자 윌리엄 윌버포스(William Wilberforce)는 노예제 폐지를 위해 평생을 바쳤습니다. 그는 단순히 노예 해방을 위해 싸운 정치인이 아니라, **기도하며 행동한 신앙인**이었습니다. 그는 이렇게 말했습니다.

> 하나님의 정의를 실현하는 일에 나서지 않으면서 그분의 뜻이 이루어지기를 기도하는 것은 모순이다.

🟪 오늘의 핵심 포인트

그리스도인은 세상의 정치에 휘둘리지 않으면서도, 하나님 나라의 정의와 공의를 위해 기도하며 행동해야 한다.

🟪 오늘의 묵상 질문

- 나는 하나님의 정의를 실현하기 위해 기도하고 행동하는 균형 잡힌 신앙을 실천하고 있는가?
  나는 정치적 이념보다 하나님 나라의 가치를 먼저 추구하고 있는가?
- 세상의 부패와 불의 앞에서 나는 그리스도인으로서 어떻게 반응하고 있는가?

빛의 자녀로 사는 종말론적 신앙

> 너희가 전에는 어둠이더니 이제는 주 안에서 빛이라 빛의 자녀들처럼 행하라 (엡 5:8).

영화배우 톰 크루즈가 자신의 대저택 지하에 최첨단 벙커를 건설했습니다. 이 벙커에는 공기 정화 시스템과 생존을 위한 시설이 완비되어 있습니다. 최대 10명이 수십 년 동안 생존할 수 있도록 설계되었습니다.

그가 이 벙커를 만든 이유는 무엇일까요?

톰 크루즈는 세계의 종말이 임박했다고 주장하는 사이언톨로지의 종교적 신념에 사로잡혔기 때문입니다. 그는 자신의 종교적 신념에 따라 지구의 종말을 대비해 대피소를 만든 것입니다.

그러나 예수님은 이렇게 말씀하셨습니다.

> 너희를 위하여 보물을 땅에 쌓아 두지 말라. 거기는 좀과 동록이 해하며 도둑이 구멍을 뚫고 도둑질하느니라 (마태복음 6:19).

톰 크루즈는 지상의 종말을 대비하기 위해 벙커를 만들었지만 그리스도인은 역사의 완성자이신 예수님을 기다리며 이 세상 속에서 하나님 나라를 이루며 살아가야 합니다.

기독교 신앙은 '직선적 역사관'을 가지고 있습니다. 역사는 창조, 타락, 구속, 완성이라는 직선적 흐름을 따라 시작과 끝이 있습니다. 이 역사의 끝에는 '심판의 날'이 있습니다. 마지막 날, 예수님께서 다시 오시면 모든 인류가 그분 앞에 서게 될 것입니다.

> 한번 죽는 것은 사람에게 정해진 것이요, 그 후에는 심판이 있으리니 (히 9:27).

문제는 종말을 믿는 그리스도인들이 정작 종말을 준비하며 살지 않는다는 사실입니다. 많은 신자가 종말을 추상적인 개념으로만 여기거나, 오직 미래의 일이기에 현재와는 무관하다고 생각합니다. 그러나 성경은 종말을 단순한 정보가 아니라, 오늘을 살아가는 태도의 기준으로 삼아야 한다고 가르칩니다.

19세기 유명한 신학자 찰스 스펄전(Charles Spurgeon)은 이렇게 말했습니다.

> 그리스도인의 가장 큰 지혜는 이 땅에서 하늘을 준비하는 것이다.

고린도전서 13장 13절은 이렇게 말씀합니다.

> 그런즉 믿음, 소망, 사랑 이 세 가지는 항상 있을 것인데 그 중의 제일은 사랑이라 (고전 13:13).

건강한 신앙은 세 요소의 균형을 이루어야 합니다.

믿음은 과거적 측면으로 2000년 전 십자가에서 완성된 그리스도의 구속을 바라보는 것입니다.

사랑은 현재적 측면으로 하나님과 이웃을 향한 태도를 실천하는 것입니다.

소망은 미래적 측면으로 주님이 다시 오실 날을 기대하며 살아가는 것입니다.

오늘날 기독교가 잃어버린 것은 바로 미래에 대한 소망입니다. 과거(믿음)와 현재(사랑)에 집중하지만, 미래(소망)에 대한 기대와 준비가 부족합니다. 그러나 신앙의 본질은 우리가 마지막 날을 어떻게 바라보느냐에 달려 있습니다.

> 그러므로 깨어 있으라 어느 날에 너희 주가 임할는지 알지 못함이니라(마 24:42).

종말을 아는 것과 종말을 준비하며 사는 것은 다릅니다. 우리는 마지막 날을 준비하며 빛의 자녀들처럼 살아야 합니다.

톰 크루즈가 '대피소'를 준비했지만 우리는 '신앙'을 준비해야 합니다. 마지막 날을 준비한다는 것은 종말을 두려워하며 피난처를 찾는 것이 아닙니다. 주어진 삶을 소망 가운데 살아 내는 것입니다.

20세기 위대한 신학자 C.S. 루이스(C.S. Lewis)는 이렇게 말했습니다.

> 이 땅에 있는 동안 하늘을 가장 많이 바라본 사람들이야말로, 이 땅에서 가장 위대한 일을 해냈다.

톰 크루즈가 미래를 대비하기 위해 지하 벙커를 만들었다면, 우리는 신앙을 준비해야 합니다. 마지막 날을 준비하는 가장 확실한 방법은 오늘을 믿음으로 살아가는 것입니다. 우리는 세상의 종말이 아니라, 하나님의 나라를 준비해야 합니다.

> 너희는 빛의 자녀들로서 빛 가운데 행하라(엡 5:8).

종말을 두려워하지 마십시오. 하나님의 나라를 이루며 살아가십시오. 그리스도 안에서 소망을 품고 담대하게 걸어가십시오. 우리의 삶은 어둠 속에서도 빛나는 증거가 되어야 합니다. 우리는 '빛의 자녀들'입니다.

빛의 자녀로 산다는 것은 삶의 모든 영역에서 예수님의 성품과 사랑을 드러내는 것입니다. 우리의 일터와 가정, 그리고 공동체 속에서 정의와 사랑을 실천하며 살아갈 때, 우리는 이미 이 땅에서 하나님 나라를 경험하는 것입니다. 이것이야말로 마지막 날을 준비하는 가장 위대한 삶의 방식입니다.

▫ 오늘의 핵심 포인트

종말을 준비하는 가장 확실한 방법은 미래를 두려워하지 않고, 오늘을 믿음과 소망으로 살아가는 것이다.

▫ 오늘의 묵상 질문

- 나는 종말을 단순한 지식으로 알고 있을 뿐인가, 실제로 준비하며 살고 있는가?
- '빛의 자녀'로서 내 삶이 세상 속에서 하나님 나라를 드러내고 있는가?

83

마지막 순간, 아버지가 남긴 세 가지 질문

> 우리의 시민권은 하늘에 있는지라. 거기로부터 구원하는 자 곧 주 예수 그리스도를 기다리노니(빌 3:20).

위독하셨던 아버지를 임종 전에 뵈었습니다. 병세가 깊어진 아버지는 식사를 거의 중단하셨고 거동도 어려운 상태였습니다. 첫날 밤, 홀로 주무시던 아버지가 한 시간마다 저를 부르셨습니다. 질병의 고통이 깊어 잠을 이루지 못하셨고, 타오르는 목마름에 밤새도록 물을 찾으셨습니다. 그렇게 강직하시던 아버지께서 육신을 파고드는 질병의 공격 앞에 고통을 겪으시는 모습을 보면서 마음이 아팠습니다.

아버지가 다시 저를 부르셨습니다. 물 한 컵을 드리자, 힘겹게 손짓하시며 옆에 앉으라고 하셨습니다. 그리고 천천히 말씀을 꺼내셨습니다.

"아들아, 잠이 오지 않는구나. 너는 어떻게 생각하니?"

그렇게 시작된 대화에서 아버지는 '용서, 동행, 천국'에 대해 말씀하셨습니다.

"하나님께서 우리의 모든 숨은 죄를 폭로하신다면, 세상에 목사 노릇 제대로 할 사람이 얼마나 되겠느냐?

그런데 하나님께서는 나의 모든 허물을 덮어 주시고, 오늘까지 목사로 살도록 인도해 주셨다."

죽음을 가까이 앞둔 그 순간, 아버지는 자신의 죄와 하나님의 심판, 그럼에도 여전히 베풀어진 하나님의 무한한 은혜와 용서를 붙들고 씨름하고 계셨습니다. 바울의 고백이 떠올랐습니다.

> 불법이 사함을 받고 죄가 가리어짐을 받는 사람들은 복이 있고(롬 4:7).

아버지는 저에게 물으셨습니다.

"아들아, 신앙이란 내 안에서 역사하시는 그분의 능력으로 이루어지는 것일까, 아니면 저 멀리 계신 하나님을 향한 나의 순종에 달려 있는 것일까?"

평생 하나님과 동행하며 살아오셨지만, 삶과 죽음의 경계선 앞에서도 신앙의 본질에 대한 질문을 멈추지 않으셨습니다. 그 질문은 단순한 신학적 논쟁이 아니라, 한 사람의 생애가 내린 깊은 신앙적 고뇌였습니다.

> 너희 안에서 행하시는 이는 하나님이시니, 자기의 기쁘신 뜻을 위하여 너희에게 소원을 두고 행하게 하시나니(빌 2:13).

아버지는 마지막까지도 하나님과의 동행이 무엇인지 깊이 묵상하고 계셨습니다.

아버지가 저에게 남긴 마지막 주제는 천국이었습니다.

"아들아, 내가 죽으면 육체는 흙으로 돌아가지만, 내 영혼은 주님의 품에서 안식하며 내 사랑하는 주님을 기다릴 것이다. 그리고 주님께서 다시 오시면, 내 몸도 부활하여 새 하늘과 새 땅에서 영원한 생명을 누리게 될 것이다."

죽음의 문턱에서조차 아버지는 천국의 소망을 붙드시며, 그것을 확신하셨습니다. 저는 아버지의 말씀을 들으며 사도 바울의 선언을 떠올렸습니다.

> 우리의 시민권은 하늘에 있는지라. 거기로부터 구원하는 자 곧 주 예수 그리스도를 기다리노니(빌 3:20).

아버지는 평생을 신앙의 길을 걸어오셨고, 마지막 순간까지도 그 신앙을 붙들고 씨름하셨습니다.

우리는 무엇을 붙잡고 씨름해야 할까요?

용서, 동행, 천국. 이 세 가지야말로 우리가 죽음 앞에서 고민해야 할 가장 본질적인 질문일 것입니다. 하나님께서 우리에게 오늘이라는 시간을 허락하셨을 때, 그분의 은혜와 나라를 더 깊이 묵상하고, 신앙의 본질을 붙잡아야 합니다.

> 그리스도 예수께 잡힌 바 된 그것을 잡으려고 달려가노라(빌 3:12).

사도 바울의 이 고백처럼, 우리도 그분을 향해 끝까지 달려갑시다.

▢ 오늘의 핵심 포인트

죽음 앞에서 우리가 붙잡아야 할 것은 '용서, 동행, 천국'이며, 이 세 가지가 신앙의 본질이다.

▢ 오늘의 묵상 질문

- 죽음을 앞둔 순간, 하나님 앞에서 가장 중요하게 붙들게 될 신앙의 본질은 무엇인가?
- 오늘 하루, 나는 하나님과 동행하며 천국을 소망하는 삶을 살아가고 있는가?

킬링필드에서 하나님 나라를 보다

> 주 여호와의 영이 내게 내리셨으니 이는 여호와께서 내게 기름을 부으사 가난한 자에게 아름다운 소식을 전하게 하려 하심이라 나를 보내사 마음이 상한 자를 고치며 포로된 자에게 자유를, 갇힌 자에게 놓임을 선포하며(사 61:1).

슬픔과 절망의 땅, 캄보디아를 다녀왔습니다. 캄보디아는 국민의 3분의 1이 학살당한 킬링필드의 아픔을 지닌 땅입니다. 50년이 지난 지금도 그 비극이 남긴 상처는 여전히 깊고, 사람들의 마음은 트라우마에 묶여 있는 듯했습니다.

우리는 의료 선교를 위해 그 땅을 방문했지만, 주님께서는 단순히 육체적 치유뿐만 아니라 복음을 통해 상처받은 영혼들을 위로하고 회복시키기를 원하셨습니다. 그래서 우리는 힘껏 하나님을 예배했습니다. 위로의 영이신 성령님께서 예배하는 공동체를 통해 하늘의 소망을 이 땅에 흘려보내시기를 기도했습니다.

이번 선교에서 가장 감동적인 순간은 예배의 시간이었습니다. 사역을 시작하기 전과 마친 후, 우리는 언제 어디서나 하나님을 찬양하고 기도하며 예배를 드렸습니다. 이동하는 버스 안에서도 찬양이 멈추지 않았습니다. 그 예배는 단순한 형식이 아니라 우리를 하나님께 더 가까이 나아가게 하는 힘이 되었습니다. 하나님께서 우리의 마음을 채우셨고, 주님이 주시는 힘과 능력으로 사역할 수 있었습니다.

첫날, 우리는 캄보디아의 어두운 과거를 마주했습니다. 폴 포트 정권의 학살이 자행된 S-21 감옥을 방문했습니다. 원래는 학교였던 이곳이 지식인들을 고문하고 학살하는 잔혹한 장소로 바뀌었습니다. 교실마다 남아 있는 흔적들은 여전히 비명을 지르는 듯했고, 벽에는 슬픔과 절망의 눈빛으로 죽어간 희생자들의 사진들이 걸려 있었습니다. 이곳에서 우리는 인간의 죄악과 그 죄악이 만들어 낸 역사적 비극을 깊이 절감했습니다.

그러나 같은 날, 전혀 다른 희망의 현장을 만났습니다. 선교사님께서 운영하시는 빈민 초등학교를 방문했을 때, 우리는 캄보디아의 미래를 보았습니다. 환한 미소로 우리를 맞아 주는 아이들의 눈빛 속에는 하나님의 사랑이 반짝이고 있었습니다. 가난한 환경 속에서도 복음을 통해 참된 기쁨을 배우고, 하나님의 은혜를 누리고 있는 이 아이들은 캄보디아의 소망이었습니다.

둘째 날, 우리는 앙코르와트를 방문했습니다. 12세기 크메르제국의 영광을 보여 주는 이 웅장한 유적지는 현대 과학으로도 설명하기 어려운 경이로운 건축물이었습니다. 하지만, 그 찬란한 유적을 볼 때 마음 깊은 곳에서부터 슬픔이 밀려왔습니다. 탐욕과 권력의 욕망이 추진한 이 건축 과정에서 수많은 백성이 희생되었을 것입니다. 인류의 문명과 업적이 아무리 위대해도, 하나님 없는 인간의 삶은 결국 허무함과 절망뿐임을 다시금 깨닫게 되었습니다.

그러나 우리가 방문한 두 곳, S-21과 앙코르와트가 인간의 죄악과 허무를 보여 주었다면, 선교 사역을 시작한 셋째 날부터는 전혀 다른 장면이 펼쳐졌습니다. 캄보디아의 절망 속에서도 하나님 나라가 세워지고 있었습니다. 복음을 전하며 자신의 삶을 온전히 드린 현지 목사님들, 의료진, 청년 사역자들이 있었습니다. 예수님을 만나 자신의 전부를 드려 섬기는 이들을 보면서, 우리는 캄보디아의 진정한 희망을 보았습니다. 그리고 오직 예수님만이 유일한 왕이라고 힘껏 찬양하는 아이들의 목소리를 들으며, 언젠가 이 땅에 충만하게 임할 하나님 나라를 기대하게 되었습니다.

무엇보다 감동적이었던 것은, 하나님이 주신 달란트와 시간을 기꺼이 드려 먼 곳까지 와서 영혼들을 섬긴 의료 선교팀의 헌신이었습니다. 선교는 단순한 '사역'이 아닙니다. 선교는 하나님을 향한 예배이며, 그 예배의 감격 안으로 열방을 초대하는 하나님의 사랑입니다.

캄보디아에서 우리는 다시 한번 깨달았습니다. 세상은 절망으로 가득할지라도, 하나님 나라는 여전히 확장되고 있으며, 그분의 위대한 구원 역사는 지금도 계속되고 있습니다. 가장 놀라운 것은 하나님께서 그 위대한 사역에 우리를 하나님 나라의 동역자로 부르고 계신다는 사실입니다.

🔲 오늘의 핵심 포인트

절망의 땅에서도 하나님 나라는 확장되고 있으며, 우리는 그 위대한 구원 역사에 동참하도록 부름받았다.

🔲 오늘의 묵상 질문

- 나는 오늘 나의 삶에서 하나님 나라를 확장하는 일에 어떻게 동참할 수 있을까?
- 나는 세상의 절망적인 현실을 바라볼 때, 하나님의 소망을 믿고 선포하고 있는가?

복음은 머물지 않는다

> 내가 또 주의 목소리를 들으니 주께서 이르시되 내가 누구를 보내며 누가 우리를 위하여 갈꼬 하시니 그때 내가 이르되 내가 여기 있나이다 나를 보내소서 하였더니(사 6:8).

선교학자 벵트 순드클러(Bengt Sundkler)는 〈예수님과 이방인〉(Jesus et les Paiens)이라는 논문에서 성경적 선교신학을 '원심적 선교'(Centrifugal Mission)와 '구심적 선교'(Centripetal Mission)라는 두 개념으로 설명합니다.

구약의 선교는 구심적 선교로, 이방인들이 직접 이스라엘이라는 중심으로 모여 하나님을 만나는 방식이었습니다. 반면, 신약의 선교는 원심적 선교로, 복음을 받은 자들이 흩어져 열방으로 나아가는 선교 방식을 의미합니다.

구심적 선교가 지배적이던 구약 시대에, 원심적 선교를 최초로 실행했던 인물이 바로 '요나'였습니다. 요나는 하나님의 명령을 따라 예루살렘을 떠나 앗수르의 수도 니느웨로 가야 했습니다. 그러나 그는 유대인의 고정관념을 극복하지 못하고 이방 민족의 구원을 거부했습니다. 결국, 그는 물고기 뱃속에서 회개한 후, 마지못해 니느웨로 가서 복음을 전합니다. 하지만, 니느웨 사람들이 회개하여 구원을 받자 오히려 하나님께 원망을 쏟아 냅니다.

왜 하나님께서는 구약성경에 원심적 선교를 강조하는 '요나서'를 기록하게 하셨을까요?

이는 신약 이후 성령의 시대를 살아가는 우리에게 던지는 강력한 메시지입니다. 예수님께서는 사도행전 1장 8절에서 선교의 방향을 분명하게 제시하셨습니다.

> 오직 성령이 너희에게 임하시면 너희가 권능을 받고 예루살렘과 온 유대와 사마리아와 땅끝까지 이르러 내 증인이 되리라 하시니라(행 1:8).

이 말씀은 단순한 제안이 아니라 모든 교회와 그리스도인에게 주신 선교적 명령입니다.

그러나 우리는 여전히 요나처럼 교회라는 중심 안에 머물러 있으면서, 믿지 않는 자들이 스스로 교회로 찾아오기를 기다리는 것은 아닐까요?

교회는 '선교적 교회'(Missional Church)로 존재해야 합니다. 교회가 존재하는 목적은 자신을 위한 것이 아니라 세상을 향한 하나님의 사랑을 실현하는 것입니다.

릭 워렌(Rick Warren) 목사는 이렇게 말했습니다.

> 그리스도인은 worldly Christian(세속적 그리스도인)이 아니라 world Christian(세계를 품는 그리스도인)이 되어야 한다.

즉, 우리는 세상에 순응하는 신앙이 아니라, 세상을 변화시키는 신앙을 가져야 합니다. 교회의 울타리를 넘어서, 세상을 향해 나아가는 원심적 선교의 삶을 살아야 합니다.

존 스토트 목사는 교회의 본질을 이렇게 정의했습니다.

> 교회는 본질적으로 선교적 공동체이다. 선교하지 않는 교회는 교회일 수 없다.

요나서는 우리에게 선교적 사명을 다시 붙잡고, 주님의 부르심에 응답하는 교회와 성도가 되라고 도전합니다. 하나님께서는 우리를 건물과 종교 시스템 안에 머물라고 부르신 것이 아니라, 세상을 향해 나아가는 복음의 증인이 되라고 부르셨습니다.

요나는 하나님의 뜻을 거부하며 도망쳤지만, 결국 하나님의 부르심을 피할 수 없었습니다. 우리도 마찬가지입니다. 오늘날 한국 교회와 성도들은 요나적 신앙에서 벗어나야 합니다. 더 이상 교회 안에 머무르는 신앙이 아니라, 세상을 향해 복음을 들고 나아가는 신앙을 회복해야 합니다.

하나님께서 우리에게 허락하신 삶의 자리에서, 하나님의 마음으로 이웃과 열방을 품고 선교적 삶을 살아가는 진정한 그리스도인이 되기를 소망합니다.

🔲 오늘의 핵심 포인트

우리는 머물기 위해 부름받은 것이 아니라, 세상을 향해 나아가도록 부름받았다.

🔲 오늘의 묵상 질문
- 나는 신앙을 교회 안에만 머물게 하고 있지는 않은가, 하나님께서 나를 보내시려는 곳은 어디인가?
- 오늘 내 삶의 자리에서 복음을 들고 나아가기 위해 실천할 수 있는 한 가지 행동은 무엇인가?

선한 싸움을 끝까지 싸우다

> 이러므로 우리에게 구름 같이 둘러싼 허다한 증인들이 있으니, 모든 무거운 것과 얽매이기 쉬운 죄를 벗어버리고, 인내로써 우리 앞에 당한 경주를 하며, 믿음의 주요 또 온전하게 하시는 이인 예수를 바라보자(히 12:1-2).

아버지가 위독하시다는 소식을 듣고 급히 고향으로 내려갔습니다. 아버지는 신체 기능이 전반적으로 약해지셔서 응급실에 입원하셨다가, 제가 도착하는 날 퇴원하셨습니다. 병원의 응급처치를 통해 조금 회복되셨지만, 여전히 기력이 쇠약하셨고, 집에서 조용히 죽을 드시며 하루하루를 보내고 계셨습니다.

평소 고향집에 내려가면 아버지는 제게 많은 이야기를 해 주셨습니다. 하지만, 이번에는 달랐습니다. 훨씬 수척해진 모습으로 소파에 앉아 조용히 눈을 감고 계시는 시간이 많았습니다.

그러던 중, 아버지께서 문득 한마디 말씀을 건네셨습니다.

"아들아, 병을 앓으면서 한 가지 생각이 바뀌었단다. 나는 마지막 순간이 고요하고 평안하기를 간절히 원했는데, 인생이 그렇지 않다는 것을 깨닫게 되는구나. 건강할 때도 인생은 싸움의 연속이었고, 마지막 순간까지도 인생은 병과 고통과 죽음과 싸우는 것이구나."

평생을 하나님과 동행하며 믿음으로 살아오신 아버지였습니다. 하지만, 그분 역시 이 세상을 지배하는 죽음의 권세와 치열하게 싸우고 계셨습니다. 하나님 나라를 소망하며 사셨지만, 여전히 이 땅에서 달려야 할 길이 있고, 감당해야 할 싸움이 있으며, 끝까지 지켜야 할 믿음이 있다는 것을 온몸으로 증언하고 계셨습니다. 아버지의 말씀을 들으며, 사도 바울이 인생의 마지막 순간에 남긴 고백이 떠올랐습니다.

> 나는 선한 싸움을 싸우고 나의 달려갈 길을 마치고 믿음을 지켰으니 이제 후로는 나를 위하여 의의 면류관이 예비되었으므로 주 곧 의로우신 재판장이 그 날에 내게 주실 것이며 내게만 아니라 주의 나타나심을 사모하는 모든 자에게니라(딤후 4:7-8).

우리는 모두 이 땅에서 싸워야 할 선한 싸움이 있고, 달려가야 할 길이 있으며, 끝까지 지켜야 할 믿음이 있습니다. 그러기에 믿음의 길은 쉽지 않습니다. 하지만, 이 길은 홀로 걷는 길이 아닙니다. 부활하신 주님께서 함께 걸어가고 계십니다. 그분이 우리 손을 단단히 붙들고 계시기에 우리는 이 길을 능히 감당할 수 있습니다.

▣ 오늘의 핵심 포인트

믿음의 길은 끝까지 싸워야 할 선한 싸움이며, 주님께서 우리와 함께 걸어가시는 승리의 여정이다.

▣ 오늘의 묵상 질문

- 나는 지금 어떤 신앙의 싸움을 싸우고 있는가?
- 내 삶의 마지막 순간, "나는 선한 싸움을 싸웠다"라고 고백할 수 있도록 오늘 무엇을 실천해야 할까?

동성애를 바라보는 그리스도인의 시각

> 하나님이 자기 형상 곧 하나님의 형상대로 사람을 창조하시되 남자와 여자를 창조하시고(창 1:27).

오늘날 동성애에 대한 사회적 인식은 급격히 변화되고 있습니다. 최근 설문조사에 따르면 많은 젊은이가 동성애를 개인의 취향이나 정체성으로 존중해야 한다고 응답합니다. 특히, 다양성을 강조하는 현대 사회에서는 동성애에 대해 부정적인 입장을 표명하는 순간, '편협한 사고'로 비난받는 분위기가 형성되고 있습니다.

이런 흐름 속에서 그리스도인은 동성애를 어떻게 바라보아야 할까요?

그리스도인은 사회적 유행이나 여론에 휘둘려 신념을 결정하는 것이 아니라, 성경의 가르침을 바탕으로 진리를 분별해야 합니다.

성경은 동성애에 대해 무엇이라고 말하며, 우리는 동성애자들을 어떻게 대해야 할까요?

성경은 하나님께서 인간을 창조하실 때 남자와 여자로 만드셨다고 기록합니다.

> 하나님이 자기 형상 곧 하나님의 형상대로 사람을 창조하시되 남자와 여자를 창조하시고(창 1:27).

이는 단순한 생물학적 구분을 넘어, 남성과 여성의 연합이 창조 질서 속에서 본질적인 의미를 가진다는 것을 보여 줍니다.

신학자 D.A. 카슨(D.A. Carson)은 이렇게 말했습니다.

> 하나님의 형상대로 창조된 인간은 본질적으로 관계적인 존재이며, 그 관계성은 남성과 여성의 조화 속에서 가장 온전하게 구현된다.

따라서 결혼과 성(性)은 단순한 개인적 선택이 아니라, 하나님께서 인간을 창조하신 방식과 깊이 연관된 것입니다.

성경은 또한 동성애적 행위를 명확하게 금지합니다.

레위기 18장 22절은 이렇게 말씀합니다.

> 너는 여자와 동침함 같이 남자와 동침하지 말라. 이는 가증한 일이니라(레 18:22).

사도 바울도 당시 로마 사회의 동성애 문화를 지적하며, 이렇게 말했습니다.

> 이 때문에 하나님께서 그들을 부끄러운 욕심에 내버려 두셨으니 곧 그들의 여자들도 순리대로 쓸 것을 바꾸어 역리로 쓰며, 그와 같이 남자들도 순리대로 여자 쓰기를 버리고 서로 향하여 음욕이 불일 듯 하매 남자가 남자와 더불어 부끄러운 일을 행하여 그들의 그릇됨에 상당한 보응을 그들 자신이 받았느니라(롬 1:26-27).

이처럼 성경은 동성애를 인간 타락의 결과로 나타난 현상으로 봅니다. 그러나 여기서 중요한 점은 성경이 '동성애 행위'를 죄로 규정할지언정, '동성애자 개개인'을 정죄하지 않는다는 것입니다.

오늘날 동성애에 대한 논쟁의 핵심 중 하나는 그것이 선천적이냐, 후천적이냐 하는 문제입니다. 동성애를 지지하는 사람들은 "동성애는 타고난 것이므로 선택의 문제가 아니며, 따라서 도덕적으로 비난할 수 없다"라는 논리를 펼칩니다. 그러나 대부분의 연구는 동성애가 단순히 유전적 요인만으로 결정되지 않으며, 문화적·환경적 요인이 중요한 영향을 미친다고 보고합니다.

기독교 변증가 C.S. 루이스는 이렇게 말했습니다.

> 우리 모두는 타락한 본성을 가지고 태어나며, 각자 다른 방식으로 죄의 유혹을 받는다. 어떤 이는 탐욕에, 어떤 이는 분노에, 또 어떤 이는 성적인 욕망에 취약하다. 그러나 '타고난 경향성'이 그것을 정당화하지는 않는다.

동성애 성향을 가지고 태어났다고 하더라도, 그것이 도덕적으로 정당한 것은 아니라는 뜻입니다.

이와 같은 관점에서 볼 때, 동성애는 단순히 개인적 성향이 아니라 '성적 욕망의 왜곡'으로 이해할 수 있습니다. 이는 한 개인을 정죄하기 위함이 아니라, 인간이 타락한 본성 속에서 어떻게 하나님의 뜻을 따를 것인지를 고민해야 한다는 의미입니다.

예수님께서 이 땅에 계셨다면 동성애자들을 정죄하셨을까요?

아닙니다. 오히려 예수님은 세리와 창녀를 포함한 모든 죄인에게 다가가 사랑을 베푸셨습니다. 하지만, 동시에 그들에게 회개를 요청하셨습니다.

> 나도 너를 정죄하지 아니하노니 가서 다시는 죄를 범하지 말라(요 8:11).

그렇다면 그리스도인은 어떻게 동성애를 다뤄야 할까요?

존 스토트는 이렇게 말했습니다.

> 진리는 사랑 없이 차가운 법률주의가 되고, 사랑은 진리 없이 값싼 포용주의가 된다. 우리는 진리를 타협하지 않으면서도 사랑을 잃지 않아야 한다.

우리는 동성애를 죄라고 명확히 인식하면서도, 동성애자들을 인격적으로 존중하며 복음 안에서 사랑해야 합니다. 무조건적인 포용도, 차가운 정죄도 아닌 '사랑 안에서의 진리'를 실천하는 것이 그리스도인의 올바른 태도입니다.

오늘날 사회는 동성애를 하나의 '정체성'으로 간주하며, 그것을 거부하는 것을 곧 '차별'로 여깁니다. 그러나 기독교 신앙은 성적 정체성을 인간의 본질적 가치로 삼지 않습니다. 우리는 누구나 죄인이며, 오직 하나님의 은혜로 새로운 피조물이 될 수 있습니다(고후 5:17).

그렇다면 교회는 어떤 역할을 해야 할까요?

첫째, 진리를 선포해야 합니다. 성경적 가르침을 분명하게 전하며, 성(性)이 단순한 개인적 선택이 아니라 하나님이 디자인하신 창조 질서임을 가르쳐야 합니다.

둘째, 동성애자들을 환영해야 합니다. 하지만, 그들을 죄 가운데 머물도록 두어서는 안 됩니다. 그들이 하나님 앞에서 변화될 수 있도록 돕고 기도해야 합니다.

셋째, 회복의 공동체가 되어야 합니다. 교회는 정죄와 배척이 아니라, 사랑과 회복을 경험하는 공간이 되어야 합니다. 동성애뿐만 아니라 모든 죄의 문제에서 회복될 수 있는 복음의 능력을 선포해야 합니다.

오늘날 교회가 동성애 문제를 다루는 방식은 우리의 신앙이 진정 성경에 기초하고 있는지를 보여 주는 중요한 시험대가 될 것입니다. 사랑과 진리 사이에서 균형을 잡고, 복음의 능력으로 모든 죄인이 변화될 수 있음을 믿으며, 그 길을 걸어가야 합니다.

▫ 오늘의 핵심 포인트

그리스도인은 동성애를 성경적 진리 안에서 바라보되, 정죄가 아닌 사랑과 회복의 복음으로 나아가야 한다.

▫ 오늘의 묵상 질문
- 나는 성경의 진리를 지키면서도 동성애자들을 사랑과 존중으로 대하고 있는가?
- 나의 신앙공동체는 정죄하기보다 회복과 변화의 자리로 사람들을 초대하고 있는가?

88

탄소를 줄이는 믿음, 세상을 치유하는 신앙

> 피조물이 고대하는 바는 하나님의 아들들이 나타나는 것이니, 피조물이 허무한데 굴복하는 것은 자기 뜻이 아니요 오직 굴복하게 하시는 이로 말미암음이라. 그 바라는 것은 피조물도 썩어짐의 종노릇 한 데서 해방되어 하나님의 자녀들의 영광의 자유에 이르는 것이니라(롬 8:19-21).

현대 인류가 직면한 가장 심각한 위기 중 하나는 기후 변화입니다. 전 세계적으로 폭염, 폭설, 태풍, 산불 등의 이상 기후 현상이 점점 더 빈번해지고 있습니다. 우리나라도 예외가 아닙니다. 지난 30년 동안 평균 기온이 1.4도 상승했고, 국제 사회는 이러한 기후 변화에 대응하기 위해 2015년 '파리 협정'을 체결했습니다. 이 협정은 2050년까지 지구 온도 상승을 1.5도 이하로 억제하는 것을 목표로 삼고 있습니다.

과학자들은 이렇게 경고합니다.

"만약 지구 평균 온도가 2도 이상 상승하면 인류의 미래는 보장할 수 없다."

기후 재앙이 현실로 다가오고 있으며, 이를 막기 위한 실천 방안으로 '2050년 탄소 중립'(Net Zero)이 제시되었습니다. 탄소 중립이란 탄소 배출량을 줄이는 동시에 대기 중 이산화탄소를 흡수하거나 제거하여 '순 배출량'을 0으로 만드는 것을 의미합니다. 이는 단순한 환경 문제가 아니라,

인간의 생존과 직결된 과제입니다. 그리고 무엇보다도 그리스도인이 감당해야 할 신앙적 책임입니다.

그리스도인은 왜 탄소 중립을 실천해야 할까요?

그 이유는 이것이 단순한 사회적 이슈를 넘어 성경적 과제이기 때문입니다.

창세기 1장 27-28절은 인간에게 피조 세계를 돌보고 다스릴 사명을 부여하는 '문화 명령'(Cultural Mandate)을 선포합니다.

> 하나님이 자기 형상 곧 하나님의 형상대로 사람을 창조하시되 남자와 여자를 창조하시고, 하나님이 그들에게 복을 주시며 하나님이 그들에게 이르시되 생육하고 번성하여 땅에 충만하라, 땅을 정복하라, 바다의 물고기와 하늘의 새와 땅에 움직이는 모든 생물을 다스리라 하시니라(창 1:27-28).

기독교 생태신학의 대가인 칼 바르트는 이렇게 말했습니다.

> 창조주 하나님이 인간에게 부여한 가장 근본적인 사명은 자연을 돌보는 청지기직이다.

존 스토트 역시 이렇게 강조했습니다.

> 피조 세계를 보호하는 것은 단순한 선택이 아니라, 하나님의 형상대로 창조된 인간의 본질적 소명이다.

그러나 오늘날 인간의 탐욕과 무절제한 개발은 창조 질서를 심각하게 훼손하고 있습니다. 산업 혁명 이후 인간이 배출한 온실가스는 기후를 변화시키고, 생태계를 파괴하며, 빈곤과 기아 문제를 심화시키고 있습니다.

지금 우리가 직면한 '기후 위기'는 단순한 환경 문제가 아니라, 타락한 인간의 탐욕이 빚어낸 죄의 결과라고 할 수 있습니다.

성경적 세계관에서 보면, 역사는 창조-타락-구속-완성의 흐름 속에 있습니다. 타락으로 인해 파괴된 세상은 구속받은 성도들의 참여를 통해 하나님 나라의 회복을 경험해야 합니다.

월터 브루그만(Walter Brueggemann)은 이렇게 말했습니다.

> 하나님의 나라는 단순히 영혼 구원으로만 이루어지지 않는다. 그것은 개인을 넘어, 사회와 자연까지 포함하는 '샬롬'(Shalom)의 회복을 지향한다.

예수님은 단순히 하늘나라만 선포하신 것이 아닙니다. 이 땅에서도 하나님의 통치가 임하기를 기도하셨습니다.

> 하나님의 뜻이 하늘에서 이루어진 것 같이 땅에서도 이루어지이다(마 6:10).

그렇다면 이 땅에서 하나님 나라를 살아가는 그리스도인은 어떻게 해야 할까요?

기후 위기에 대한 책임 있는 태도를 가져야 합니다. 탄소 중립을 실천하는 일은 단순한 환경 보호를 넘어, 하나님의 창조 세계를 회복하고, 사랑과 정의를 실천하는 신앙적 행위입니다. '가난한 자를 사랑하는 것이 곧 주님을 사랑하는 것'이라는 기독교 윤리의 기본 정신을 기억해야 합니다.

기후 위기는 경제적 약자들에게 더욱 가혹한 현실로 다가오고 있습니다. 빈곤 국가의 농부들은 가뭄과 홍수로 인해 생계를 위협받고 있으며, 물 부족으로 고통받는 사람들의 숫자는 나날이 증가하고 있습니다. 탄소 중립을 실천하는 것은 단순한 환경 보호를 넘어, 연약한 이웃을 향한 사랑의 실천입니다.

'탄소 중립'을 위해 작지만 의미 있는 실천을 해 보려 합니다.

- ✓ 하루 한 끼 채식하기: 육류 소비를 줄이면 온실가스 배출량이 줄어듭니다.
- ✓ 일회용품 사용 줄이기: 텀블러, 장바구니 사용을 생활화합시다.
- ✓ 대중교통 이용하기: 차량 대신 대중교통을 이용하여 탄소 배출을 줄입시다.
- ✓ 전기 절약하기: 불필요한 전기 사용을 줄이고, 에너지를 아껴 씁시다.
- ✓ 나무 심기 및 환경 보호 활동 참여: 하나님이 주신 자연을 가꾸고 보호합시다.

작은 실천들이 모이면 큰 변화를 이룹니다. 우리 각자의 작은 변화가, 하나님이 창조하신 이 땅을 회복하는 위대한 여정의 시작이 될 것입니다.

우리는 지금 거대한 전환의 시대를 살고 있습니다. 기후 위기는 단순한 환경 문제가 아니라, 미래 세대를 위한 윤리적 책임이며, 그리스도인이 감당해야 할 영적 사명입니다.

C.S. 루이스는 이렇게 말했습니다.

> 그리스도인은 천국만을 바라보며 살아가는 존재가 아니다. 오히려 그들은 이 땅에서 하나님의 나라를 이루기 위해 부름받은 존재다.

예수님은 재림하셔서 새 하늘과 새 땅을 완성하실 것입니다. 그러나 그날이 오기까지, 우리는 이 땅에서 하나님의 창조 세계를 보호하고, 생명을 살리는 일을 감당해야 합니다.

🔲 오늘의 핵심 포인트

탄소 중립을 실천하는 것은 단순한 환경 보호가 아니라, 창조 세계를 돌보라는 하나님의 명령에 순종하는 신앙적 책임이다.

🔲 오늘의 묵상 질문

- 나는 창조 세계를 돌보는 하나님의 청지기로서, 기후 위기에 책임 있는 태도를 가지고 살아가고 있는가?
- 기후 위기로 고통받는 이웃과 미래 세대를 위해 나는 어떤 구체적인 행동을 할 수 있을까?

말씀을 삶으로, 교회를 세상으로

> 이같이 너희 빛이 사람 앞에 비치게 하여 그들로 너희 착한 행실을 보고 하늘에 계신 너희 아버지께 영광을 돌리게 하라(마 5:16).

오랫동안 한국 기독교는 세상을 '타락한 공간'으로 치부했습니다. 그 결과, 교회의 사명은 타락한 세상에서 영혼을 건져 내는 것으로 이해되었습니다. '선교'란 불타는 버스(세상)에서 사람들을 구조하여 안전한 장소(천국)로 데려가는 것이라 여겨졌습니다. "예수 천당, 불신 지옥"이라는 구호는 이러한 선교관을 단적으로 보여 줍니다.

하지만, 성경이 말하는 하나님 나라는 이처럼 세상을 등지는 방식으로 이루어지는 것일까요?

하나님은 세상을 창조하시고 "심히 좋았더라"(창 1:31)라고 선언하셨습니다. 하나님은 인간에게 땅을 정복하고(창 1:28) 생명을 돌보며 다스릴 책임을 맡기셨습니다.

세상은 하나님께서 버려 두신 폐기장이 아니라, 회복해야 할 하나님의 작업장입니다. 역사적 기독교 신학의 핵심 개념 중 하나는 '문화 명령'입니다. 창세기 1장에서 하나님은 인간에게 단순히 세상을 점유하라고 명령하신 것이 아니라, 하나님의 통치 아래서 세상을 가꾸고 번성시키는 사명을 주셨습니다.

칼 바르트는 이렇게 말했습니다.

> 하나님이 창조하신 세계를 버리는 것은 하나님의 주권을 부정하는 것이다.

세상이 타락했다고 해서 교회가 사회를 외면하면, 하나님이 이 땅에서 행하고자 하는 구속의 사역을 막는 결과를 초래할 수 있습니다. 따라서 그리스도인의 사명은 단순히 '세상에서 벗어나는 것'이 아니라 '세상을 변혁하는 것'입니다.

예수님께서도 단순히 영혼을 구원하는 사역만 하신 것이 아닙니다. 공생애 동안 가난한 자를 돌보시고, 병든 자를 치유하시며, 소외된 자들과 함께 하셨습니다.

예수님은 마가복음 2장에서 이렇게 말씀하셨습니다.

> … 나는 의인을 부르러 온 것이 아니요 죄인을 부르러 왔노라 … (막 2:17).

또한, 예수님은 누가복음 4장에서 자신의 사역을 이렇게 선언하셨습니다.

> 주의 성령이 내게 임하셨으니 이는 가난한 자에게 복음을 전하게 하시려고 내게 기름을 부으시고 나를 보내사 포로 된 자에게 자유를, 눈 먼 자에게 다시 보게 함을 전파하며 눌린 자를 자유롭게 하고 주의 은혜의 해를 전파하게 하려 하심이라 (눅 4:18-19).

사회 선교는 복음이 들어갈 길을 닦는 사역입니다.

4세기 초, 기독교가 로마제국의 박해 속에서도 끊임없이 확산할 수 있었던 이유는 무엇이었을까요?

교회는 가난한 자와 병든 자를 돌보고, 고아와 과부를 보호하며, 사회적 약자들에게 적극적으로 손을 내밀었습니다. 초대 교회의 봉사 활동은 단순한 자선이 아니라, 하나님 나라를 확장하는 신앙적 실천이었습니다.

4세기 교부 바실리우스(Basil of Caesarea)는 이렇게 말했습니다.

> 가난한 자를 돌보는 것은 기독교 신앙의 본질이며, 가장 강력한 선교 전략이다.

5세기 이후, 교회는 병원과 고아원, 양로원을 설립하며 인간의 전인적 필요를 채우는 사역을 감당해 왔습니다. 19세기와 20세기 초, 조선 땅에 들어온 선교사들도 학교와 병원, 사회 봉사 기관을 설립하며 복음을 전했습니다. 사회 선교는 시대와 장소를 막론하고 하나님 나라를 확장하는 중요한 방법이었습니다.

포스트 코로나 시대에 사회 선교의 중요성은 더욱 커지고 있습니다. 한국 교회는 한때 사회적 영향력을 발휘했지만, 오늘날 많은 젊은 세대가 교회를 외면하는 현실에 직면해 있습니다. '말'로 전도하는 시대는 지나갔습니다. 이제는 '행동하는 교회'가 되어야 합니다. 예수님께서 가장 낮은 자리에 오셔서 사랑과 섬김으로 하나님 나라를 전하셨듯이, 우리도 세상 한가운데로 나아가야 합니다.

릭 워렌은 다음과 같이 말했습니다.

> 교회의 존재 목적은 교회 자체가 아니라 세상을 향한 것이다.

선교적 교회(Missional Church)란 단순히 선교를 하는 교회가 아니라, 교회 자체가 선교적 정체성을 지닌 공동체라는 뜻입니다. 사회 선교는 선택이 아니라 필수입니다. 이 시대는 더 이상 '교회에 찾아오는 사람들'이 아니라 '세상으로 나아가는 교회'를 필요로 합니다. 이제 우리는 말이 아니라, '행동'으로 복음을 전해야 합니다. 사회 선교는 곧 하나님 나라의 확장입니다.

지금 한국 사회는 복음의 토양이 척박합니다. 하지만, 예수님께서 그러하셨듯이, 우리가 고통받는 이들의 삶 속으로 들어갈 때, 복음의 씨앗은 다시 뿌려질 것입니다.

> 하나님 나라는 말에 있지 않고 능력에 있음이라(고전 4:20).

이 시대에 필요한 것은 '말로 전하는 복음'이 아니라 '행동하는 복음'입니다. 이제 우리가 가야 할 길은 분명합니다. 사회 선교를 통해 세상 속에서 빛과 소금의 역할을 감당하는 것. 그것이 교회의 본질적인 사명이며, 하나님께서 우리에게 맡기신 위대한 부르심입니다.

🔲 오늘의 핵심 포인트

복음은 교회 안에 머무는 것이 아니라, 세상 속에서 사랑과 섬김으로 실천될 때 참된 하나님 나라가 이루어진다.

🔲 오늘의 묵상 질문

- 나는 신앙을 교회 안에서만 실천하고 있지는 않은가, 세상 속에서 하나님의 사랑을 전하기 위해 어떻게 행동해야 할까?
- 내 신앙이 말뿐인 복음이 아니라, 행동하는 복음이 되기 위해 실천할 수 있는 구체적인 방법은 무엇인가?

분단의 철조망을 넘어, 복음으로 하나 되리

> 여호와의 말씀이니라 너희를 향한 나의 생각을 내가 아나니 평안이요 재앙이 아니니라 너희에게 미래와 희망을 주는 것이니라(렘 29:11).

지난 6월 25일, 6·25전쟁을 기념하며 통일소망국 주최로 통일전망대를 다녀왔습니다. 철조망 너머로 바라본 북한 땅은 너무나 가까이 있지만, 동시에 너무나 멀게 느껴졌습니다. 한반도는 여전히 분단의 현실 속에서 살아가고 있습니다.

언제쯤 평화로운 통일의 날이 올까요?

BC 586년, 바벨론의 침공으로 유다 백성은 조국을 떠나 포로로 끌려갔습니다. 예루살렘 성전이 불타고, 다윗과 솔로몬의 영광은 완전히 사라진 듯 보였습니다. 그러나 하나님은 예레미야를 통해 이미 약속하셨습니다.

> 여호와께서 이같이 말씀하시니라 바벨론에서 칠십 년이 차면 내가 너희를 돌보고 나의 선한 말을 너희에게 성취하여 너희를 이곳으로 돌아오게 하리라(렘 29:10).

그리고 때가 되자, 하나님은 페르시아의 고레스 왕의 귀환 명령을 통해 유다 백성을 조국으로 돌아오게 하셨습니다. 고레스는 단순히 정치적 결정을 내렸을 뿐이었지만, 하나님께서는 그 결정을 통해 구속의 역사를 이루셨습니다. 인간의 눈에는 갑작스러운 역사의 변화처럼 보였지만, 하나님의 차원에서는 오랜 시간 준비하신 계획이 이루어지는 순간이었습니다.

한반도 분단의 역사가 올해로 75년이 되었습니다. 이스라엘이 바벨론에서 70년 만에 귀환했다는 사실을 묵상해 보니, 하나님께서 한반도를 향해 계획하신 구속의 시간이 무르익은 것은 아닌가 하는 생각이 듭니다. 하나님께서는 반드시 자신의 때에, 자신의 방법으로 남과 북을 복음과 사랑으로 통일시키실 것입니다.

통일에 대한 논의는 종종 정치적, 경제적 관점에서만 이루어지곤 합니다. 하지만, 그리스도인에게 통일은 단순한 영토적 통합이나 체제의 결합이 아닙니다. 통일은 하나님 나라를 이 땅에 실현하는 영적 회복의 사건입니다. 디트리히 본회퍼는 이렇게 말했습니다.

> 교회는 세상의 고통 속으로 들어가 그리스도의 사랑을 실천할 때 가장 교회다운 모습이 된다.

오늘날 북한의 형제자매들은 억압과 가난 속에서 고통받고 있습니다. 진정한 통일은 단순한 국경선의 철폐가 아니라, 복음을 통한 치유와 회복입니다. 한국 전쟁을 경험한 신학자 한철하 박사는 통일을 이렇게 정의했습니다.

> 통일은 단순한 민족적 과업이 아니다. 그것은 이 땅에 하나님의 공의와 사랑이 온전히 이루어지는 과정이다.

우리는 군사적 통일이나 정치적 타협이 아닌, 복음적 통일을 준비해야 합니다.

북한을 향한 하나님의 뜻이 이루어질 날을 바라보며, 남한 교회가 준비해야 할 사명은 무엇일까요?

첫째, 통일을 위해 깨어 기도해야 합니다. 예레미야가 유다의 회복을 위해 간절히 기도했던 것처럼, 우리도 한반도의 회복과 치유를 위해 기도해야 합니다. 북한의 지하 교회 성도들은 핍박 속에서도 간절히 기도하며 믿음을 지켜가고 있습니다. 우리도 함께 깨어 기도해야 합니다.

둘째, 복음적 통일을 준비해야 합니다. 통일 후, 북한 주민들은 심각한 경제적 어려움뿐만 아니라 영적 공허함을 경험할 것입니다. 교회는 이들을 품을 준비를 해야 합니다. 통일이 되면, 한국 교회는 북한 땅에 복음을 전하고 제자들을 세우는 선교적 사명을 감당해야 합니다.

셋째, 사랑과 섬김의 마음을 가져야 합니다. 독일 통일 당시, 서독 주민들은 경제적 부담을 감수하면서도 동독 주민들을 포용하는 태도를 보였습니다. 반면, 한반도 통일이 이루어질 경우 남한 주민들은 북한 주민들과 같은 민족임에도 불구하고 문화적, 경제적 격차를 이유로 갈등을 겪을 가능성이 큽니다. 우리는 북한 주민들을 동등한 하나님의 형상으로 존중하며, 사랑으로 품을 준비를 해야 합니다.

1907년 평양에서 일어났던 대부흥 운동은 한국 교회의 부흥을 이끌었습니다. 평양은 '동방의 예루살렘'이라 불릴 정도로 강력한 영적 중심지가 되었습니다. 지금 우리는 다시 한번 북한을 향해 부흥의 불길이 타오르기를 소망합니다.

통일 한국, 성서 한국, 복음 한국. 이 모든 것은 정치적 이념이 아니라 하나님의 뜻이 이루어질 때 가능한 일입니다. 예수 그리스도께서 십자가에서 이루신 구속의 역사가 한반도에도 온전히 이루어지기를 간절히 기도합니다.

군사적·경제적 관점을 넘어 우리는 사랑과 기도, 그리고 복음 전파를 통해 통일을 준비해야 합니다. 이 땅에 하나님의 공의와 사랑이 온전히 이루어지는 그날을 바라보며, 남한 교회가 먼저 사랑으로 하나 되어 북한을 품을 준비를 해야 합니다. 결국, 통일의 가장 확실한 길은 복음입니다. 복음만이 분열된 영혼들을 하나로 묶고, 남과 북의 마음을 치유할 수 있는 유일한 힘이기 때문입니다.

❏ 오늘의 핵심 포인트

한반도의 진정한 통일은 정치나 경제가 아니라, 오직 복음과 사랑을 통해 이루어지는 하나님의 회복 사역이다.

❏ 오늘의 묵상 질문

- 나는 통일을 정치적 문제로만 바라보고 있지는 않은가, 하나님이 원하시는 복음적 통일을 위해 나는 어떤 역할을 감당할 수 있을까?
- 통일 이후, 북한 주민들을 사랑으로 품고 섬기기 위해 한국 교회와 성도들은 어떤 준비를 해야 할까?

세월을 아끼라 때가 악하니라(에베소서 5:16)

제10장
절기, 시간 속에 새겨진 은혜의 리듬

91. 일상의 우물가에서, 영원한 샘물을 만나다
92. 맥추절, 하나님께 드리는 신앙의 첫 결실
93. 사순절, 믿음의 깊이를 더하다
94. 부활절, 내가 아닌 그리스도로 사는 삶
95. 대강절, 기다림이 주는 기쁨
96. 성탄 트리에서 십자가로 : 구원의 길을 따라
97. 봉사는 '자기발견 지도'입니다
98. 직분은 명예가 아니라 사명입니다
99. 직분자, 영광이 아니라 헌신입니다
100. 교회, 벽을 넘어 세상으로

일상의 우물가에서, 영원한 샘물을 만나다

> 그런즉 누구든지 그리스도 안에 있으면 새로운 피조물이라. 이전 것은 지나갔으니 보라 새 것이 되었도다(고후 5:17).

새해를 맞이할 때마다 '새로움'을 기대합니다. 새로운 해, 새로운 계획, 새로운 환경이 우리 삶에 신선한 변화를 가져다줄 것이라 기대하지만, 이내 익숙함에 다시 안주하게 됩니다. 새해, 새 직장, 새 자동차, 새 옷, 새 집과 같이 내 주변을 채우는 환경의 변화를 통해 우리는 새로움을 기대합니다. 하지만, 환경의 변화가 주는 새로움은 곧 일상이 됩니다. 시간이 흘러 가면 익숙함이 새로움을 밀어내고 인생은 지루함과 싸우게 됩니다.

한 해 전체를 새로움으로 살아가는 길은 없을까요?

환경의 변화가 아니라 믿음의 변화를 추구하십시오. 환경의 변화가 주는 새로움은 마개가 열린 탄산음료와 같습니다. 마개를 여는 순간 톡 쏘는 탄산이 청량한 소리와 함께 솟구칩니다. 처음 한 모금을 마시는 순간 탄산음료가 주는 상쾌함은 대단합니다. 하지만, 몇 분이 지나 모든 탄산이 빠져 버리면 탄산음료는 밍밍한 설탕물이 됩니다.

요한복음 4장을 보면 우물가에서 예수님을 만난 한 여인이 등장합니다. 그녀는 매일 새로운 삶을 꿈꾸고 있었습니다. 뜨거운 태양 아래 아무도 없는 우물가에 홀로 서 있는 그녀의 모습은 얼마나 외로움과 일상에 지쳐 있었는지를 보여 주는 상징입니다. 그녀는 남편을 다섯 번이나 바꾸며 새로운 삶을 추구했지만 마음 깊은 곳에는 종교적 열망이 자리하고 있었습니다. 메시야를 기다리고 있었던 것이죠.

예수님은 그녀에게 이렇게 말씀하셨습니다.

> 내가 주는 물을 마시는 자는 영원히 목마르지 아니하리니 내가 주는 물은 그 속에서 영생하도록 솟아나는 샘물이 되리라(요 4:14).

이전까지 그녀가 갈망했던 새로움은 환경적인 변화였습니다. 그러나 예수님께서 주시는 생수를 마셨을 때, 그녀의 존재 자체가 새로워졌습니다. 예수님을 만난 그녀는 더 이상 환경의 변화에 의존하지 않았습니다. 내면에서부터 솟아나는 영원한 생수로 인해 참된 만족과 기쁨을 누리게 되었습니다.

우리도 마찬가지입니다. 새해를 맞아 일시적인 계획과 변화를 시도할 수 있지만, 그것이 오래 가지 않는다면 다시 원점으로 돌아갈 뿐입니다. 그러나 우리의 내면이 변화되면 삶을 바라보는 관점이 달라집니다.

기도로 시작하십시오. 환경의 변화보다 중요한 것은 마음의 변화입니다. 매일 기도로 하루를 시작하고, 하나님과의 친밀한 교제 안에서 새 힘을 얻으십시오. 말씀을 가까이하십시오. 성경은 우리 삶을 새롭게 하는 가장 강력한 원천입니다. 하나님의 말씀 안에서 삶의 방향을 찾고, 영혼을 채우는 시간을 가지십시오.

예수님과 동행하십시오. 사마리아 여인처럼 예수님을 만나고, 그분이 주시는 생수를 마실 때 우리는 진정한 새로움을 경험하게 됩니다.

진정한 새로움은 외적인 변화가 아니라 예수님과 함께하는 삶에서 나옵니다. 그분과 동행할 때, 우리는 더 이상 변화를 억지로 추구하지 않아도 됩니다. 하나님께서 주시는 평안과 기쁨이 우리 안에 넘칠 때, 우리는 하루하루를 새로운 마음으로 살아갈 수 있습니다.

새로운 해를 맞이하며, 우리의 존재가 예수님 안에서 새로워지기를 소망합니다. 변화하는 환경에 흔들리는 것이 아니라, 우리 내면에서부터 솟아나는 영원한 생수로 인해 참된 기쁨과 만족을 누리는 한 해가 되기를 바랍니다.

> 그런즉 누구든지 그리스도 안에 있으면 새로운 피조물이라. 이전 것은 지나갔으니 보라 새 것이 되었도다(고후 5:17).

◘ 오늘의 핵심 포인트

진정한 새로움은 환경이 아니라 예수님 안에서 변화된 내면에서 나오며, 그분과 동행할 때 우리는 날마다 새롭게 살아갈 수 있다.

◘ 오늘의 묵상 질문
- 나는 환경의 변화보다 내면의 변화를 추구하고 있는가, 예수님이 주시는 영원한 생수로 내 삶이 새로워지고 있는가?
- 내 삶에서 지속적인 새로움을 경험하기 위해 가장 먼저 변화해야 할 부분은 무엇인가 예수님과 더 깊이 동행하기 위해 실천할 수 있는 한 가지 방법은 무엇인가?

92

맥추절, 하나님께 드리는 신앙의 첫 결실

> 맥추절을 지키라 이는 네가 수고하여 밭에 뿌린 것의 첫 열매를 거둠이니라
> (출 23:16).

맥추절은 구약성경에 등장하는 세 가지 주요 절기 중 하나로, 유월절, 초막절과 함께 중요한 의미를 지닙니다. 이 절기는 '초실절', '칠칠절', '오순절' 등 다양한 이름으로도 불리며, 각각의 명칭은 절기의 본질을 강조하는 요소를 담고 있습니다.

첫째, 초실절 곧 첫 열매를 드리는 절기입니다. '초실절'(初實節)이라는 명칭은 '처음 익은 열매를 하나님께 드리는 날'이라는 뜻을 내포하고 있습니다. 모든 것이 하나님께서 주신 것임을 인정하고, 첫 열매를 감사함으로 봉헌하는 신앙적 고백을 의미합니다. 현대에도 성도들이 첫 월급이나 첫 소득을 감사의 예물로 하나님께 드리는 관습이 이러한 정신을 반영한 것입니다.

둘째, 맥추절 곧 수확에 대한 감사의 절기입니다. '맥추절'(麥秋節)은 '보리를 거두는 절기'라는 의미를 담고 있으며, 곡식을 수확한 후 하나님께 감사를 드리는 날입니다. 농경 사회에서는 보리 수확 전까지 식량이 부족한 '보릿고개'를 겪었기 때문에, 첫 수확이 주는 기쁨과 감사는 더욱 컸습

니다. 이러한 전통을 바탕으로 맥추절은 하나님의 공급하심에 대한 감사를 표현하는 중요한 시간으로 자리 잡았습니다.

셋째, 칠칠절 곧 율법을 받은 날입니다. '칠칠절'(七七節)은 유월절 이후 49일째 되는 날을 의미하며, 이날은 이스라엘 백성이 출애굽한 후 모세를 통해 하나님께 십계명을 받은 날로 기념됩니다. 하나님께서 율법을 주신 것은 구원받은 백성이 어떻게 살아가야 하는지를 알려 주기 위함이었습니다. 따라서 칠칠절은 신앙인들이 하나님의 말씀을 기억하고, 그분의 뜻을 따라 살아가겠다는 다짐을 새롭게 하는 기회가 됩니다.

넷째, 오순절 곧 성령 강림의 날입니다. '오순절'(五旬節)은 유월절 이후 50일째 되는 날로, 신약에서는 성령께서 제자들에게 임하신 날로 기록되어 있습니다(행 2장). 성령 강림을 통해 제자들은 담대해졌고, 복음을 세상에 전하기 시작했습니다. 오순절은 성령의 능력으로 충만한 삶을 살아가야 함을 상기시키는 절기입니다. 오늘날 우리는 농사를 짓지 않으며, 보리와 밀을 직접 수확하지 않습니다.

그렇다면 이 절기를 어떻게 적용할 수 있을까요?

현대 교회에서는 맥추절을 상반기 동안 베풀어 주신 하나님의 은혜를 되새기며 감사하는 절기로 지킵니다.

첫째, 상반기의 은혜를 돌아보는 시간입니다. 한 해의 절반이 지나가는 시점에서, 지난 6개월 동안 하나님께서 베풀어 주신 은혜를 되돌아보는 것은 매우 의미 있는 일입니다. 가정에서 가족들과 함께 예배를 드리며 감사의 제목을 나누고, 하나님이 주신 축복을 세어 보는 것도 좋은 실천이 될 것입니다.

둘째, 감사의 표현을 실천하는 삶입니다. 구약 시대에 이스라엘 백성이 첫 열매를 하나님께 드렸듯이, 우리도 우리의 삶에서 받은 은혜를 하나님께 표현하는 것이 중요합니다. 물질적인 헌금뿐만 아니라, 우리의 시간과 재능을 활용하여 이웃을 섬기고 나누는 것도 하나님께 대한 감사의 실천이 될 수 있습니다.

셋째, 성령 충만한 삶을 다짐하는 절기입니다. 오순절에 성령께서 임하셨던 것처럼, 맥추절은 우리가 성령의 인도하심을 따라 살기로 결단하는 시간이 될 수 있습니다. 우리가 받은 은혜를 나누고, 복음을 전하며, 하나님의 뜻을 실천하는 것이 맥추절의 본래 의미를 현대적으로 구현하는 길일 것입니다.

맥추절은 단순한 전통적 절기가 아니라, 우리가 받은 하나님의 은혜를 돌아보고 그에 감사하는 신앙적 실천의 기회입니다. 상반기 동안 함께하신 하나님의 인도하심을 기억하며, 더 깊은 감사와 헌신의 삶을 다짐하는 시간이 되기를 바랍니다.

🗂 오늘의 핵심 포인트

맥추절은 상반기 동안 베푸신 하나님의 은혜를 기억하고, 감사와 헌신으로 응답하며, 성령 충만한 삶을 다짐하는 신앙의 절기이다.

🗂 오늘의 묵상 질문

- 올해 상반기 동안 하나님께서 내 삶에 베푸신 은혜는 무엇이며, 나는 그것에 어떻게 감사하며 응답할 것인가?
- 맥추절의 의미를 기억하며, 성령 충만한 삶을 살기 위해 나는 어떤 노력을 기울일 수 있을까?

사순절, 믿음의 깊이를 더하다

> 내가 기뻐하는 금식은 흉악의 결박을 풀어 주며, 멍에의 줄을 끌러 주며 압제 당하는 자를 자유하게 하며 모든 멍에를 꺾는 것이 아니겠느냐 또 주린 자에게 네 양식을 나누어 주며, 유리하는 빈민을 집에 들이며 헐벗은 자를 보면 입히며 또 네 골육을 피하여 스스로 숨지 아니하는 것이 아니겠느냐(사 58:6-7).

사순절은 부활절을 앞둔 40일간의 신앙 훈련 기간입니다. AD 325년 니케아 공의회에서 교회의 중요한 절기로 공식화되었지만, 그 이전부터 초대 교회는 이 거룩한 시간을 소중히 지켜 왔습니다. 사순절 동안 교회는 그리스도의 고난에 깊이 참여하며, 부활의 영광을 사모하는 마음으로 기도와 금식, 구제와 회개에 힘썼습니다.

사순절은 단순한 종교적 관습이 아니라, 신앙의 본질을 회복하고 예수님의 십자가를 묵상하며 하나님과 더욱 가까워지는 시간입니다. 사순절이 시작되는 첫 수요일은 '재의 수요일'이라 불리며, 인간이 흙에서 와서 다시 흙으로 돌아가는 유한한 존재임을 상징하는 의식이 행해집니다.

초대 교회에서는 종려나무 가지를 태워 만든 재를 이마에 바르고 십자가를 그려, 인간의 죄성과 연약함을 기억하며 부활을 향한 소망을 되새겼습니다.

교부 어거스틴은 이렇게 말했습니다.

> 그리스도를 따르는 길은 십자가의 길이며, 그 길 위에서 우리는 고난을 통과해야만 부활의 영광에 이를 수 있다.

사순절은 바로 이 십자가의 길을 묵상하며, 신앙을 새롭게 하는 기회가 됩니다. 사순절 기간 동안 신앙인들은 세속적 욕망과 습관을 절제하고, 경건한 훈련을 통해 내면을 다스립니다. 이는 단순한 금욕이 아니라, 하나님께 더욱 가까이 나아가는 '영적 훈련'의 과정입니다.

이 과정은 세 가지로 정리할 수 있습니다.

첫째, 말씀 훈련입니다. 매일 성경을 읽고 묵상하며, 기도 속에서 하나님과 교제하는 시간을 가집니다. 예수님께서 광야에서 40일 동안 금식하며 하나님의 뜻을 구하셨듯이, 성도들은 하나님의 말씀을 더욱 깊이 새기는 시간을 보냅니다.

둘째, 절제 훈련입니다. 사순절은 자기 절제의 시기입니다. 소비, 음식, 미디어 사용, 습관 등에서 하나 이상의 영역을 선택해 절제하는 훈련을 합니다. 단순히 자제하는 것이 아니라, 절제를 통해 우리의 마음이 하나님께 더욱 집중될 수 있도록 하는 과정입니다.

셋째, 나눔 훈련입니다. 사순절은 이웃을 위한 사랑을 실천하는 기간이기도 합니다. 우리가 절제함으로 얻은 것을 나누며, 도움이 필요한 이웃을 돌보는 사랑의 실천이 이루어져야 합니다.

존 웨슬리는 이렇게 말했습니다.

> 세상을 변화시키는 가장 강력한 힘은 말이 아니라 사랑의 실천이다.

사순절 동안 우리의 이웃을 돌아보고, 구체적인 사랑의 행동을 실천하는 것이 중요합니다.

오늘날 우리의 삶은 너무 바쁘고, 분주합니다. 믿음이 희미해지고 영적 갈급함이 무뎌지는 시대 속에서 사순절은 신앙을 재정비하고, 하나님과의 관계를 새롭게 하는 기회가 됩니다. 사순절은 단순한 절기가 아닙니다.

우리의 믿음을 돌아보고, 영적 성장을 이루는 시간입니다. 금식과 기도를 통해 예수님의 십자가를 묵상하고, 하나님이 주시는 은혜를 깊이 경험하는 시간이 되기를 바랍니다. 올 한 해 사순절을 통해 영적 회복을 경험하고, 다시금 부활의 소망을 붙드는 시간이 되기를 소망합니다.

📌 오늘의 핵심 포인트

사순절은 금식과 기도, 절제와 나눔을 통해 예수님의 십자가를 묵상하고, 하나님과 더욱 가까이 나아가는 영적 훈련의 시간이다.

📌 오늘의 묵상 질문

- 나는 사순절 동안 무엇을 절제하고, 어떤 영적 훈련을 통해 하나님과 동행할 수 있을까?
- 사순절을 통해 내 신앙의 연약한 부분을 돌아볼 때, 하나님께 더욱 헌신하기 위해 변화해야 할 점은 무엇인가?

94

부활절, 내가 아닌 그리스도로 사는 삶

> 내가 그리스도와 그의 부활의 권능과 그 고난에 참여함을 알고자 하여 그의 죽으심을 본받아 어떻게 해서든지 죽은 자 가운데서 부활에 이르려 하노니(빌 3:10-11).

어린 시절, 어머니와 함께 길을 걷다 문득 이런 질문을 한 적이 있습니다.
"기독교에서 가장 중요한 절기는 뭐예요?"
성탄절을 기대했던 저는 뜻밖의 대답을 들었습니다.
"부활절이지!"
그때는 왜 부활절이 가장 중요한 절기인지 이해할 수 없었습니다. 평소 십자가에 대해 많은 이야기를 듣지만, 부활의 진리는 부활절에만 강조됩니다. 그러나 기독교 신앙의 핵심은 "예수님께서 부활하셨다"라는 선언입니다. 예수님의 부활은 인류의 운명을 바꾸고, 역사를 새롭게 하는 혁명적인 사건입니다.

> 그러나 이제 그리스도께서 죽은 자 가운데서 다시 살아나사 잠자는 자들의 첫 열매가 되셨도다(고전 15:20).

성경은 예수님께서 "부활의 첫 열매"가 되셨다고 말씀합니다. 첫 열매가 있다는 것은 그 뒤를 따르는 열매들이 반드시 존재한다는 뜻입니다.

예수님께서 부활하셨듯이, 우리도 부활할 것입니다. 하지만, 이것은 마지막 날 예수님께서 재림하실 때, 우리의 육체가 부활한다는 미래적 소망만을 의미하지 않습니다. 부활 신앙이란 오늘, 지금 여기서, 내 삶 속에서 부활의 능력이 역사함을 믿는 것입니다.

부활의 주님을 믿는다는 것은 죽음과 같은 현실 속에서도 승리를 선포하며 살아가는 것입니다. 부활 신앙이 없는 그리스도인은 용서받은 죄인이지만 여전히 무력하게 죄에 끌려 다니는 사람과 다름없습니다. 그러나 부활 신앙을 가진 그리스도인은 이미 이긴 자로서 세상을 살아갑니다.

볼링 경기에서 가장 중요한 핀을 킹핀(kingpin)이라고 부릅니다. 특히, 5번 핀을 제대로 맞히면 나머지 9개의 핀은 자연스럽게 쓰러집니다.

기독교 신앙에서도 볼링의 킹핀과 같은 핵심 진리가 있습니다. 그것이 바로 '부활 신앙'입니다. 우리는 십자가 신앙을 통해 죄 용서의 확신을 얻습니다. 그러나 부활 신앙이 없으면 죄는 용서받았어도 죄를 이기지 못하는 무력한 그리스도인이 되고 맙니다.

사도 바울은 이렇게 고백했습니다.

> 내가 그리스도와 함께 십자가에 못 박혔나니 그런즉 이제는 내가 사는 것이 아니요, 오직 내 안에 그리스도께서 사시는 것이라 이제 내가 육체 가운데 사는 것은 나를 사랑하사 나를 위하여 자기 자신을 버리신 하나님의 아들을 믿는 믿음 안에서 사는 것이라(갈 2:20).

이것이 바로 부활 신앙입니다.

"Not I but Christ!"

내가 사는 것이 아니라, 내 안에 사시는 예수님의 생명으로 살아가는 것입니다. 부활이 없다면 신앙도 없습니다.

기독교 신앙에서 부활이 가지는 절대적 중요성에 대해, 신학자 톰 라이트(N.T. Wright)는 이렇게 말했습니다.

> 부활이 없다면 기독교는 단순한 윤리적 가르침이 될 뿐이며, 구원과 영생의 약속이 없는 종교적 이념에 불과할 것이다.

즉, 부활은 기독교 신앙을 존재하게 하는 기둥이며, 예수님이 하나님의 아들이심을 증명하는 역사적 사건입니다.
사도 바울도 이렇게 강하게 선포했습니다.

> 그리스도께서 다시 살아나신 일이 없으면, 너희의 믿음도 헛되고, 너희가 여전히 죄 가운데 있을 것이요(고전 15:17).

부활이 없다면, 신앙도 없습니다. 그러나 예수님이 부활하셨기에 우리의 신앙이 살아 있고, 소망도 살아 있습니다.

> 나는 부활이요 생명이니, 나를 믿는 자는 죽어도 살겠고, 무릇 살아서 나를 믿는 자는 영원히 죽지 아니하리니 이것을 네가 믿느냐?(요 11:25-26).

그렇습니다. 우리가 믿는 예수님은 죽음에서 끝나지 않으셨습니다. 우리는 부활을 믿기에, 오늘을 살아가는 힘을 얻습니다. 죽음을 이기신 주님과 함께 우리는 어떤 상황 속에서도 승리하며 살아갈 수 있습니다. 부활의 주님을 깊이 묵상하며, 죽음을 넘어선 영원한 생명의 능력을 삶 속에서 경험하는 은혜가 있기를 소망합니다.

부활은 단지 2000년 전의 역사적 사건이 아니라, 지금 나의 삶 속에서 무기력과 절망을 이겨낼 수 있는 살아 있는 능력입니다. 나를 십자가에 못 박고, 내 안에 사시는 그리스도의 생명으로 살아갈 때, 우리는 매일 부활의 기적을 경험하게 될 것입니다. 이것이야말로 부활절이 우리에게 주는 가장 위대한 선물입니다.

🔲 오늘의 핵심 포인트

부활 신앙은 단순한 미래의 소망이 아니라, 오늘을 살아가는 능력이자 내가 아닌 그리스도로 사는 삶의 본질이다.

🔲 오늘의 묵상 질문
- 나는 '내가 아닌 그리스도로 사는 삶'을 어떻게 실천하고 있는가?
- 부활의 능력을 믿는다면, 오늘 내 삶에서 두려움 대신 담대함을 선택해야 할 부분은 무엇인가?

95

대강절, 기다림이 주는 기쁨

> 너희도 길이 참고 마음을 굳건하게 하라 주의 강림이 가까우니라(약 5:8).

어린 시절, 크리스마스를 기다리던 12월은 일 년 중 가장 설레는 시간이었습니다. 성탄절이 다가오면 마음이 들뜨고, 기대감으로 가득했습니다.

왜 그렇게 설레고 행복했을까요?

그것은 '기다림'이 주는 기쁨 때문이었습니다.

기다림 속에서 사람은 행복을 느낍니다. 우리는 휴가를 기다리고, 월급을 기다리고, 결혼과 출산을 기다리며 소망 속에서 현실을 견뎌냅니다.

예수 그리스도의 성탄을 기다리는 절기를 '대강절'(Advent)이라 부릅니다. 대강절은 성탄절을 앞둔 4주간, 예수님의 오심을 간절히 기다리는 절기입니다. 'Advent'라는 단어는 라틴어 *adventus*(도착, 임함)에서 유래되었습니다. 구약 시대에는 메시아의 오심을 기다렸고, 신약 시대를 살아가는 우리는 예수님의 재림을 기다립니다. 무엇보다 우리는 오늘 나의 마음에 예수님이 새롭게 찾아오시기를 기다립니다.

초대교회 교부 어거스틴은 이렇게 말했습니다.

> 하나님은 이미 오셨고, 지금도 오고 계시며, 다시 오실 것이다.

예수님의 초림은 이미 이루어졌고, 재림 역시 반드시 이루어질 것입니다. 그러나 중요한 것은 오늘도 우리의 마음에 예수님이 오시기를 간절히 기다리는 삶을 사는 것입니다.

어린 시절, 우리는 크리스마스의 기적을 기다렸습니다. 선물을 기다리고, 성극을 준비하며 설레었고, 새벽송을 돌며 기뻐했습니다. 무엇보다 흰 눈이 내리는 화이트 크리스마스를 기다렸습니다. 그러나 시간이 지나면서 우리의 기다림은 점점 사라져 버렸습니다.

크리스마스가 더 이상 설렘 가득한 기다림의 시간이 아니라, 무언가를 끝내야 하는 숙제처럼 느껴지기 시작한 것은 아닐까요?

C. S. 루이스는 『순전한 기독교』에서 이렇게 말했습니다.

> 우리가 이 세상의 어떤 것도 우리를 완전히 만족시키지 못한다면, 그것은 우리가 이 세상을 넘어선 다른 세계를 위해 창조되었기 때문이다.

크리스마스를 기다리던 어린 시절의 기쁨이 사라진 것은, 우리의 기다림이 잘못된 대상에 집중되었기 때문입니다. 어린 시절의 기대는 세상의 즐거움 때문이었지만, 성숙한 신앙인은 예수 그리스도를 기다리는 기쁨을 회복해야 합니다.

우리는 무엇을 기다려야 할까요?

올해 대강절을 맞이하며 우리는 다시 진정한 기다림의 대상이신 예수 그리스도를 기다려야 합니다. 기다림은 단순한 인내가 아니라, 기대와 소망을 품고 준비하는 시간입니다. 마치 신랑을 기다리는 신부처럼, 우리는 기쁨과 설렘으로 예수님을 기다려야 합니다.

프랑스 신학자 피에르 테야르 드 샤르댕(Pierre Teilhard de Chardin)은 이렇게 말했습니다.

> 그리스도는 이미 우리 안에서 자라고 계신다. 우리의 역할은 그분을 향한 기다림 속에서, 우리의 영혼이 성장할 수 있도록 준비하는 것이다.

대강절은 단순히 성탄절을 맞이하는 시간이 아닙니다. 우리 영혼이 예수님의 오심을 맞이할 준비를 하는 시간입니다.

이번 대강절 동안, 예수님께서 우리의 삶 속에 새롭게 찾아오시기를 간절히 소망하며 기다립시다. 우리가 진정으로 예수님을 기다릴 때, 우리의 기다림은 더 이상 헛된 기대가 아니라, 하나님의 임재를 경험하는 기쁨의 시간이 될 것입니다.

📖 오늘의 핵심 포인트

대강절은 단순한 기다림이 아니라, 예수님의 오심을 준비하며 기쁨과 소망으로 우리의 영혼을 성장시키는 시간이다.

📖 오늘의 묵상 질문

- 나는 대강절 동안 예수님을 기다리는 마음을 어떻게 회복할 수 있을까?
- 대강절 동안 예수님의 오심을 맞이하기 위해 내 삶에서 실천해야 할 변화는 무엇인가?

성탄 트리에서 십자가로 : 구원의 길을 따라

> 보라 처녀가 잉태하여 아들을 낳을 것이요, 그의 이름을 임마누엘이라 하리라 (마 1:23).

크리스마스가 다가오면 곳곳에서 반짝이는 성탄 트리(Christmas tree)를 쉽게 볼 수 있습니다. 환한 불빛과 다채로운 장식으로 꾸며진 트리는 연말의 분위기를 한껏 고조시키며, 우리에게 따뜻한 기쁨을 선사합니다.

그러나 이 성탄 트리가 어떻게 시작되었는지, 그 안에 담긴 신앙적 의미는 무엇인지 깊이 묵상해 본 적이 있습니까?

크리스마스 트리에 대한 유래는 여러 가지가 전해지지만, 가장 신빙성 있는 이야기는 16세기 독일의 종교개혁가 마틴 루터로부터 시작됩니다. 루터는 크리스마스 전날 밤, 별이 빛나는 하늘 아래 서 있는 상록수 한 그루를 보았습니다. 그 모습은 마치 하나님을 향해 솟아오르는 믿음의 표상처럼 보였습니다. 루터는 이 감동을 기념하기 위해 집 안에 작은 상록수를 들여놓았고 거기에 촛불과 별 모양의 장식을 달아 예수님의 오심을 기리는 전통을 시작했다고 전해집니다.

이러한 풍습은 시간이 지나며 스웨덴, 노르웨이, 핀란드 등 북유럽 지역으로 확산되었고, 19세기 영국 빅토리아 여왕 시대를 기점으로 본격적으로 전 세계에 퍼지게 되었습니다. 특히, 미국에서는 1832년 하버드대학교 교수 칼 폴렌(Karl Follen)이 처음으로 크리스마스 트리를 장식한 이후, 교회에서도 이 전통이 자리 잡았습니다. 1851년에는 한 목회자가 교회 예배당에 성탄 트리를 세우면서 기독교 문화 속에 깊이 뿌리내리게 되었고, 이후 선교사들을 통해 한국에도 전해졌습니다.

일각에서는 크리스마스 트리가 이교도 전통에서 유래되었다고 주장합니다. 사실, 상록수는 고대 이집트, 그리스, 로마인들에게 '생명의 상징'으로 여겨졌으며, 겨울철에도 푸르름을 잃지 않는 나무를 장식하는 풍습이 있었습니다. 그러나 트리는 단순한 자연 숭배의 상징이 아니라 예수 그리스도의 영원한 생명을 나타내는 표식이 되었습니다. 이처럼 하나님은 때때로 인간이 가진 문화를 복음의 진리를 전달하는 도구로 사용하십니다.

신학자 C. S. 루이스도 문화와 신앙의 관계에 대해 이렇게 말했습니다.

> 기독교는 기존의 문화적 요소들을 무조건 배척하는 것이 아니라, 그것을 새롭게 하고 완성한다.

성탄 트리 또한 단순한 장식이 아니라, 예수님께서 이 땅에 생명의 빛으로 오셨음을 기념하는 상징으로 자리 잡은 것입니다. 그러나 크리스마스 시즌에 우리가 더욱 깊이 묵상해야 할 또 하나의 나무가 있습니다. 바로 십자가입니다. 화려한 크리스마스 트리의 불빛보다 거친 나무 십자가의 의미를 되새겨야 합니다. 예수님께서 이 땅에 오신 이유는 우리의 죄를 대신하여 십자가를 지기 위함이었습니다. 성경은 이렇게 말씀합니다.

> 그는 근본 하나님의 본체시나 하나님과 동등됨을 취할 것으로 여기지 아니하시고, 오히려 자기를 비워 종의 형체를 가지사 사람들과 같이 되셨고(빌 2:6-7).

2000년 전 예수님께서 베들레헴의 초라한 마구간에서 태어나신 것도, 나무 위에서 못 박혀 돌아가신 것도 모두 우리를 향한 사랑의 표현이었습니다. 교부 어거스틴은 이렇게 말했습니다.

> 그리스도께서는 인간이 되심으로 우리를 높이셨으며, 십자가에서 낮아지심으로 우리를 살리셨다.

세상이 만들어 내는 화려한 성탄의 풍경보다, 낮고 낮은 곳에 오신 아기 예수님의 의미를 묵상하는 대림절과 성탄절이 되기를 바랍니다.

🟪 오늘의 핵심 포인트

성탄 트리는 예수님의 오심을 기념하는 상징이지만, 그분이 오신 진정한 이유는 십자가의 길을 걸어 우리를 구원하시기 위함이다.

🟪 오늘의 묵상 질문

- 크리스마스를 맞아 나는 예수님의 오심과 십자가를 어떻게 깊이 묵상하고 있는가?
- 크리스마스를 준비하는 내 모습 속에서 세상의 화려함과 예수님의 겸손한 오심 중 어디에 더 집중하고 있는가?

97

봉사는 '자기발견 지도'입니다

> 형제들아 너희가 자유로 부르심을 입었으나 그러나 그 자유로 육체의 기회를 삼지 말고 오직 사랑으로 서로 종 노릇하라(갈 5:13).

인간은 이기적 존재가 아니라 이타적 존재로 창조되었습니다. 그러나 타락한 이후, 인간은 '소유'를 통해 자아를 찾으려 합니다. 그 결과, 사람은 무엇인가를 끊임없이 쟁취함으로써 평생 자기를 증명해야 하는 악순환에 빠지게 되었습니다.

그러나 인간은 이타적 존재로 창조되었기에 타인을 향한 봉사를 통해서만 진정한 자아를 발견할 수 있습니다. 내가 아닌 남을 위하여 살 때 인간은 생의 의미와 행복을 발견합니다. 그런 점에서 봉사는 '자기 발견 지도'입니다.

왜 사람들은 자기를 상실한 채 살아갈까요?

틀린 지도를 붙들고 길을 찾기 때문입니다. 돈이라는 지도, 명예라는 지도, 권력이라는 지도를 통해 자기를 찾으려 하기 때문입니다. 틀린 지도를 보며 최선을 다해 목표점으로 달려왔는데, 그 끝에서 발견한 것은 '자기 없음'이었습니다.

가톨릭 사제이며 베스트셀러 작가인 헨리 나우웬(Henri Nouwen)은 하버드대학교의 교수로서 성공의 정점에 서 있던 사람이었습니다. 하지만, 그의 내면은 공허했습니다. 그는 결국 대학 교수직을 내려놓고, 지적 장애인들의 공동체인 '데이브레이크'에 들어가 섬기는 삶을 선택합니다.

그는 『예수의 길』(Following Jesus)이라는 그의 저서에서 이렇게 고백했습니다.

> 인생의 오르막길에서는 예수님이 보이지 않았습니다. 오르막길은 늘 성공과 칭찬에 가려 있어 예수님이 보이지 않습니다. 그러나 내리막길에서 진정한 예수님을 만날 수 있었습니다.

헨리 나우웬은 봉사의 자리에서 '진짜 자아'를 발견했습니다. 그곳에서 '예수님'을 만났습니다.

> 당신은 지금 어디를 향해 가고 있습니까?
> 오르막길에서 성공을 좇고 있습니까?
> 내리막길에서 예수님을 만나고 있습니까?

독일의 신학자인 디트리히 본회퍼는 예수님을 한마디로 '타자를 위한 존재'였다고 정의합니다.

예수님은 생의 목적을 다음과 같이 말씀하셨습니다.

> 인자가 온 것은 섬김을 받으려 함이 아니라 도리어 섬기려 하고 자기 목숨을 많은 사람의 대속물로 주려 함이니라(막 10:45).

예수님은 우리를 섬기기 위해 하늘 영광을 버리고 낮고 낮은 이 땅으로 내려오셨습니다. 예수님의 삶은 '이웃을 위한 삶'이었습니다.

우리는 예수님을 닮아가고 있습니까?

우리는 '타자를 위한 존재'로 살고 있습니까?

인생은 하나님께서 우리에게 맡기신 '달란트'입니다. 하나님께서 인생이란 달란트를 맡기신 이유는 분명합니다. 봉사의 지도를 붙들고 인생의 길에서 방황하지 말라고 주셨습니다.

그런 점에서 봉사는 나를 발견하는 길이면서, 하나님을 만나는 길입니다. 봉사의 자리에서 우리는 하나님을 경험합니다. 남을 위해 사는 삶이 진정한 의미에서 '나를 위해 사는 삶'입니다.

세상은 소유를 통해 자기를 찾으라 말하지만 성경은 '섬김'을 통해 자기를 찾으라고 말합니다.

> 당신은 지금, 어떤 지도를 따라가고 있습니까?
> 돈과 명예의 길을 따라가고 있습니까?
> 아니면 섬김과 사랑의 길을 따라가고 있습니까?

☐ 오늘의 핵심 포인트

진정한 자아와 하나님을 발견하는 길은 소유가 아니라 섬김이며, 봉사의 자리에서 우리는 예수님을 만나게 된다.

☐ 오늘의 묵상 질문

- 나는 지금 어떤 지도를 따라 인생을 걷고 있는가, 소유의 길인가, 섬김의 길인가?
- 봉사를 통해 하나님을 경험했던 순간이 있는가, 그렇다면 그것이 내 신앙과 삶에 어떤 변화를 주었는가?

직분은 명예가 아니라 사명입니다

> 맡은 자들에게 주장하는 자세를 하지 말고 양 무리의 본이 되라(벧전 5:3).

교회에서 직분을 맡는다는 것은 단순한 역할 이상의 의미를 지닙니다. 특히, 항존직(恒存職) 곧 장로, 권사, 안수 집사는 한시적인 임무가 아니라, 평생 충성해야 할 사명입니다. 항존직 선거를 앞두고, 교회의 직분이 무엇이며, 어떤 자세로 받아들여야 하는지를 깊이 묵상해야 합니다.

교회의 직분은 크게 항존직과 임시직으로 나뉩니다. 항존직은 항상 유지되는 직분으로, 장로, 안수 집사, 권사를 포함합니다. 임시직은 정한 기간 동안 임명되는 직분으로, 서리 집사가 이에 해당합니다. '서리 집사'(敍理執事)에서 '서리'(敍理)란 임시 혹은 준비를 뜻합니다. 즉, 항존직을 감당하기 위한 훈련 과정의 의미가 담겨 있습니다.

항존직으로 세움을 받는 것은 교회에서 더 높은 자리로 승진하는 것이 아닙니다. 오히려 더 낮은 섬김과 헌신의 자리로 들어가는 것입니다. 교회의 직분은 계급이나 명예가 아니라 그리스도의 몸 된 교회를 온전히 섬기기 위한 책임과 사명입니다.

오늘날 일부 교회에서는 직분을 세속적 시각으로 바라보며 갈등을 겪기도 합니다. 하지만, 직분의 본질은 '높아지는 자리'가 아니라 '낮아지는 자리'입니다. 예수님께서는 제자들에게 이렇게 말씀하셨습니다.

> 너희 중에 누구든지 크고자 하는 자는 너희를 섬기는 자가 되고, 너희 중에 누구든지 으뜸이 되고자 하는 자는 너희의 종이 되어야 하리라(마 20:26-27).

예수님께서 친히 보여 주신 섬김의 본은 직분자들이 따라야 할 가장 중요한 원칙입니다.

초대 교회의 어거스틴은 교회의 지도자들에게 이렇게 권면했습니다.

> 당신은 먼저 그리스도의 양이 되어야 합니다. 그리고 나서야 양을 돌보는 목자가 될 수 있습니다.

즉, 직분을 맡기 전에 먼저 신앙적으로 성숙한 사람이 되어야 한다는 뜻입니다. 직분자는 먼저 자신이 온전한 그리스도인이 되기 위해 힘써야 하며, 교회의 공동체를 섬기는 일에 헌신해야 합니다.

직분자로 세워지는 성도는 단순히 신앙생활을 오래한 사람이 아니라, 지혜와 성령이 충만한 사람이어야 합니다. 사도행전 6장에 보면, 초대 교회는 일곱 집사를 세울 때 "믿음과 성령이 충만한 자"(행 6:3)를 기준으로 삼았습니다. 이는 오늘날 교회의 직분자들에게도 동일하게 적용됩니다. 직분은 특권이 아니라 책임입니다. 직분을 받는 것은 교회 안에서 권위를 얻는 것이 아니라, 더 많은 희생과 섬김의 삶을 감당할 준비가 되었음을 의미합니다.

항존직 선거를 앞두고, 기도하는 자세를 가져야 합니다. 교회도 조직이지만 단순한 세상의 조직은 아닙니다. 직분 선거도 단순한 투표 행위가 아니라, 성령의 인도하심을 따라 하나님의 뜻을 구하는 과정입니다.

디모데전서 3장 1-13절은 장로와 집사의 자격을 이렇게 설명합니다.

> … 감독(장로)은 책망할 것이 없으며, 절제하며, 신중하며, 단정하며, 나그네를 대접하며, 가르치기를 잘하며 … 집사들도 정중하고 일구이언을 하지 아니하며, 술에 인박히지 아니하고, 더러운 이를 탐하지 아니하고, 깨끗한 양심에 믿음의 비밀을 가진 자라야 할지니 … (딤전 3:1-13).

즉, 직분을 맡는 사람은 삶에서 본이 되어야 하며 무엇보다도 믿음의 본질을 깊이 붙잡고 살아가는 사람이어야 합니다.

직분을 맡는 순간부터 우리는 하나님 앞에서 더 낮아지고, 더 겸손해져야 합니다. 직분은 내가 선택하는 것이 아니라, 하나님께서 나를 부르시는 것입니다. 따라서 교회의 직분을 받는 것은 단순한 직책이 아니라, 주님 앞에 설 때까지 충성해야 할 신앙적 결단입니다.

우리가 이 소명을 깊이 깨닫고, 하나님 앞에서 기쁨과 감사로 헌신할 수 있기를 바랍니다.

▢ 오늘의 핵심 포인트

교회의 직분은 명예나 권위가 아니라, 하나님께서 맡기신 섬김과 헌신의 사명이며, 끝까지 충성해야 할 신앙적 부르심이다.

▢ 오늘의 묵상 질문
- 나는 교회에서의 직분을 명예가 아니라 섬김의 사명으로 받아들이고 있는가?
- 직분자로서 하나님과 공동체 앞에서 더욱 충성하기 위해 내 삶에서 변화해야 할 부분은 무엇인가?

99

직분자, 영광이 아니라 헌신입니다

> 사람이 마땅히 우리를 그리스도의 일꾼이요, 하나님의 비밀을 맡은 자로 여길지어다. 그리고 맡은 자들에게 구할 것은 충성이니라(고전 4:1-2).

교회에서 직분을 맡는 것은 조직이 부여한 역할을 수행하는 것이 아니라, 하나님의 부르심에 응답하는 일입니다. 직분은 명예와 권위의 자리가 아니라, 섬김과 헌신의 자리입니다. 교회 공동체 안에서 직분을 받은 성도는 하나님의 뜻을 이루는 도구로 준비되고 훈련되어야 합니다.

하나님의 교회를 더욱 건강하게 세워나가기 위해, 직분을 대하는 우리의 태도는 어떠해야 할까요?

직분에 대한 몇 가지 중요한 원칙을 나누고자 합니다.

첫째, 직분은 하나님의 은혜입니다. 직분은 자격이나 공로로 얻는 것이 아니라, 하나님의 은혜로 주어지는 것입니다. 성경은 우리를 하나님의 일꾼이자 청지기라고 부릅니다.

사도 바울은 이렇게 말했습니다.

> 하나님께서 세상의 미련한 것들을 택하사 지혜 있는 자들을 부끄럽게 하려 하시고, 세상의 약한 것들을 택하사 강한 것들을 부끄럽게 하려 하시며, 하나님께서 세상의

> 천한 것들과 멸시받는 것들과 없는 것들을 택하사 있는 것들을 폐하려 하시나니,
> 이는 아무 육체도 하나님 앞에서 자랑하지 못하게 하려 하심이라(고전 1:27-29).

직분은 우리가 뛰어나서 받는 것이 아니라 연약한 자를 통해 하나님의 능력이 나타나도록 하시는 하나님의 섭리입니다. 그러므로 우리는 겸손한 마음으로 하나님께서 맡기신 사명을 감당해야 합니다.

둘째, 직분자는 충성해야 합니다. 직분을 맡은 성도는 사람이 아닌 하나님께 충성해야 합니다. 교회 안에서 섬기는 역할은 세상의 직위처럼 승진하는 것이 아닙니다. 오히려 더 많이 헌신하고, 더 깊이 섬기는 자리입니다. 예수님께서는 제자들에게 이렇게 말씀하셨습니다.

> 너희 중에 누구든지 크고자 하는 자는 너희를 섬기는 자가 되고, 너희 중에 누구든지 으뜸이 되고자 하는 자는 너희의 종이 되어야 하리라. 인자가 온 것은 섬김을 받으려 함이 아니라 도리어 섬기려 하고 자기 목숨을 많은 사람의 대속물로 주려 함이니라(마 20:26-28).

직분을 맡았다는 것은 자신의 뜻이 아니라, 하나님의 뜻을 이루기 위해 자신의 삶을 헌신하는 것을 의미합니다. 그러므로 세상의 가치관을 따라 직분을 바라보지 말고, 하나님 앞에서 충성된 종으로 살아가야 합니다. 직분은 부담스럽고 어려운 일이지만, 하나님께서 맡기신 사명을 감당하는 기쁨도 함께 주어지는 은혜입니다.

셋째, 서로를 격려하고 기도하십시오. 훌륭한 리더는 훌륭한 동역자들이 함께할 때 세워집니다. 직분을 맡은 이들은 교회를 위해 헌신하지만, 때로는 비판과 오해 속에서 어려움을 겪기도 합니다. 그럴 때 서로를 격려하고 기도로 세워 줄 때, 공동체가 더욱 건강하게 성장할 수 있습니다.

> 서로 돌아보아 사랑과 선행을 격려하며, 모이기를 폐하는 어떤 사람들의 습관과 같이 하지 말고, 오직 권하여 그 날이 가까움을 볼수록 더욱 그리하자(히 10:24-25).

교회는 완벽한 사람들이 모인 곳이 아니라, 하나님의 손에서 빚어져 가는 공동체입니다. 부족한 점을 탓하기보다, 하나님께서 우리를 성장시켜 가신다는 믿음으로 서로를 세워 주어야 합니다.

디트리히 본회퍼는 이렇게 말했습니다.

> 진정한 공동체는 서로를 있는 모습 그대로 사랑할 뿐만 아니라, 그 안에서 하나님이 이루어 가실 일을 함께 소망하며 기다리는 것이다.

우리는 모두 하나님의 '공사 중'인 작품입니다. 서로의 부족함을 탓하기보다, 하나님께서 지금도 만들어 가시는 걸작품으로 서로를 바라보며 함께 성장해 나가야 합니다. 직분을 통해 나의 이름이 아니라, 오직 예수 그리스도의 영광만 드러나는 인생이 되기를 소망합니다.

▫ 오늘의 핵심 포인트

교회의 직분은 명예가 아니라 섬김과 헌신의 자리이며, 하나님께 충성함으로 공동체를 세워 가는 사명이다.

▫ 오늘의 묵상 질문

- 나는 하나님께서 맡기신 직분을 섬김과 헌신의 자리로 받아들이고 있는가?
- 내가 직분자로서 충성하고 있는 부분과 더 성장해야 할 부분은 무엇인가?

교회, 벽을 넘어 세상으로

> 너희도 성령 안에서 하나님이 거하실 처소가 되기 위하여 그리스도 예수 안에서 함께 지어져 가느니라(엡 2:22).

구약 시대, 성전은 하나님이 임재하시는 공간이었습니다. 하나님께서 직접 설계도를 주시고 모세와 솔로몬이 이를 따라 성막과 성전을 지었습니다. 성전은 하나님의 임재를 상징하는 장소였기에, 그 자체로 신성한 의미를 가졌습니다. 그러나 신약 시대에 와서 성전에 대한 개념은 완전히 변화됩니다.

사도 바울은 이렇게 선언합니다.

> 너희는 너희가 하나님의 성전인 것과 하나님의 성령이 너희 안에 거하시는 것을 알지 못하느냐?(고전 3:16).

> 너희도 성령 안에서 하나님이 거하실 처소가 되기 위하여 그리스도 예수 안에서 함께 지어져 가느니라(엡 2:22).

이제 성전은 건물이 아니라 예수님을 주로 고백하는 신앙공동체 안에 존재합니다. 그렇기에 신약 시대를 사는 우리는 더 이상 예배당을 '성전'

이라 부르지 않습니다. 성전은 건물이 아니라 예수 그리스도를 믿는 성도들의 모임이며, 교회의 본질은 건물이 아닌 공동체에 있습니다.

따라서 하나님께서 기뻐하시는 교회를 세운다는 것은 예수님을 고백하는 성도들의 참된 공동체를 형성하는 것입니다. 교회는 건물이 아니라 사람들 속에 존재합니다. 진정한 교회 세움은 선교적 비전을 가진 진실한 공동체를 이루는 것입니다.

건물의 확장이 아니라, 지역 사회에 스며드는 공동체적 교회가 되어야 합니다. 하나님이 원하시는 교회는 단순한 예배 공간이 아니라, 세상을 향해 복음을 전하고 하나님 나라를 실현하는 공동체입니다.

그리스도인들은 종종 건물을 성전으로 여기는 오류를 범합니다. 물론, 하나님께서 주신 예배 공간은 귀한 선물이지만, 건물 자체가 신성한 것은 아닙니다. 예배당은 우리가 하나님을 예배하는 공간이지만, 더 나아가 세상을 섬기는 도구로 활용되어야 합니다. 역사적으로도 교회 건물은 신자들만의 공간이 아니라, 지역 사회를 위한 공간이었습니다. 중세 유럽에서는 성당이 예배 공간일 뿐만 아니라, 학교, 병원, 피난처, 회합 장소로 활용되었습니다. 이러한 정신이 오늘날에도 이어져야 합니다.

마틴 루터는 이렇게 말했습니다.

> 교회의 가장 중요한 사명은 교회 울타리 안에서 끝나지 않고, 세상을 향해 복음을 흘려보내는 것이다.

교회가 건물을 지키는 것에만 집중하면, 복음의 능력이 약화됩니다. 하지만, 교회가 건물을 선교적 도구로 사용하면, 하나님 나라가 확장됩니다.

오늘날 많은 교회가 여전히 건물을 '우리만의 공간'으로 제한하고 있습니다. 그러나 교회의 진정한 목적은 건물을 유지하는 것이 아니라, 세상을 변화시키는 것입니다. 실제로 많은 선교적 교회가 교회 건물을 지역 사회를 위한 문화 센터, 무료 상담소, 도서관, 카페, 쉼터로 개방하여 세상과 소통하고 있습니다.

교부 존 크리소스톰(John Chrysostom)은 이렇게 말했습니다.

> 교회의 벽은 사람들의 마음속에 있다. 그 벽을 허물고 세상과 소통할 때, 참된 교회가 된다.

이처럼 교회는 닫힌 울타리가 아니라, 열린 공간이어야 합니다.

교회의 건물은 단순한 물리적 공간이 아니라, 하나님 나라를 실현하는 도구가 되어야 합니다. 건물이 교회가 아니라, 사람들이 교회입니다.

따라서 교회는 건물 확장이 아니라 공동체 확장을 지향해야 합니다. 성도들은 건물을 유지하는 것이 아니라, 영혼을 돌보는 일에 집중해야 합니다. 교회는 지역 사회와 소통하며 하나님 나라를 이루는 열린 공간이 되어야 합니다.

우리에게 주어진 예배 공간이 복음을 위한 생명의 공간이 되도록, 성령님께서 주시는 거룩한 상상력과 비전을 가지고 나아가야 합니다.

> 너희는 너희가 하나님의 성전인 것과 하나님의 성령이 너희 안에 거하시는 것을 알지 못하느냐?(고전 3:16).

우리는 건물이 아니라 성령이 임재하는 교회를 세워야 합니다. 그곳에서 하나님의 사랑과 은혜가 흘러넘치는 참된 공동체를 이루어 가야 합니다.

▢ 오늘의 핵심 포인트

교회는 건물이 아니라, 세상을 향해 열려 있는 성도들의 공동체이며, 복음을 전하고 하나님 나라를 실현하는 열린 공간이 되어야 한다.

▢ 오늘의 묵상 질문

- 나는 교회를 단순한 건물로 인식하고 있지는 않은가, 아니면 세상을 향해 열린 공동체로 세워 가고 있는가?
- 교회가 지역 사회와 소통하며 복음을 흘려보내기 위해 내가 실천할 수 있는 일은 무엇인가?

[CLC 추천 도서 목록]

① **복음의 본질**
김지훈, 정성욱 편저 | 신국판 | 320면

② **이것이 복음이다**
박요한 지음 | 신국판 | 404면

③ **복음! 한 번 들어보세요**
김학렬 지음 | 사륙변형 | 156면

④ **팀 켈러의 복음 이해와 교회의 사명**
안성용 지음 | 사륙변형 | 184면

⑤ **복음과 헌법 & 사회참여**
박훈 지음 | 신국판 | 204면

⑥ **복음은 그런게 아닙니다**
강희창 지음 | 신국판 | 220면

⑦ **기독교의 심장 복음**
이종원 지음 | 사륙변형 | 228면

⑧ **평신도의 복음 이야기**
김학렬 지음 | 신국판 양장 | 500면

⑨ **팀 켈러와 복음에 빠지다**
박영호 지음 | 신국판 | 300면

⑩ **그리스도의 십자가 복음**
임덕규 지음 | 신국판 양장 | 352면